Programme 2018

Je mémorise… et je sais écrire des mots

L'orthographe au jour le jour

CE2-CM1

Françoise Picot
Inspectrice de l'Éducation nationale honoraire

Marie-Louise Pignon
Professeure des écoles

CANOPÉ ÉDITIONS

Lea.fr

Nathan

Une méthode testée en classe

Cette méthode d'orthographe conçue par Françoise Picot a été testée par 30 enseignant(e)s Lea.fr.

Ces enseignant(e)s ont mis en œuvre dans leur classe les séquences proposées, suggéré des modifications, complété les exercices. Ce travail collaboratif a donné lieu à de nombreux échanges entre pairs, par exemple au sujet de la démarche de mémorisation de mots en autonomie ou autour des résultats obtenus par leurs élèves lors des évaluations.

Les auteures et les co-éditeurs tiennent à remercier :

Les auteures et les co-éditeurs tiennent à remercier tout particulièrement : 28lili, carolineenprovence, laetibonzail, laura.limousin, laurecal, mMmanon31 et vandenam*.

*Pseudos utilisés par ces enseignant(e)s sur Lea.fr

Lea.fr

Avec cet ouvrage, vous bénéficiez d'une offre découverte (voir au verso de la couverture) : un mois d'accès illimité offert à Lea.fr, le réseau pédagogique et collaboratif des enseignant(e)s du primaire et des professionnels de la communauté éducative. Ce portail permet : d'exploiter des milliers de fiches pédagogiques ; de participer à des activités originales pour dynamiser votre classe ; de rejoindre des groupes de travail collaboratifs pour tester des méthodes pédagogiques innovantes ; de bénéficier des meilleurs conseils de nos auteurs experts en pédagogie.

@ Retrouvez les documents de l'ouvrage à télécharger sur le portail Lea.fr et reseau-canope.fr

Vous pourrez y découvrir toutes les ressources complémentaires (au format Word) mises à votre disposition :
- les textes pour la révision des graphèmes ;
- les exercices ;
- les évaluations.

Vous pourrez également dialoguer avec l'auteure et l'interroger (sur Lea.fr).

Éditions Nathan
Direction éditoriale : Pascaline Citron
Édition : Stephanie Dizel-Doumenge
Conception graphique : Richard Takvorian
Photographie de couverture : Ridofranz / Getty Images
Fabrication : Adeline Caillot, Noëlle Lagoute

ISBN : 9782091247731 • ISSN : 2558-3905

Impression & brochage sepec en juin 2020 - France
N° d'impression : 06601200503 - N° d'éditeur : 10260538
Dépôt légal : juin 2020

Réseau Canopé
Directrice de publication : Marie-Caroline Missir
Directrice de l'édition transmédia : Stéphanie Laforge
Directeur artistique : Samuel Baluret
Responsable artistique : Isabelle Guicheteau
Responsable éditoriale : Isabel Francès
Chargé de projet : Jacques Speyser
Mise en pages : Agnès Goeesel
Illustrations : Anne Ahlers
Conception graphique : DES SIGNES studio Muchir et Desclouds

 • ISBN : 978-2-240-0-5286-5 • ISSN : 2425-9861
(établissement public à caractère administratif)
Téléport 1 – Bât. @ 4 – 1, avenue du Futuroscope – CS 80158
86961 Futuroscope Cedex

Sommaire

Guide pédagogique

Présentation de l'ouvrage

Cet ouvrage est conçu pour les classes de CE2-CM1 que les élèves aient ou non déjà travaillé en CE2 avec *Je mémorise et je sais écrire des mots*.
Il a été réalisé à partir de *Je mémorise et je sais écrire des mots CE2* et *Je mémorise et je sais écrire des mots CM1* de façon à offrir des activités communes aux deux cours et des activités différenciées pour le CE2 et pour le CM1.
Ces activités conformes aux programmes de 2018 ont été testées dans des classes par l'intermédiaire du réseau Lea.fr.

Deux parties composent l'ouvrage :

La première partie expose les principes du système orthographique français, explicite les contenus et compétences associés définis dans les programmes puis présente la démarche d'acquisition de l'orthographe à travers les types d'activités à mettre en œuvre en classe.
La deuxième partie, en cinq chapitres correspondant aux cinq périodes de l'année scolaire, détaille concrètement les séquences à conduire chaque jour de chaque semaine.

Deux cahiers d'orthographe pour l'élève (un pour le niveau CE2, l'autre pour le CM1), mémoires écrites des observations faites et des régularités mises en évidence, sont gratuitement téléchargeables sur Lea.fr. et reseau-canope.fr.

Les niveaux des activités sont clairement différenciés à l'aide d'un code de couleurs.

■ CE2 ■ CM1 ■ CE2-CM1

Cet ouvrage est conforme à la nouvelle orthographe
www.orthographe-recommandee.info

GUIDE PÉDAGOGIQUE

Un enseignement de l'orthographe conforme aux programmes

Les éléments concernant l'orthographe à enseigner au CE2 et au CM1 sont définis à travers **des connaissances et compétences associées** présentées dans les programmes 2018[1] :

– Au cycle 2 :
  - Passer de l'oral à l'écrit.
  - S'initier à l'orthographe lexicale.
  - Maitriser l'orthographe grammaticale de base.

– Au cycle 3 :
  - Maitriser les relations entre l'oral et l'écrit.
  - Acquérir l'orthographe grammaticale.
  - Acquérir l'orthographe lexicale.

Ces éléments sont complétés par des **repères annuels de progression et des attendus de fin d'année** indiqués dans la circulaire de rentrée 2019[2].
Conformément à ce qui est défini pour cet enseignement, la démarche d'acquisition de connaissances et de compétences qui est proposée dans l'ouvrage comprend trois temps : observer, raisonner, repérer des régularités lors de la mémorisation de mots puis structurer les observations dans des séquences spécifiques, enfin écrire pour employer les mots dans les exercices, en dictée et en production écrite.
La définition des connaissances et compétences associées dans les programmes correspond à une conception du système graphique français qu'il faut connaitre si l'on veut les comprendre. Dans l'ouvrage, la mémorisation de mots vise à faire comprendre et employer ce système graphique.

1. BO du 30 juillet 2018.
2. BO du 29 mai 2019.

Le système graphique du français

Quelques références théoriques

Quatre principes[3] permettent de décrire l'orthographe française. Ces principes articulés entre eux sont hiérarchisés. Ils ont pour base le graphème composé d'une, deux ou trois lettres[4].

/ Un principe phonographique dominant

Des graphèmes transcrivent les sons de la langue orale : les phonèmes[5]. 80 à 85 % des signes d'écriture sont chargés en français de noter les phonèmes.

Un exemple : le mot *chapeau* comporte quatre phonèmes [ʃ] [a] [p] [o] transcrits par quatre graphèmes : *ch, a, p, eau*.

- Un même graphème peut transcrire des phonèmes différents : s → [s] et [z].
- Plusieurs graphèmes peuvent transcrire un même phonème : s, sc, ss, t, c → [s].
- La position induit certaines formes graphiques et pas d'autres : *c/ç, s/ss, g/gu/ge.*
- Certaines graphies sont plus fréquentes que d'autres (voir tableau ci-dessous) :

[ø]	**eu**	eux, heureux, un euro	malheureux, jeudi, peut-être, déjeuner	deux, creux, dangereux, heureux, joyeux, mieux, vieux, nombreux, les yeux, les cheveux, je peux, il peut, je veux, il veut, milieu, peu, bleu, un lieu, un jeu, un feu
	œu	(des) œufs		des bœufs, un vœu, un nœud

/ Un principe morphologique

Si dans notre écriture un certain nombre de graphèmes transcrivent des phonèmes, certains de ces graphèmes traduisent également du sens.

On distingue les graphèmes qui ont du sens d'un point de vue grammatical ; ils marquent les différences de genre, de nombre, de personne, de mode ou de temps : *e → jolie* ; *s → manges, chats* ; *ai → parlai.*

Ces marques grammaticales apparaissent ou disparaissent dans le cadre de la relation sujet-verbe, sujet-attribut ou dans le groupe nominal suivant les accords.

D'autres graphèmes sont liés au lexique, ils indiquent l'appartenance à une famille de mots : *t* : *chat → chaton* ; *a* : *main → manuel*. Ils peuvent également marquer le lien avec la formation du féminin : *petit, petite* ; *blanc, blanche*. Il s'agit aussi des préfixes ou des suffixes qui, ajoutés à un radical permettent de former de nouveaux mots : *enfermer, entourer, lavage, montage*, etc.

Ces unités porteuses de sens sont nombreuses et témoignent d'une écriture qui n'est pas qu'alphabétique.

/ Un principe distinctif

La différence entre des mots ayant la même prononciation est marquée de différentes manières : un accent (*a/à*), une lettre muette finale où à l'intérieur du mot (*sou/sous, est/et*), des graphèmes différents pour un même son (*amande/amende*)…

Les homophones sont nombreux et si leur graphie différente aide le lecteur, elle complique l'apprentissage de l'orthographe.

/ Un principe historique et un principe étymologique

Il s'agit de lettres qui, dans les mots où on les trouve, ont joué un rôle autrefois mais qui actuellement n'en ont plus. La lettre *n* correspondant à une nasalisation pratiquement disparue a été conservée dans la graphie de nombreux mots comme *année* que l'on prononçait [ɑ̃ne]. Certaines lettres rappellent l'étymologie telle la lettre *p* de *baptême* qui rappelle le mot latin *baptismus* ; cette lettre est restée alors qu'elle a été supprimée dans *noce* autrefois écrit *nopce* (du latin *noptiae*) et dans bien d'autres mots. On la retrouve souvent dans les dérivés : *baptismal, nuptial*… La lettre *h* rappelle aussi l'étymologie, comme dans *heure* : *hora*, mais elle a parfois été ajoutée à certains mots pour distinguer *u* de *v* à une époque où *u* et *v* n'étaient qu'une seule lettre (ronde ou pointue) et transcrivaient indistinctement [y] et [v]. En début de mot, c'était toujours la lettre pointue *v* qui transcrivait [y] et [v], et, en milieu de mot, la lettre ronde *u* qui transcrivait [y] et [v] : *suivre* s'écrivait *suiure* et *vit* se lisait [ɥit] ou [vi]. On a donc ajouté un *h* à *vit* [ɥit] qui est devenu *huit* pour le distinguer de *vit*. Dans certains mots, l'accent circonflexe a remplacé le *s* qui marquait la longueur de la voyelle : *feste* s'écrit *fête*, *forest* s'écrit *forêt*, *hospital* s'écrit *hôpital*, *impost* s'écrit *impôt*, etc. On retrouve d'ailleurs le *s* dans les dérivés de ces mots : *festivité, forestier, hospitaliser, imposition*…

---

3. Cogis, Danièle, *Pour enseigner et apprendre l'orthographe*, Delagrave, Paris, 2005.
4. C'est la plus petite unité distinctive et/ou significative de la chaine écrite composée d'une lettre, d'un groupe de lettres ayant une référence phonique ou sémique dans la chaine parlée : *a, ai, g, gu, ain, s*, etc.
5. C'est la plus petite unité distinctive de la chaine orale.

Ce sont ces **principes organisateurs de l'orthographe** que les élèves doivent comprendre et s'approprier pour écrire sans erreurs.

Les rectifications orthographiques

Le 6 décembre 1990, des rectifications orthographiques ont été publiées par le *Journal officiel de la République française*. Cette réforme est dans la continuité de celles entreprises depuis le XVIIe siècle. Depuis cette date, l'orthographe française évolue et les changements approuvés par l'Académie française sont pris en compte dans les différentes éditions des dictionnaires qu'elle publie.
Ces rectifications qui visent à supprimer des anomalies, des exceptions ou des irrégularités touchent un peu plus de deux-mille mots[6]. Les graphies anciennes restent admises.
Les nouvelles règles concernent le trait d'union et la soudure, le pluriel des noms composés et de mots empruntés à d'autres langues, les accents et le tréma, la simplification des consonnes doubles, l'accord du participe passé et quelques anomalies.

Les connaissances et compétences associées dans les programmes

PASSER DE L'ORAL À L'ÉCRIT

MAITRISER LES RELATIONS ENTRE L'ORAL ET L'ÉCRIT

Il s'agit de consolider les correspondances graphèmes/phonèmes, de clarifier le rôle des graphèmes dans l'orthographe lexicale et l'orthographe grammaticale, de prendre conscience des phénomènes d'homophonie lexicale et grammaticale et de les comprendre.
Au CE2 comme au CM1, nous avons choisi de revoir les graphèmes multiples de plusieurs phonèmes dont l'identification a besoin d'être confortée.
Après avoir mémorisé un certain nombre de mots contenant les lettres *c, s, g, t, x*, les rôles phonologique, lexical, grammatical des lettres *c, s, g, t, x* seront mis en évidence dans des leçons de structuration : les synthèses.
Lors de la mémorisation de mots, des homophones sont indiqués et écrits.

S'INITIER À L'ORTHOGRAPHE LEXICALE

ACQUÉRIR L'ORTHOGRAPHE LEXICALE

Ces compétences d'ordre lexical sont particulièrement travaillées lors de la mémorisation de mots. Les élèves découvrent des relations entre les mots au niveau de leur formation (préfixes, suffixes). Ils constatent que le radical (partie commune) à partir duquel les mots sont formés conserve généralement la même orthographe dans tous les dérivés.
Dans l'ouvrage, les mots proposés à la mémorisation sont issus d'une liste de mots établie par une équipe d'enseignant(e)s de cycle 2 et 3 à partir de celle publiée sur le site du ministère[7], à laquelle ont été ajoutés des mots utiles aux élèves dans les différents domaines d'enseignement. Ces mots ont été répartis suivant les différents niveaux : CP, CE1, CE2, CM1, CM2.
Les différentes listes comprennent des mots invariables et des mots issus du vocabulaire lié aux activités scolaires et aux apprentissages disciplinaires.
Chaque mot de la liste du CE2 et de celle du CM1 fait l'objet d'un travail de mémorisation raisonnée (voir plus loin). Des régularités dans l'orthographe des mots sont dégagées, elles sont systématiquement reprises de semaine en semaine pour favoriser la rencontre avec les mêmes mots et par conséquent leur mémorisation.
Quelques mots sont communs au CE2 et au CM1 afin de faciliter en début d'année la découverte et l'emploi de la démarche de mémorisation d'un mot.

MAITRISER L'ORTHOGRAPHE GRAMMATICALE DE BASE

ACQUÉRIR L'ORTHOGRAPHE GRAMMATICALE

Ces compétences qui font appel à des connaissances grammaticales sont particulièrement travaillées dans *Faire de la grammaire au CE2*[8], *Faire de la grammaire au CE2-CM1*[9] ou dans les trois ouvrages *La grammaire au jour le jour CE2-CM1-CM2*[10] au niveau de la conjugaison du verbe, de la relation sujet/verbe et des accords dans le groupe nominal.

---

6. On trouve ces rectifications sur le site du Réseau pour la nouvelle orthographe du français (Renouvo). www.renouvo.org/vademecumDE.pdf.
7. https://cache.media.eduscol.education.fr/file/ecole/20/6/liste-mots-par-frequence_115206.pdf
8. Picot, Françoise, Pignon, Marie-Louise, *Faire de la grammaire au CE2*, Réseau Canopé, Chasseneuil-du-Poitou, 2016.
9. Picot, Françoise, Pignon, Marie-Louise, *Faire de la grammaire au CM1*, Réseau Canopé, Chasseneuil-du-Poitou, 2016.
10. Picot, Françoise, *La grammaire au jour le jour, CE2-CM1-CM2*, Nathan, Paris, 2019.

Dans cet ouvrage, sont abordées puis structurées à partir des mots mémorisés, les marques d'accord en genre et en nombre pour les noms et les adjectifs ainsi que d'autres formes de pluriel (*ail/aux, al/aux*) et d'autres marques du féminin (*lecteur/lectrice*).
Les noms et les adjectifs à mémoriser sont systématiquement écrits dans des groupes nominaux dont on fait varier le nombre et, quand cela est possible, le genre.
Les verbes sont écrits au présent, à l'imparfait, au futur et au passé composé. Ainsi, la mémorisation de mots permet de comprendre, comme le demandent les programmes, la notion de « chaine d'accords ».

/ Quelques définitions utiles

Programmation (logique temporelle)
C'est une organisation prévisionnelle du travail, une planification chronologique des cinq périodes du calendrier scolaire, un ensemble de séquences retenues dans le cadre d'une progression.

Progression (logique didactique)
C'est un ordre progressif de difficultés, une suite graduelle de savoirs, un enchainement précis et cohérent de connaissances/compétences (socle – cycle 2), de séquences et séances, de synthèses et évaluations des acquis de chaque élève ; une progression établie dans le cadre d'un projet de classe (ou mieux, de cycle) qui tient compte du rythme des apprentissages, un parcours personnalisé ou individualisé parmi les notions à acquérir, avec des passages obligés…

Séquence
C'est une unité de sens, un ensemble de plusieurs **séances** (unité de temps) respectant la progression, de l'objectif explicité aux élèves… jusqu'à l'évaluation.

Comment enseigner l'orthographe au CE2-CM1 ?

L'enseignement est organisé autour de plusieurs types de séquences dont les objectifs correspondent à ce qui est indiqué dans les connaissances et compétences définies dans les programmes.

Différents types de séquences

Les séquences de bilan phonie-graphie

Il s'agit de conduire des séquences qui vont permettre aux élèves d'affiner leur perception des phonèmes dans les mots et de revoir les graphèmes les transcrivant. Tous les phonèmes et leurs graphèmes ne seront pas étudiés de manière systématique ; seuls ont été retenus ceux qui posent encore problème à un grand nombre d'élèves.
Se reporter à la programmation, page 19 et suivantes.

Remarque
Les mots contenant [e] ou [ɛ], [o] ou [ɔ] ont été classés suivant la prononciation donnée par le dictionnaire *Le Robert* sauf en ce qui concerne *raison, maison, saison* qui sont mentionnés par Nina Catach[11] comme étant maintenant indifféremment prononcés [rɛzõ], [mɛzõ], [sɛzõ], ou [rezõ], [mezõ], [sezõ]. Il appartient à chaque enseignant(e), pour ces phonèmes, de tenir compte de la prononciation locale.
Aucune distinction n'a été faite entre les phonèmes [ɛ̃] et [œ̃].
Le phonème [ə] correspondant au graphème *e* n'a pas été revu, car il est difficile de généraliser sa prononciation puisque dans certains mots, suivant les régions, il se confond totalement avec [œ], avec [ø] ou alors il ne se prononce pas.
Pour transcrire le phonème [e], on a retenu trois graphèmes : *é, e, ai*. On a considéré, comme Nina Catach, que dans *poulet, jouer*, c'est *e* qui transcrit [e] et non *et, er*, les lettres *t* et *r* ayant un rôle lexical ou grammatical. Il en est de même pour le phonème [ɛ].

Chaque séquence de bilan phonie-graphie se déroule de la façon suivante :

Phase orale :
- Écoute d'un texte et identification du phonème.
- Repérage du phonème et de sa place dans des mots.
- Recherche de mots contenant le phonème dégagé.

Phase écrite :
- Lecture du texte lu en phase orale.
- Identification des graphèmes correspondant au phonème étudié.
- Lecture du tableau de mots contenant les mots à mémoriser suivant leur graphie à la page du phonème étudié dans le cahier de l'élève.
- Recherche de mots contenant ce phonème dans la liste alphabétique des mots à étudier.
- Lecture sur la page du cahier, « Les différentes graphies des phonèmes », de la partie consacrée au phonème étudié et remarques sur la fréquence des graphèmes.
- Exercices pour écrire des mots (ceux à mémoriser ou d'autres contenant le phonème étudié), seuls, dans une phrase ou dans un court texte.

Après l'étude des graphèmes de plusieurs phonèmes, des exercices sont à nouveau proposés pour réviser les mots mémorisés uniquement. Il est souhaitable, avant de faire ces exercices, de relire ces mots afin de bien se les remettre en mémoire.
Pour conforter la structuration de certaines correspondances lettres-sons, il est possible de visionner les films d'animation de la série « Les fondamentaux[12] » sur les graphies complexes du [o], du [ɛ], du [k], du [ɑ̃], du [j], du [ʒ], du [s], du [ɛ̃].

11. Catach, Nina et al., *L'Orthographe française*, Nathan, Paris, 2013.
12. Les vidéos sont disponibles sur le site de Réseau Canopé. (En ligne) www.reseau-canope.fr, rubrique « Les Fondamentaux ».

Les séquences de mémorisation de mots

Dans ces séquences, l'élève est conduit à raisonner sur les mots (relation graphie/phonie, rôle lexical et rôle grammatical des lettres), à réfléchir sur leur formation, à les rapprocher pour identifier des régularités et dégager des principes de fonctionnement, à les écrire dans différents contextes et approcher les marques de genre, de nombre, la relation sujet/verbe et à employer les homophones grammaticaux.
Une séquence de mémorisation de mots dans la semaine se déroule en deux ou trois séances. Chaque semaine, entre sept et douze mots sont mémorisés. Pour chaque mot, les activités varient en fonction de sa classe grammaticale.
Pour chaque mot :
- L'enseignant(e) prononce le mot, demande ou indique si c'est un nom, un verbe, un adjectif, un adverbe, une conjonction, ou un mot invariable, en fait expliciter le sens ou les sens à l'aide de phrases, fait éventuellement donner des synonymes, des antonymes.
- Ensemble, le mot est épelé phonétiquement syllabe par syllabe ou non.
- Des hypothèses de graphie que l'enseignant(e) infirme ou confirme sont émises pour chaque phonème, on se reporte alors à un mot connu des élèves, on utilise le dictionnaire (pour un des mots de la séance) ; on lit dans le cahier de l'élève la rubrique « Les différentes graphies des phonèmes » pour constater la fréquence ou non du phonème.
- Le mot est écrit au fur et à mesure de l'épellation par les élèves sur un cahier en faisant correspondre graphème et phonème : il est primordial que les élèves comprennent que l'on écrit les graphèmes dans l'ordre dans lequel les phonèmes sont prononcés.
- Ensuite, suivant la classe grammaticale du mot et suivant le point que l'on veut plus particulièrement développer :
  - On regarde s'il y a une lettre finale muette et on fait des hypothèses sur son rôle (formation du féminin ou d'un mot de la même famille) et/ou son origine (lettre rappelant un mot latin ou grec).
  - On réfléchit sur la formation du mot en cherchant des dérivés, des mots de la même famille, on les écrit, on remarque le radical commun dont l'orthographe ne change pas en général d'un mot à un autre.
  - On le rapproche d'autres mots lui ressemblant pour mettre en évidence des régularités orthographiques.
  - On l'écrit en changeant le nombre et, si c'est possible, le genre.
  - On l'écrit à une ou plusieurs personnes d'un temps donné.
  - On indique les homophones, on les écrit.
  - On l'écrit dans une expression ou dans une des phrases proposées (ou plusieurs si on en a le temps).
- Pour récapituler tout ce qui a été vu, on peut rechercher ce mot dans les différentes pages du cahier de l'élève.

Exemple de mémorisation de mots

Un nom : *poussière*
- Indiquer ou faire indiquer la classe grammaticale du mot (sa nature) : c'est un nom.
- Énoncer oralement des phrases contenant le mot pour en exprimer le sens, éventuellement avec des questions pour mettre en évidence les différents sens du mot (*la poussière sur un meuble, tomber en poussière, dix euros et des poussières*).
- Ensemble, l'épeler phonétiquement : [p] [u] [s] [j] [ɛ] [r].
- Émettre des hypothèses de graphie pour le [s] ; l'enseignant(e) indique que c'est la lettre s qui transcrit [s] ; alors on raisonne : il faut deux s car la lettre est entre deux voyelles.
- Émettre des hypothèses de graphie pour le [ɛ] ; on vérifie dans le dictionnaire (seulement pour un des mots de la séance).
- Faire écrire le mot sur un cahier en faisant correspondre graphème et phonème.
- Dire le mot au pluriel (*faire les poussières*), l'écrire : *les poussières*.
- Chercher des mots de la même famille, les écrire : *poussiéreux* que l'on rapproche de *aventureux*.
- Rappeler à quelles pages du cahier de l'élève on peut trouver le mot ou ses dérivés : celles du phonème [s] et du phonème [ɛ], et celle des régularités observées.

Un adjectif : *lent*
- Indiquer ou faire indiquer la classe grammaticale du mot (sa nature) : c'est un adjectif.
- Employer le mot dans une ou plusieurs phrases : *être lent quand on se déplace, être lent à comprendre* ; trouver ses contraires : *rapide, prompt, long*.
- Ensemble, l'épeler phonétiquement : [l] [ɑ̃]
- Émettre des hypothèses de graphie et l'écrire en n'oubliant pas le « t » final.
- Le faire écrire au féminin et constater le rôle de la lettre muette « t » : *une personne lente*.
- L'écrire dans des groupes nominaux : *des véhicules lents, des personnes lentes, des pas lents* ou *rapides*.
- Chercher des mots de la même famille, les écrire et remarquer le radical commun : *lentement* comme *étroitement, la lenteur* comme *la grandeur, ralentir*.
- Rappeler à quelles pages du cahier on va le trouver : celle des lettres muettes, celle du phonème [ɑ̃].

Un verbe : ***gagner***

- Indiquer ou faire indiquer qu'il s'agit d'un verbe du premier groupe : l'infinitif se termine par *-er*.
- Employer le mot dans une ou plusieurs phrases (*gagner la course, à la loterie*) ; faire trouver son contraire.
- Ensemble, l'épeler phonétiquement : [g] [a] [ɲ] [e] puis l'écrire.
- Le conjuguer et écrire : *Elle a gagné la course.*
- Écrire son contraire : *gagner* ou *perdre*.
- Écrire un mot de la même famille : *gagnant(e)*, rapprocher de *tremblant(e)*. Écrire *un gain* et y retrouver le *a* de *gagner*.
- Écrire : *gagner à la loterie, gagner au loto, gagner aux jeux.*
- Indiquer à quelles pages du cahier on va le trouver : celle des mots de la même famille et celle des régularités observées.

Un mot invariable : ***ainsi***

- Indiquer qu'il s'agit d'un mot invariable : un adverbe.
- Employer le mot dans une ou plusieurs phrases.
- Ensemble, l'épeler phonétiquement : [ɛ̃] [s] [i].
- Émettre des hypothèses de graphie pour le [ɛ̃] du début, pour le [s], regarder dans le cahier de l'élève, à la rubrique « Les différentes graphies des phonèmes » et remarquer que [ɛ̃] s'écrit le plus souvent *in/im* en début de mot ; chercher dans le dictionnaire et constater que *ainsi* est le seul mot commençant par [ɛ̃] écrit *ain*.
- L'écrire dans deux phrases : *C'est mieux ainsi. Tom vient ainsi que Zoé.*
- Indiquer à quelles pages du cahier de l'élève on peut trouver le mot : celle des mots et expressions invariables.

Les séquences hebdomadaires de dictée

La dictée n'est pas une fin en soi, l'objectif reste d'écrire sans erreur quand on produit un écrit. Nous concevons la dictée comme un moment où les élèves peuvent mettre en œuvre en même temps les connaissances et compétences acquises séparément dans des séquences spécifiques. C'est ce qu'ils doivent faire quand ils produisent un texte avec, en plus, le souci de trouver des idées et de rédiger des phrases grammaticalement correctes. Ce moment de dictée est important en tant que situation d'apprentissage, au cours de laquelle doivent se créer des automatismes témoignant d'un bon comportement de « scripteur ». Ce n'est pas une simple évaluation de ce que les élèves savent ou savent faire. C'est également le moment au cours duquel les élèves apprennent à relire leur dictée, guidés par l'enseignant(e), puis à élaborer un code de correction qu'ils pourront utiliser peu à peu en autonomie.

Que doit savoir et savoir faire un élève qui a un comportement de bon « scripteur » ?
Il écrit les mots mémorisés et, pour les mots inconnus, il raisonne en s'appuyant sur sa connaissance du système graphique (relation phonie/graphie, construction du mot) et sur les régularités qu'il connait. Pour réaliser les accords, il identifie la classe grammaticale à laquelle appartiennent les mots qu'il écrit : noms, verbes, adjectifs, mots invariables. Pour un verbe, il recherche le sujet et le temps ; pour un nom ou un adjectif, il identifie le genre et le nombre du groupe nominal. Quand il a écrit la ou les phrases, il doit les relire. Ces différentes opérations exigent une habileté certaine. C'est la raison pour laquelle on propose aux élèves, outre des dictées de textes, des dictées de groupes de mots afin de les entrainer à écrire les mots mémorisés dans un contexte bien ciblé : soit dans un groupe nominal, soit dans le cadre de la relation sujet/verbe. Avec les dictées de mots, il est aussi plus facile dans un premier temps d'utiliser une grille de relecture du texte et de mettre en place un codage des erreurs pour une correction en autonomie avec les outils nécessaires.

/ Des dictées de groupes de mots

Les élèves disposent du texte à trous. L'enseignant(e) lit la phrase entière, mais les élèves n'écrivent que le groupe de mots manquant (en italique dans la dictée de l'enseignant(e)). Si, dans ce groupe de mots, il y a des mots qui n'ont pas été mémorisés, l'enseignant(e) les écrit au tableau. Ces dictées regroupent tous les mots mémorisés de la semaine. Il est généralement possible d'adapter le temps des verbes au temps étudié en classe à ce moment-là. Au CM1, les élèves écrivent toujours une phrase intégralement.

Exemples :

Dictée de l'enseignant(e)

Le soigneur *informe* les visiteurs du zoo que l'ours *brun* est en train de *grimper* dans un arbre.
Son père a deux frères, l'un est *musicien* et l'autre *médecin*.
Il faut penser à *éteindre l'imprimante* en quittant l'école.
Vous aimez bien *le refrain* de cette chanson.

Dictée de l'élève

Le soigneur .... les visiteurs du zoo que l'ours ....
est en train de .... dans un arbre.
Son père a deux frères, l'un est .... et l'autre ....
Il faut penser à...................................... en quittant l'école.
Vous aimez bien .... de cette chanson.

Dictée de l'enseignant(e)

Les élèves écrivent entièrement la dernière phrase.

Un *événement important* et *différent* chaque année se déroule tous les ans dans cet *immense endroit embelli* par des fleurs.
Il faut *empêcher* les gens d'*abandonner* leurs animaux.
Les champions vivent *une belle aventure*, *cependant* attention aux blessures.
Nous enfonçons un clou dans le mur.

Dictée de l'élève

Un .... et .... chaque année se déroule tous les ans dans cet .... par des fleurs.
Il faut .... les gens d' .... leurs animaux.
.... vivent ...., ... attention aux blessures.
....

/ Des dictées de textes

Les dictées de textes ne reprennent pas tous les mots mémorisés des semaines précédentes. Si l'on veut vérifier la mémorisation de certains mots que l'on ne retrouve pas dans les dictées, il suffit de dicter ces mots aux élèves. Le texte est dicté avec la ponctuation, les élèves l'écrivent.
Il est généralement possible d'adapter le temps des verbes au temps étudié en classe à ce moment-là.

Dictée de texte

Un **charmant** chaton **brun grimpe** sur un **banc**.

Il **s'allonge** à côté **d'un musicien**.

Le **mignon** chaton ronronne et le **musicien** joue pour l'endormir.

SOUVENIRS

Amélie aime passer un moment dans le grenier de sa grand-mère. Elle retrouve les **objets** de son enfance.

Les vieux **bagages** de ses vacances *côtoient* une luge en bois, des images de **personnages** anciens, une guitare, un **épais** livre d'histoire.

Pour elle, toutes ces choses sont de vrais **trésors**.

/ Les trois étapes d'une séquence de dictée

- **Écriture** par les élèves sous la dictée de l'enseignant(e).
- **Relecture de la dictée**

Au cours de la période 1, il faut mettre en place la grille de relecture qui sera ensuite utilisée en autonomie par les élèves au cours des autres périodes.
Après les deux premières dictées de mots et la première dictée de texte, établir la liste des éléments orthographiques à revoir avant de « rendre » la dictée à l'enseignant(e).
Exemple de liste (à formuler avec les mots des élèves) :
– *Je relis pour voir si j'ai mis les points, les majuscules et si je n'ai pas oublié de mots.*
– *Je relis chaque mot pour voir si tous les phonèmes sont transcrits à leur place.*
– *Je réfléchis sur la construction des mots pour voir si je n'ai pas oublié de lettres finales.*
– *Je vérifie les accords du verbe avec le sujet et les accords dans le groupe nominal.*
Relire les dictées suivantes de la période 1 collectivement avec la grille établie. Guider les élèves dans leur relecture. S'ils sont amenés à modifier la graphie de certains mots, ils peuvent le faire en changeant de couleur afin que l'enseignant(e) puisse voir les corrections apportées après relecture. Il ou elle peut alors leur faire expliciter les raisons qui les ont conduits à opérer ces modifications.
Peu à peu, dans les périodes suivantes, les élèves utilisent la grille de relecture en autonomie. Ils doivent également l'utiliser pour relire les textes produits.

- **Correction de la dictée**

Quand la dictée a été relue, elle est corrigée par l'enseignant(e) à l'aide d'un codage des erreurs. Pour que les élèves s'approprient ce codage, il doit être construit avec eux. Pour cela, pendant la période 1, corriger collectivement les dictées de groupes de mots et les dictées de textes.
Après la relecture, la dictée ou une partie de la dictée est écrite au tableau sans erreur[13]. Chacun compare avec sa propre dictée, souligne ses erreurs. L'enseignant(e) fait expliciter la nature de chaque erreur constatée, choisit avec les élèves un codage pour chaque erreur et indique l'outil que l'on peut utiliser pour corriger le type d'erreur.

En voici un exemple, établi dans une classe de CM1 :

	Erreur de « son » : *grôle* au lieu de *drôle*	Affiche dans la classe, avec le mot-clé pour chaque graphie de phonème
G	Erreur de graphie : *châto* au lieu de *château*	Page... du cahier ou dictionnaire
LF	Oubli de lettre finale	Page... du cahier ou dictionnaire
H	Erreur avec un homophone	Page... du cahier ou dictionnaire
AcV	Erreur ou oubli d'accord du verbe avec le sujet	Tableau de conjugaison

13. Nous ne mettons jamais devant les yeux d'un élève un texte autre que le sien contenant des erreurs lexicales, car il risquerait de mémoriser visuellement la graphie erronée d'un mot qu'il a peut-être, lui, correctement écrit.

APP	Erreur ou oubli d'accord du participe passé avec *être*	Tableau de conjugaison
AMF	Erreur ou oubli d'accord en genre dans le GN	Page... du cahier
ASP	Erreur ou oubli d'accord en nombre dans le GN	Page... du cahier

Quand les élèves maitrisent le codage des erreurs, l'enseignant(e) peut corriger les dictées en l'appliquant puis rendre les dictées aux élèves pour une correction individuelle avec l'outil approprié. L'enseignant(e) corrige elle ou lui-même les erreurs que les élèves ne sont pas à même de corriger : accord de l'attribut, accord de certains participes passés…

Dans chaque dictée, les mots mémorisés sont en gras.

Des mots sont connus des élèves car ils sont dans la liste des mots à mémoriser des années précédentes. La présence de mots non mémorisés permet de faire expliciter par les élèves, au moment de la correction, les stratégies mises en œuvre pour les écrire.
Les élèves, suivant leurs capacités, peuvent ne réaliser qu'une partie de la dictée.

Les séquences de synthèse

Il s'agit, à un moment donné, de faire le point sur les régularités orthographiques qui ont pu être observées conformément aux programmes lors des séquences de mémorisation de mots et de formuler, quand c'est possible, des principes de fonctionnement. Ces synthèses sont organisées suivant une progression établie à partir des mots mémorisés et des régularités observées.

/ La démarche
- Observer les listes constituées à partir des mots mémorisés.
- Verbaliser les remarques, dégager un principe de fonctionnement.
- Composer une affiche collective reprenant le fonctionnement dégagé afin de servir de mémoire à la classe.
- Rédiger une synthèse ou la lire sur le cahier de l'élève.
- Effectuer des exercices.

À la place de l'affiche collective et/ou de la synthèse, on peut élaborer collectivement ou individuellement une carte mentale reprenant les principes à retenir comme celle proposée ci-dessous.

Carte mentale : le féminin des noms

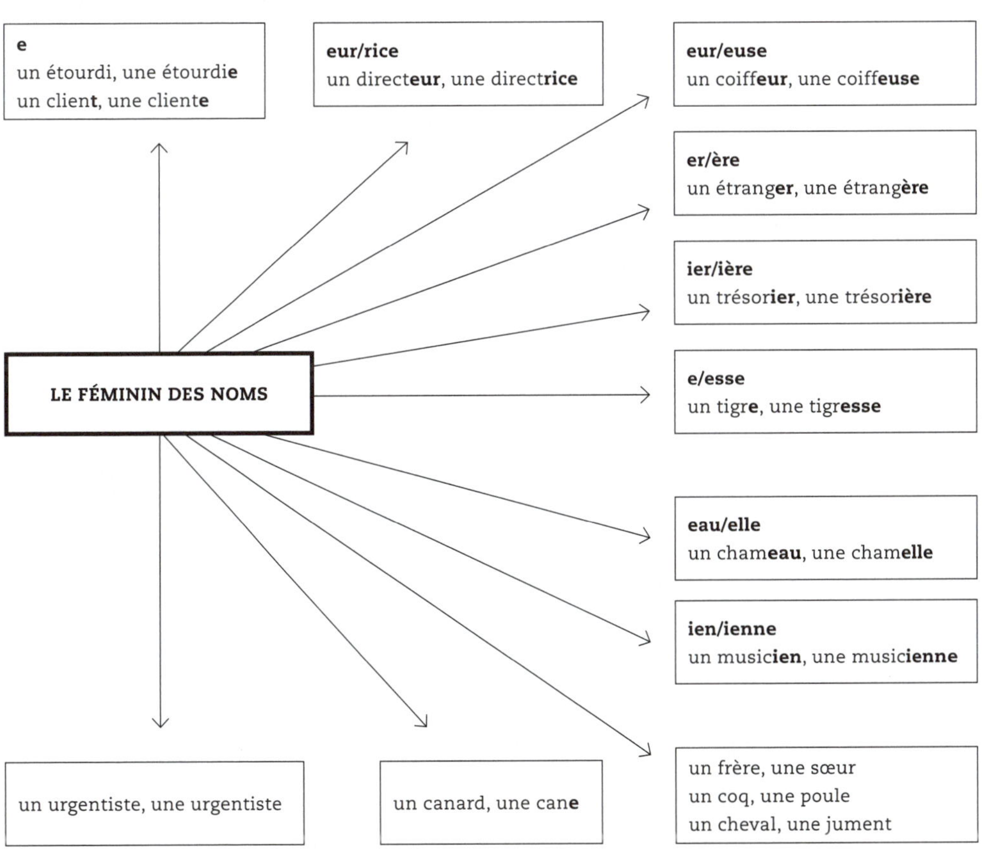

/ Liste des séquences de synthèses

Synthèse sur *m* devant *m, b, p*
Synthèse sur la valeur de position de la lettre *g*, sur le rôle lexical de la lettre *g*
Synthèse sur la valeur de position de la lettre s, sur le rôle lexical de la lettre s
Synthèse sur la valeur de position de la lettre c, sur le rôle lexical de la lettre c
Synthèse *à, au, aux*
Synthèse *et, ou*
Synthèse *son, sa, ses*
Synthèse sur le pluriel des noms
Synthèse sur le pluriel des adjectifs
Synthèse sur le féminin des noms
Synthèse sur le féminin des adjectifs
Synthèse sur les rôles phonologique, lexical, grammatical de la lettre *t*
Synthèse sur les lettres finales muettes
Synthèse sur les adverbes en *-ment*
Synthèse sur les rôles phonologique, lexical et grammatical de la lettre *x*
Synthèse sur les préfixes et les suffixes
Synthèse sur *ce, cet, cette, ces*

Les évaluations

Les évaluations permettent de savoir si les connaissances sur le système graphique et sur la construction des mots sont acquises, si les élèves sont capables d'appliquer les principes de fonctionnement découverts, de réviser le texte écrit, de corriger les erreurs faites et d'expliciter les stratégies employées.

Chaque évaluation se compose :

- D'exercices visant à faire écrire les mots mémorisés.
- D'exercices visant à faire employer les principes découverts.
- D'une dictée courte dont l'objectif est d'évaluer la capacité à réviser un texte : celui-ci sera dicté, écrit par les élèves en sautant une ligne pour la correction ; chacun relira son texte avec la grille de relecture, soulignera les mots dont il n'est pas sûr de l'orthographe et utilisera son cahier d'orthographe ainsi que le dictionnaire pour se corriger. Seulement après, le texte sera rendu à l'enseignant(e).
- De la production écrite d'un court texte qui sera corrigé individuellement après codage des erreurs par l'enseignant(e).

La programmation des activités sur les cinq périodes

En Noir ce qui est pour les CE2 et CM1
En vert ce qui est réservé au CM1
En violet ce qui est réservé au CE2

Période 1

Semaine 1
Jour 1 : Les graphèmes du phonème [ɔ̃] et exercices
Jour 2 : Mémorisation de mots avec l'enseignant(e) : *annoncer, allonger, mignon, comparer*
Jour 3 : Mémorisation de mots avec l'enseignant(e) : *récompense, flocon, complet, invention, sinon*
Jour 4 : Dictée de groupes de mots

Semaine 2
Jour 1 : Les graphèmes du phonème [ɑ̃] et exercices
Jour 2 : Mémorisation de mots avec l'enseignant(e) : *camper, charmant, trembler, enlever*
Jour 3 : Mémorisation de mots avec l'enseignant(e) : *enveloppe, urgent, avancer, exemple, banc*
Jour 4 : Dictée de groupes de mots

Semaine 3
Jour 1 : Les graphèmes du phonème [ɛ̃] et exercices
Jour 2 : Mémorisation de mots avec l'enseignant(e) : *grimper, musicien, brun, informer*
Jour 3 : Mémorisation de mots avec l'enseignant(e) : *éteindre, refrain, imprimante, médecin, ainsi*
Jour 4 : Dictées de groupes de mots et de texte

Semaine 4
Jour 1 : Synthèse sur *m* devant *m, b, p*, exercices et mémorisation de mots avec l'enseignant(e) : *aventure, immense, enfoncer, afin*
Jours 2 et 3 : Exercices et mémorisation de mots avec l'enseignant(e) : *important, empêcher, endroit, embellir, abandonner, champion, cependant, différent, évènement*
Jour 4 : Dictées de texte et de groupes de mots

Semaine 5
Jour 1 : Les graphèmes du phonème [o], exercices et mémorisation de mots avec l'enseignant(e) : *auprès de, faux, rouleau*
Jours 2 et 3 : Mémorisation de mots avec l'enseignant(e) : *haut, autrefois, chaussure, drôle, château, sauver, piano, poser* – Mémorisation de mots en autonomie : *profond, seau, aussitôt, sursauter, défaut, autorité*
Jour 4 : Dictées de groupes de mots

Semaine 6
Jour 1 : Les graphèmes du phonème [ɔ], exercices et mémorisation de mots avec l'enseignant(e) : *protéger, obéir, multicolore*
Jours 2 et 3 : Mémorisation de mots avec l'enseignant(e) : *tortue, carotte, sortir, mort, automne, bonhomme, port, possible* – Mémorisation de mots en autonomie : *océan, obstacle, occuper, période, propos, étonner*
Jour 4 : Dictées de groupes de mots

Semaine 7
Jour 1 : Exercices pour réviser les mots contenant les phonèmes [o] et [ɔ] et exercices de révision
Jour 2 : Dictée de texte et exercices de révision
Jour 3 : Évaluation CE2 et dictée de texte
Jour 4 : Évaluations CE2 et CM1

Période 2

Semaine 8
Jour 1 : Les graphèmes du phonème [k] et exercices
Jours 2 et 3 : Mémorisation de mots avec l'enseignant(e) : *décorer, couteau, aucun, donc, coup, cirque, pourquoi, skier* – Mémorisation de mots en autonomie : *accrocher, choc, inquiet, flaque, direct, accuser, accord, rencontre, quitter*
Jour 4 : Dictées de groupes de mots

CE2 CM1

Semaine 9

Jour 1 : Les graphèmes du phonème [g] et exercices

Jours 2 et 3 : Mémorisation de mots avec l'enseignant(e) : *gourmand, gouter, langue, tigre, gai, légume, également, (se) déguiser* – **Mémorisation de mots** en autonomie : *bagage, grave, gouverner, fatigue, goutte, guider, gloire, aigu, malgré*

Jour 4 : Dictées de groupes de mots

Semaine 10

Jour 1 : Les graphèmes du phonème [ʒ] et exercices

Jours 2 et 3 : Mémorisation de mots avec l'enseignant(e) : *mélanger, argent, bijou, (les) gens, dangereux, ajouter, nuage, pigeon* – **Mémorisation de mots** en autonomie : *objet, agile, surgir, étagère, personnage, plongeon, énergie, joindre, davantage*

Jour 4 : Dictées de groupes de mots

Semaine 11

Jour 1 : Synthèse sur la valeur de position de la lettre *g*, sur les rôles phonologique et lexical de la lettre *g* et exercices

Jours 2 et 3 : Exercices pour réviser les mots mémorisés contenant [k], [g], [ʒ] – **Mémorisation de mots** avec l'enseignant(e) : *largeur, longueur, original, engager, horloge, guerre, géant, venger, régulier*

Jour 4 : Dictées de textes

Semaine 12

Jour 1 : Les graphèmes du phonème [s] et exercices

Jours 2 et 3 : Mémorisation de mots avec l'enseignant(e) : *souris, sans, commencer, source, dessous, glisser, (j'ai) reçu, addition* – **Mémorisation de mots** en autonomie : *tendresse, traverser, respect, remercier, façon, scène, révolution, rassurer, puisque*

Jour 4 : Dictées de groupes de mots

Semaine 13

Jour 1 : Les graphèmes du phonème [z] et exercices

Jours 2 et 3 : Mémorisation de mots avec l'enseignant(e) : *mesurer, amusant, visage, surprise, visiter, raisin, à cause de, (les) ciseaux* – **Mémorisation de mots** en autonomie : *horizon, raisonnable, briser, trésor, (le) vase – (la) vase, paisiblement, résultat, noisette, résister*

Jour 4 : Dictées de groupes de mots

Semaine 14

Jour 1 : Synthèse sur la valeur de position de la lettre s, le rôle lexical de la lettre s et exercices

Jour 2 : Exercices pour réviser les mots mémorisés contenant [s] et [z] et exercices de révision

Jours 3 et 4 : Évaluations

Période 3

Semaine 15

Jour 1 : Synthèse sur la valeur de position de la lettre c, son rôle lexical et exercices

Jour 2 : Synthèse *à, au, aux* et exercices

Jour 3 : Exercices pour réviser la lettre c et *à, au, aux*

Jour 4 : Dictée de texte

Semaine 16

Jour 1 : Les graphèmes du phonème [ɲ], exercices et mémorisation de mots avec l'enseignant(e) : *signer, (se) peigner, accompagner*

Jours 2 et 3 : Mémorisation de mots avec l'enseignant(e) : *gagner, dernier, soigner, grenier, vigne, campagne, panier, magnifique* – **Mémorisation de mots** en autonomie : *saigner, (un) gagnant, témoigner, régner, grogner*

Jour 4 : Dictées de groupes de mots

Semaine 17

Jour 1 : Les graphèmes du phonème [e] et exercices

Jours 2 et 3 : Mémorisation de mots avec l'enseignant(e) : *clé, tablier, préférer, matinée, boulanger, saison, assez, léger* – **Mémorisation de mots** en autonomie : *épais, détruire, installer, (la) durée, baisser, thé, paysan, hélas, effort*

Jour 4 : Dictées de groupes de mots et de texte

Semaine 18

Jour 1 : Les graphèmes du phonème [ɛ] et exercices

Jours 2 et 3 : Mémorisation de mots avec l'enseignant(e) : *forêt, mètre, frais, même, rivière, hiver, cher, mais* – **Mémorisation de mots** en autonomie : *naitre, satisfaire, peine, accepter, chêne, barrière, fontaine, jeunesse, superbe*

Jour 4 : Dictées de texte et de groupes de mots

CE2 CM1

Semaine 19
Jour 1 : Synthèse *et, ou*, exercices et exercices pour réviser les mots contenant [ɲ], [e] et [ɛ]
Jour 2 : Exercices pour réviser les mots contenant [ɲ], [e] et [ɛ] et synthèse sur les adverbes en *-ment*
Jour 3 : Évaluation CE2 et exercices
Jour 4 : Évaluation CE2 (suite) et dictée de texte

Semaine 20
Jour 1 : Les graphèmes du phonème [j] et exercices
Jours 2 et 3 : **Mémorisation de mots** avec l'enseignant(e) : *oublier, violet, crayon, voyager, bientôt, bille, bataille, œil/yeux* – **Mémorisation de mots** en autonomie : *conseil, meilleur, frayeur, vérifier, caillou, billet, noyau, employer, client*
Jour 4 : Dictées de groupes de mots

Semaine 21
Jour 1 : Les graphèmes du phonème [Ø]. Exercices et **mémorisation de mots** avec l'enseignant(e) : *malheureux, mystérieux, sérieux*
Jour 2 : **Mémorisation de mots** avec l'enseignant(e) : *mieux, peu, déjeuner, creux* – **Mémorisation de mots** en autonomie : *délicieux, paresseux, creuser, neveu, astucieux, vœu*
Jour 3 : **Mémorisation de mots** avec l'enseignant(e) : *lieu, eux, heureux, (les) œufs* et évaluation CM1
Jour 4 : Exercices et évaluation CM1 (suite)

Période 4

Semaine 22
Jour 1 : Le phonème [œ] et ses graphies. Exercices et **mémorisation de mots** avec l'enseignant(e) : *auteur, œuvre, erreur*
Jours 2 et 3 : **Mémorisation de mots** avec l'enseignant(e) : *beurre, fleuve, cœur, facteur, fauteuil, bœuf, seul, plusieurs* – **Mémorisation de mots** en autonomie : *demeurer, (le) moteur, peuple, chaleur, vapeur, odeur*
Jour 4 : Dictées de groupes de mots

Semaine 23
Jour 1 : Synthèse *son, sa, ses* et exercices
Jours 2 et 3 : **Mémorisation de mots** avec l'enseignant(e) : *métier, canal, montrer, court, lendemain, souhaiter, sauvage, chèvre* – **Mémorisation de mots** en autonomie : *assister, détail, craquer, trou, rideau, avis, abriter, métal, nul*
Jour 4 : Dictées de groupes de mots

Semaine 24
Jours 1 et 2 : Synthèse sur le féminin des noms et exercices
Jours 3 et 4 : Féminin des adjectifs et exercices

Semaine 25
Jours 1 et 2 : Synthèse sur le pluriel des noms et exercices
Jours 3 et 4 : Pluriel des adjectifs et exercices

Semaine 26
Jours 1, 2 et 3 : **Mémorisation de mots** avec l'enseignant(e) : *apprendre, abeille, arrêter, pointu, vendre, adresse, doigt, voix* – **Mémorisation de mots** en autonomie : *renard, départ, partout, arriver, attendre, refuser, carnet, consulter, cercle, coiffer, incendie, faible* – **Mémorisation de mots** avec l'enseignant(e) : *élément, plaine, fier, rhume*
Jour 4 : Dictées de groupes de mots

Semaine 27
Jour 1 : Synthèse sur les rôles phonologique, lexical et grammatical de la lettre *t* et exercices
Jours 2 et 3 : **Mémorisation de mots** avec l'enseignant(e) : *front, habiter, mettre, centre* – **Mémorisation de mots** en autonomie : *continuer, début, étroit, tiroir, puissant, beauté, terrible* – **Mémorisation de mots** avec l'enseignant(e) : *désert, secret, souriant*
Jour 4 : Dictées de texte et de groupes de mots

Semaine 28
Jour 1 : Exercices pour réviser les mots contenant [j], [Ø] et [œ]
Jour 2 : Exercices pour réviser les mots appris
Jour 3 : Dictées de textes
Jour 4 : Évaluations CE2 et CM1

CE2 CM1

Période 5

Semaine 29

Jours 1 et 2 : Mémorisation de mots avec l'enseignant(e) : *fois, pays, graine, boisson, fermier, fraise, nouveau, roue* – **Mémorisation de mots** en autonomie : *divers, escalader, imperméable, expédier, commande, couter, sévère, penser*

Jour 3 : Mémorisation de mots en autonomie : *prix, agréable, parc, découper* – **Mémorisation de mots** avec l'enseignant(e) : *viser, échapper, bout, mourir*

Jour 4 : Dictées de groupes de mots

Semaine 30

Jour 1 : Mémorisation de mots en autonomie : *griffe, bouquet, huile, fabriquer* – **Synthèse sur les lettres finales muettes et exercices**

Jours 2 et 3 : Mémorisation de mots avec l'enseignant(e) : *là-bas, genou, mauvais, inviter, besoin, escalier, panne, courir* – **Mémorisation de mots** en autonomie : *végétal, remplacer, expérience, exister, numérique, liquide, mémoire, réussir*

Jour 4 : Dictées de texte et de groupes de mots

Semaine 31

Jour 1 : Mémorisation de mots en autonomie : *depuis, idée, debout, poil* – **Synthèse sur les rôles phonologique, lexical et grammatical de la lettre x et exercices**

Jours 2 et 3 : Mémorisation de mots avec l'enseignant(e) : *plat, préparer, doux, été, cartable, image, chaise, football* – **Mémorisation de mots** en autonomie : *participer, éclairer, hurler, manuel, construire, terroriser, habitude, parmi*

Jour 4 : Dictées de groupes de mots et de texte

Semaine 32

Jour 1 : Mémorisation de mots avec l'enseignant(e) : *laine, cela, colère, vivant* – **Mémorisation de mots** en autonomie : *pierre, blessure, humide, brusque*

Jours 2 et 3 : Mémorisation de mots en autonomie : *accident, chance, aile, chemin, utile, ventre, ensemble, vilain* – **Mémorisation de mots** avec l'enseignant(e) : *dès que, poussière, serrer, rêver, délicat, recevoir, palais, race*

Jour 4 : Dictées de texte et de groupes de mots

Semaine 33

Jour 1 : Synthèse sur les préfixes et les suffixes, exercices et mémorisation de mots en autonomie : *terminer, simple, prochain, viande*

Jours 2 et 3 : Mémorisation de mots avec l'enseignant(e) : *presque, quelqu'un, sentir, milieu, champ, longtemps, ancien, (se) promener* – **Mémorisation de mots** en autonomie : *dedans, bureau, calendrier, joie, terrifier, cruel, couloir, contraire*

Jour 4 : Dictées de groupes de mots

Semaine 34

Jour 1 : Synthèse sur *ce, cet, cette, ces*, exercices et mémorisation de mots en autonomie : *toilette, énorme, souffler, verser*

Jours 2 et 3 : Mémorisation de mots avec l'enseignant(e) : *vêtement, verre, salle, chacun, bouteille, toit, lent, printemps* – **Mémorisation de mots** en autonomie : *vallée, là, bonheur, siècle, (le) fer, science, royaume, sommeil*

Jour 4 : Dictées de groupes de mots et de texte

Semaine 35

Jours 1 et 2 : Exercices pour réviser les mots appris

Jours 3 et 4 : Évaluations CE2 et CM1

CE2 CM1

Les connaissances et compétences pour chaque type d'activités

Les séquences de bilan phonie-graphie

- Maitriser les relations entre l'oral et l'écrit.
- Connaitre les graphèmes les plus fréquents transcrivant les phonèmes : [ɔ̃], [ɑ̃], [ɛ̃], [o], [ɔ], [k], [g], [ʒ], [s], [z], [ɲ], [e], [ɛ], [j], [ø], [œ].
- Approcher la valeur orale des lettres *c*, *s* et *g*.
- Approcher le principe de l'écriture de *m* au lieu de *n* dans la transcription des sons [ɔ̃], [ɑ̃], [ɛ̃].

Les séquences de mémorisation de mots

- Mémoriser des mots fréquents et des mots irréguliers.
- Émettre des hypothèses de graphie.
- Raisonner sur la construction d'un mot.
- Comprendre le rôle des graphèmes pour orthographier un mot.
- Comprendre la relation sujet-verbe et écrire les désinences qui conviennent en fonction du temps et de la personne.
- Comprendre et marquer l'accord des noms et des adjectifs.

Les séquences hebdomadaires de dictée

- Réinvestir les acquis orthographiques : mots mémorisés, accord sujet-verbe, accords dans le groupe nominal.
- Raisonner à partir de ses connaissances sur la langue pour orthographier des mots non connus.
- Réviser sa dictée.
- Corriger sa dictée en utilisant l'outil qui convient.
- Prendre conscience de ses capacités orthographiques et de leurs limites.

Les séquences de synthèse

- Comprendre et employer le principe de l'écriture de *m* au lieu de *n*.
- Connaitre la valeur orale des lettres *c*, *s* et *g* et l'utiliser.
- Comprendre le rôle de *à, au, aux, et, ou, son, sa, ses, ce, cet, cette, ces* et savoir les employer à bon escient.
- Connaitre et utiliser les marques de genre et de nombre des noms et des adjectifs.
- Connaitre des formes particulières de pluriel ou de féminin de noms et d'adjectifs.
- Connaitre et comprendre le rôle phonologique de la lettre *g* et son rôle lexical en fin de mot.
- Connaitre et utiliser les marques de genre et de nombre des noms et des adjectifs.
- Connaitre des formes particulières de pluriel ou de féminin de noms et d'adjectifs.
- Connaitre et comprendre le rôle phonologique de la lettre s, son rôle lexical en fin de mot.
- Connaitre et comprendre le rôle phonologique de la lettre t, son rôle lexical en fin de mot et son rôle grammatical (désinence verbale).
- Connaitre et comprendre le rôle phonologique de la lettre x, son rôle lexical en fin de mot et son rôle grammatical (désinence verbale, marque de pluriel).
- Connaitre et comprendre le rôle des lettres muettes à la fin des mots.
- Connaitre des préfixes et des suffixes, savoir orthographier les mots construits avec ces préfixes et suffixes.

Les évaluations

- Réinvestir dans des exercices, en dictée, et dans une courte production écrite, les acquis d'une période.
- Identifier ses acquis.
- Rechercher les moyens de remédier aux erreurs.

CE2 CM1

Le cahier d'orthographe de l'élève

Le cahier est un outil d'apprentissage de l'orthographe pour l'élève qui l'utilise dans toutes les séquences pour catégoriser, structurer, corriger...
Il comprend une série de pages construites autour de différentes notions orthographiques.

Les mots que je dois savoir à la fin de l'année

Ils sont rangés par ordre alphabétique ; lors de chaque séquence de mémorisation de mots, l'élève peut surligner les mots qu'il vient de mémoriser.

Les différentes graphies des phonèmes

Les différents graphèmes transcrivant chaque phonème sont répertoriés ; pour chaque phonème et chaque graphème, les mots sont classés suivant que le phonème est entendu au début, au milieu ou à la fin du mot et écrits de manière à faire apparaitre des probabilités de graphie. Par exemple :
- Il y a autant de mots avec [ɑ̃] qui s'écrivent *en* que *an*.
- Il n'y a pas de mots commençant par *cheu*.
- Il n'y a pas de mots commençant par *ji* ou se terminant par *je*.

L'élève s'y réfère lors des séquences de bilan phonie-graphie, lors de la mémorisation d'un mot pour revoir les graphies d'un phonème, pour travailler sur la fin des mots (mots terminés par [a], par [i]) et lorsqu'il corrige sa dictée ou sa production de texte.

Les phonèmes et leurs graphies

Chaque page consacrée à un phonème et ses graphèmes contient le texte permettant de dégager les graphèmes correspondant à chaque phonème ainsi que le tableau récapitulant ces graphèmes avec les mots de la semaine qui sont à mémoriser (ils sont en couleur) et d'autres mots. L'élève s'y réfère le soir pour réviser ses mots.

Des lettres finales muettes

Les mots sont classés en trois colonnes :
- La lettre muette se retrouve au féminin et/ou dans un dérivé.
- La lettre muette est doublée ou change au féminin ou dans un dérivé.
- La lettre muette est présente à la fin du mot, mais on ne la retrouve pas dans un dérivé.

L'élève s'y réfère pour mémoriser ce type de mots.

Des mots contenant la lettre *h*

Les mots sont classés suivant la place du *h* dans le mot. Là encore, l'élève s'y réfère pour mémoriser les mots, mais il peut aussi en ajouter d'autres.

Des mots et des expressions invariables

Il s'agit des mots invariables à mémoriser.

Le pluriel des noms

Ces pages présentent les différentes façons de former le pluriel (se reporter à la synthèse correspondante). L'élève s'y réfère quand il a un doute sur la formation du pluriel.

Le pluriel des adjectifs

Ces pages présentent les différentes façons de former le pluriel (se reporter à la synthèse correspondante). L'élève s'y réfère quand il a un doute sur la formation du pluriel.

Le féminin des noms

Ces pages présentent les différentes façons de former le féminin (se reporter à la synthèse correspondante). L'élève s'y réfère quand il a un doute sur la formation du féminin.

Le féminin des adjectifs

Ces pages présentent les différentes façons de former le féminin (se reporter à la synthèse correspondante). L'élève s'y réfère quand il a un doute sur la formation du féminin.

Écrire *et, ou*

Cette page reprend certains groupes de mots qui ont pu être écrits lors des mémorisations de mots afin de faire comprendre l'emploi de *et* et *ou*. La page peut être complétée avec des groupes de mots tirés des productions de texte.

Écrire *son, sa, ses*

Cette page reprend certains groupes de mots qui ont pu être écrits lors des mémorisations de mots afin de faire comprendre l'emploi de *son*, *sa* et *ses*. La page peut être complétée avec des groupes de mots tirés des productions de texte.

Des homophones

Ces pages regroupent les mots se prononçant de la même façon que ceux mémorisés mais s'écrivant différemment ; l'élève s'y réfère pour corriger sa dictée ou sa production de texte.

Écrire *ce, cet, cette, ces*

Ces pages reprennent certains groupes de mots qui ont pu être écrits lors des mémorisations de mots afin de faire comprendre l'emploi de *ce*, *cet*, *cette* et *ces*.

Ce que je dois retenir

Sont repris ici les éléments dégagés lors des synthèses et qui sont à retenir.

Des régularités observées dans les mots mémorisés

Lors de la mémorisation de mots, des régularités ont été mises en évidence. Elles sont reprises ici.

Les mots que j'ai appris au CP et au CE1

Ils sont rangés par ordre alphabétique.
L'élève peut s'y reporter pour compléter les différentes pages de cahier.

Les mots à mémoriser au CE2

à cause de
abeille
accident
addition
adresse
agréable
aile
ajouter
allonger
amusant
ancien
annoncer
apprendre
argent
arrêter
arriver
assez
aucun
automne
autrefois
avancer
banc
bataille
besoin
beurre
bientôt
bijou
bille
bœuf
boisson
bonhomme
boulanger
bouquet
bouteille
brun
campagne
camper
canal
carotte
cartable
cela
centre
chacun
chaise
champ
chance
charmant
château
chaussure
chemin
cher
chèvre
cirque
ciseaux (des)
clé
cœur
colère
commencer
comparer
complet
continuer
coup
courir
court
couteau
crayon
creux
dangereux
debout
début
décorer
découper
déguiser (se)
déjeuner
départ
depuis
dernier
dessous
doigt
donc
doux
drôle
également
enlever
énorme
ensemble
escalier
été
éteindre
étroit
eux
exemple
fabriquer
facteur
fauteuil
fermier
fleuve
flocon
fois
football
forêt
frais
fraise
front
gagner
gai
genou
gens (les)
glisser
gourmand
gouter
graine
grenier
griffe
grimper
habiter
haut
heureux
hiver
huile
idée
image
imprimante
informer
invention
inviter
là-bas
laine
langue
léger
légume
lendemain
lent
lieu
longtemps
magnifique
mais
matinée
mauvais
médecin
mélanger
même
mesurer
métier
mètre
mettre
mieux
mignon
milieu
montrer
mort
musicien
nouveau
nuage
œil (un)
œufs (des)
oublier
panier
panne
parc
partout
pays
peu
piano
pigeon
plat
plusieurs
poil
pointu
port
poser
possible
pourquoi
préférer
préparer
presque
printemps
prix
prochain
promener (se)
quelqu'un
raisin
récompense
reçu (j'ai), un reçu
refrain
renard
rivière
roue
saison
salle
sans
sauvage
sauver
sentir
seul
simple
skier
soigner
sortir
souffler
souhaiter
source
souris
surprise
tablier
terminer
tigre
toilette
toit
tortue
trembler
urgent
utile
vendre
ventre
verre
verser
vêtement
viande
vigne
vilain
violet
visage
visiter
vivant
voix
voyager
yeux (les)

Les mots à mémoriser au CM1

abandonner
abriter
accepter
accompagner
accord
accrocher
accuser
afin
agile
aigu
ainsi
allonger
annoncer
assister
astucieux
attendre
auprès de
aussitôt
auteur
autorité
avancer
aventure
avis
bagage
baisser
banc
barrière
beauté
billet
blessure
bonheur
bout
briser
brun
brusque
bureau
caillou
calendrier
camper
carnet
cependant
cercle
chaleur
champion
charmant
chêne
choc
client
coiffer
commande
comparer
complet
conseil
construire
consulter
contraire
couloir
couter
craquer
creuser
cruel
davantage
dedans
défaut
délicat
délicieux
demeurer
dès que
désert
détail
détruire
différent
direct
divers
durée
échapper
éclairer
effort
élément
embellir
empêcher
employer
endroit
énergie
enfoncer
engager
enlever
enveloppe
épais
erreur
escalader
étagère
éteindre
étonner
évènement
exemple
exister
expédier
expérience
façon
faible
fatigue
faux
fer
fier
flaque
flocon
fontaine
frayeur
gagnant (un)
géant
gloire
goutte
gouverner
grave
grimper
grogner
guerre
guider
habitude
hélas
horizon
horloge
humide
hurler
immense
imperméable
important
imprimante
incendie
informer
inquiet
installer
invention
jeunesse
joie
joindre
là
largeur
liquide
longueur
malgré
malheureux
manuel
médecin
meilleur
mémoire
métal
mignon
moteur
mourir
multicolore
musicien
mystérieux
naitre
neveu
noisette
noyau
nul
numérique
obéir
objet
obstacle
occuper
océan
odeur
œuvre
original
paisiblement
palais
paresseux
parmi
participer
paysan
peigner (se)
peine
penser
période
personnage
peuple
pierre
plaine
plongeon
poussière
profond
propos
protéger
puisque
puissant
quitter
race
raisonnable
rassurer
recevoir
récompense
refrain
refuser
régner
régulier
remercier
remplacer
rencontrer
résister
respect
résultat
réussir
rêver
révolution
rhume
rideau
rouleau
royaume
saigner
satisfaire
scène
science
seau
secret
sérieux
serrer
sévère
siècle
signer
sinon
sommeil
souriant
superbe
surgir
sursauter
témoigner
tendresse
terrible
terrifier
terroriser
thé
tiroir
traverser
trembler
trésor
trou
urgent
vallée
vapeur
vase (un, la)
végétal
venger
vérifier
viser
vœu

Les pages du cahier peuvent être complétées par les élèves avec des mots rencontrés dans les séquences de lecture ou d'autres disciplines.
Attention ! Chaque fois qu'un élève travaille sur le cahier, il faut vérifier soigneusement ce qu'il écrit.

CE2 CM1

Les mots mémorisés au CP-CE1

A

accent
acheter
affaires (les)
ah !
aimer
air
album
aller
alors
ami
an
animal
année
anniversaire
anorak
appeler
apporter
après
après-midi
arbre
armoire
assez
assiette
attraper
aujourd'hui
aussi
auto
autour
avant
avec
avion
avoir

B

balle
ballon
bateau
beau
beaucoup
bébé
bec
belle
bête
bien
blanc
bleu
blond
blouson
bois
bon
bonjour
bonnet
bord
botte
bouche
boule
branche
bras

C

cadeau
café
cage
cahier
calcul
camion
canard
car
case
casser
ceinture
cent
cerise
c'est
chambre
chanson
chanter
chanteur
chapeau
chaque
chat
chaud
chemise
chercher
cheval
cheveux
chez
chien
chocolat
ciel
cinéma
cinq
cinquante
classe
cochon
cœur
coin
comme
comment
confiture
conjugaison
content
contre
coq
corps
côté
cou
coude
couleur
couper
cour
cuisine

D

dame
dans
danser
dehors
déjà
demain
demander
dent
dernier
derrière
dessiner
dessus
deux
devant
dictée
dimanche
dire
directeur
dix
docteur
donner
dos
douze
droite

E

eau
écharpe
école
écriture
élèves
elle, elles
emmener
en
encore
enfant
enfin
ensuite
entre
entrer
et
étoile
être

F

faim
faire
famille
farine
fée
femme
fenêtre
ferme
fermier
fête
feu
feuille
fille
fils
fleur
fort
four
frein
frère
froid
fromage
fruit

G

garçon
gâteau
gauche
gentil
glace
grand
grand-mère
grand-père
gris
gros
guitare

H

habiller
herbe
heure
hier
histoire
homme
hôpital
huit

I

ici
il, ils
il y a

J

j'ai
jamais
jambe
jardin
jaune
je
jeu
jeudi
jeune
joli, jolie
joue
jouer
jouet
jour
journal
journée
joyeux
jupe

L

lait
lampe
lapin
laver
leçon
lettre
lever
lion
lit
livre
loin
long
loup
lui
lundi
lune
lunettes

M

machine
madame
magasin
magique
main
maintenant
maison
maitre
mal
malade
malin
maman
manger

CE2 CM1

manteau
marché
marcher
mardi
mari
marron
matin
méchant
mer
merci
mercredi
mère
midi
moi
moins
monde
monsieur
montagne
mot
moustache
mouton

N

ne… pas
ne… plus
neige
neuf
nez
nid
noir
nombre
non
nous
nuit

O

œuf
oh!
oiseau
on
oncle
onze
opération
orange
oreille
ou
oui
ouvrir

P

pain
pantalon
papa
papier
par
parce que
parents
patte
pauvre
peau
peinture
pendant
père
personne
petit
peur
peut-être
photo
pied
plage
plante
plein
pleurer
pleut (il)
pluie
plus
pomme
porte
poste
poule
poulet
poupée
pour
pouvoir
premier
prendre
près de
propre
puis

Q

quand
quarante
quatorze
quatre
quatre-vingts
qui
quinze

R

ranger
récréation
regarder
reine
rentrer
repas
rester
riche
rien
robe
roi
rond
rose
rouge
route
rue

S

sable
sac
sage
salade
samedi
sapin
sauter
seize
sel
semaine
sept
seul
si
singe
six
sœur
soif
soir
soixante
soleil
soudain
soupe
sous
souvent
sport
stylo
sucre
sur
surtout

T

table
tableau
tante
tard
tarte
tartine
téléphone
temps
terre
tête
timide
tomber
toujours
tourner
tous
tout
tout à coup
train
travailler
treize
trente
très
triste
trois
trop

U

un
usine

V

vacances
vache
vélo
vendredi
venir
vent
vers
vert
vieux
village
ville
vingt
vite
voici
voilà
voir
voisin
voiture
vous
vrai

Y

yeux (les)

Z

zéro

CE2 CM1

PÉRIODE

1

SEMAINE 1

Jour 1

Les graphèmes du phonème [ɔ̃] et exercices

Phase orale

Lire le texte suivant aux élèves :

> Filles et garçons font des opérations
> puis posent les crayons.
> Ils mettent les blousons, vive la récréation.
> Dehors, on joue au ballon, on mange des bonbons.
> On chante des chansons, certains tournent en rond !
> Oubliées les additions et la conjugaison !
> Mais la récréation, ce n'est pas long,
> finie l'agitation, il faut se faire une raison !

Faire trouver le phonème entendu le plus souvent : [ɔ̃].

Dire les mots suivants aux élèves et leur demander de lever la main lorsqu'ils entendent le phonème [ɔ̃] :

le menton – un manteau – un nombre – bientôt – encore – onze – un serpent – combien – un dindon – méchant – continuer – prudent – un chaton

Dire les mots suivants aux élèves et leur demander de montrer sur leur règle si le phonème [ɔ̃] se situe au début, à l'intérieur ou à la fin du mot :

un combat – une saison – du jambon – un ongle – une pompe – conduire – une ombrelle – un marron – comparer – un pont – la honte – fondre

Demander aux élèves de trouver d'autres mots contenant le phonème [ɔ̃] :

- Au début (ex. : *oncle*).
- À l'intérieur (ex. : *montrer*).
- À la fin (ex. : *avion*).
- Deux fois dans le mot (ex. : *bonbon, concombre, pompon…*).

Phase écrite

Lire le texte écrit ou projeté au tableau.

Faire écrire les mots contenant le phonème [ɔ̃] et les classer suivant la manière dont est écrit [ɔ̃]. Dégager les différents graphèmes : *on* et sa variante *om*.
Dans le texte, sur le cahier, colorier le graphème *on*, *om*.
Lire le tableau des mots du phonème [ɔ̃] dans le cahier de l'élève.
Dans la rubrique « Les différentes graphies des phonèmes » du cahier de l'élève, lire les mots correspondant au phonème [ɔ̃] et faire remarquer les lettres que l'on retrouve après *om*.

Exercices

1. Recopie les mots dans lesquels tu entends [ɔ̃] :

une addition – un pompon – un homme – grand – un blouson – un roman – combien – une pente – une bombe – une lampe – le fond

. . . .

2. Recopie les mots avec *on* ou *om* :

un pantal . . . . . – une . . . . . bre – envir . . . . . – un r . . . . . d – c . . . . . parer – un p . . . . . t – une p . . . . . pe – c . . . . . duire – un prén . . . . . – du pl . . . . . b – m . . . . . trer – la h. . . . . te – un pl . . . . . geur

3. Écris un mot terminé par [ɔ̃] appartenant à la famille de chacun de ces mots :

un rat → . . . .

un chat → . . . .

une dinde → . . . .

un âne → . . . .

une mouche → . . . .

un ours → . . . .

4. Écris la réponse à ces devinettes. Les mots contiennent [ɔ̃] :

Il transporte des passagers dans les airs. → . . . .

Son métier est de secourir les gens et d'éteindre les feux. → . . . .

C'est le mari de ma tante. → . . . .

5. Écris un mot appartenant à la famille de chacun de ces mots :

un bonbon → . . . .

un nom → . . . .

un flocon → . . . .

un pigeon → . . . .

une saison → . . . .

6. Écris le masculin de chaque mot : certains mots ont une consonne finale muette.

blonde → . . . .

une patronne → . . . .

longue → . . . .

profonde → . . . .

mignonne → . . . .

7. Choisis un mot avec *on* et un mot avec *om* dans la liste « Les mots que j'ai appris au CE1 » ou dans la liste « Les mots que j'ai appris au CE2 », et invente une devinette pour faire trouver chaque mot.

. . . .

. . . .

8. Lis le tableau [ɔ̃] dans la rubrique « Les différentes graphies des phonèmes » du cahier et relève :

– Deux verbes avec *om* : . . . .

– Deux adjectifs avec *on* : . . . .

Exercices

9. Utilise les syllabes pour former des mots contenant le phonème [ɔ̃] :

jam	dre	bon	mon
men	temps	ton	
pon	long	ter	ré

1. ....
2. ....
3. ....
4. ....
5. ....

10. Complète chacune de ces phrases avec un mot contenant le phonème [ɔ̃] :

Un marteau sert à .... *les clous.*

Le soir, maman me .... *des histoires.*

Pour essuyer la poussière, on utilise un ....

Manger trop de .... *abime les dents.*

Quelqu'un qui possède des vignes est un ....

11. Classe les mots suivants dans l'ordre alphabétique :

comparer – jonc – prénom – honte – fondre – trompette – blond – ongle – sinon

....

Jours 2 et 3

Mémorisation de mots

Les mots entre parenthèses sont dits pour contextualiser le mot à mémoriser mais ils ne sont pas écrits.

ANNONCER (verbe)
Tu annonces (le résultat du match). – Nous annonçons (notre retour). – une annonce – un annonceur

ALLONGER (verbe)
Ils allongent (le blessé). – Nous allongeons (le pas). – long, la longueur – longuement – rallonger

MIGNON (adjectif)
un bébé mignon – une mignonne petite fille – de mignons enfants

COMPARER (verbe)
Tu compares (différentes chaussures). – une comparaison – comparable, incomparable

RÉCOMPENSE (nom)
C'est une belle récompense. – des récompenses – cette récompense, ces récompenses – récompenser

FLOCON (nom)
un flocon de neige – Les flocons tombent – (La neige tombe) à gros flocons.

COMPLET (adjectif)
un parking complet, une salle complète, des cars complets, des rangées complètes – complètement comme longuement – incomplet comme incomparable

INVENTION (nom)
L'invention est récente. – ces nouvelles inventions – un inventeur, une inventrice

SINON (conjonction)
(Marchez plus vite), sinon vous serez en retard. – (Que peut-on faire), sinon téléphoner à ses parents ? – si, non

CE2 CM1

Jour 4

Dictée de groupes de mots

Dictée de l'enseignant(e)

La météo *annonce* que *la neige va tomber à gros flocons*. On aura le bulletin *complet* en soirée.
Si *on compare* la hauteur de neige avec l'année dernière, c'est pareil.
Il faut *allonger le malade*, *sinon* il souffrira trop.
Si Aline *est mignonne* pendant la prise de sang, elle aura *une récompense*.
Le téléphone mobile est *une invention* récente.

Les CM1 écrivent la dernière phrase en entier.

Dictée de l'élève

La météo .... que ....
.... On aura le bulletin .... en soirée.
Si .... la hauteur de neige avec l'année dernière, c'est pareil.
Il faut ....,................................. il souffrira trop.
Si Aline .... pendant la prise de sang, elle aura ....
....
Le téléphone mobile est .... récente.
....

CE2 CM1

SEMAINE 2

Jour 1

Les graphèmes du phonème [ɑ̃] et exercices

Phase orale

Lire le texte suivant aux élèves :

> Nathan déambule dans les grandes allées du zoo.
> Il prend son temps pour regarder les serpents brillants,
> les élégants flamants roses, les paons étonnants,
> et les singes amusants qui se pendent aux branches.
> Nathan s'assoit sur un banc devant les éléphants,
> ces géants qui se balancent en marchant.
> Nathan est vraiment content,
> il passe un bon moment.

Faire trouver le phonème entendu le plus souvent : [ɑ̃].

Dire les mots suivants aux élèves et leur demander de lever la main lorsqu'ils entendent le phonème [ɑ̃] :

trembler – répondre – un chiffon – ancien – gourmand – une boisson – danser – gentil – plonger – dedans – le centre – une éponge – un rond – le boulanger

Dire les mots suivants aux élèves et leur demander de montrer sur leur règle si le phonème [ɑ̃] se situe au début, à l'intérieur ou à la fin du mot :

chanter – du flan – devant – une angine – la tempête – endormir – l'océan – un roulement – une branche – ensuite – la rentrée – un accent – un hamburger

Demander aux élèves de trouver d'autres mots contenant le phonème [ɑ̃] :

- Au début (ex. : *enfin*).
- À l'intérieur (ex. : *soixante*).
- À la fin (ex. : *seulement*).
- Deux fois dans le mot (ex. : *enfant, grandement, entendre, ensemble*…).

Phase écrite

Lire le texte écrit ou projeté au tableau.

Faire écrire les mots contenant le phonème [ɑ̃] et les classer suivant la manière dont est écrit [ɑ̃].
Dégager les différents graphèmes : *an* et sa variante *am*, *en* et sa variante *em*, *aon*.
Dans le texte, sur le cahier, colorier chaque graphème différent d'une couleur différente.
Lire le tableau des mots du phonème [ɑ̃] dans le cahier de l'élève.
Dans la rubrique « Les différentes graphies des phonèmes » du cahier de l'élève, lire les mots correspondant au phonème [ɑ̃] et faire remarquer les graphèmes les plus fréquents *an/am* et *en/em*.

Exercices

1. Mets une croix à l'endroit où tu entends [ɑ̃] dans les mots suivants, au début, à l'intérieur, à la fin:

du □□□

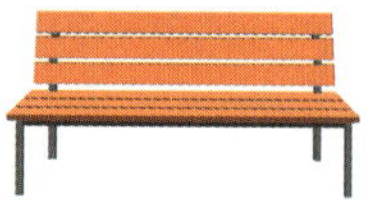
un □□□

une □□□

une □□□

une □□□

un □□□

2. Recopie les mots dans lesquels tu entends [ɑ̃]:

la chance – un client – une plainte – une tondeuse – emporter – chanter – un bond – du sang – l'argent – le menton – une pompe – pendant – la langue

. . . .

3. Récris chaque mot avec la graphie de [ɑ̃] qui convient:

un serp . . . . . t – une . . . . . poule – une t . . . . . pête – l'océ . . . . . – un g . . . . . darme – . . . . . bellir – une j . . . . . be – une ch . . . . . son – un f . . . . . – la t . . . . . pérature – quar . . . . . te

4. Barre l'intrus dans chaque colonne:

simplement	bandeau	ambulance
seulement	amande	ampoule
saucisson	langue	amusé
heureusement	serpent	ambiance

5. Dans la liste «Les mots que j'ai appris au CE2», choisis un mot avec [ɑ̃] écrit *an* et un mot avec [ɑ̃] écrit *em* et invente une devinette pour faire trouver chaque mot:

. . . .

. . . .

6. Utilise les syllabes pour former des mots contenant le phonème [ɑ̃]:

sou – ten – len – te – mar – te – teau – ment – vent – man – chaud

1. . . . .
2. . . . .
3. . . . .
4. . . . .
5. . . . .

7. Écris un mot appartenant à la famille de chacun de ces mots:

une dent → . . . .

du sang → . . . .

le centre → . . . .

un champ → . . . .

CE2 CM1

Exercices

8. Continue comme dans les exemples :

seul → seulement
grand → ....
lent → ....
lourd → ....
solide → ....
fort → ....

souriante → souriant
vivante → ....
blanche → ....
urgente → ....
paysanne → ....
marchande → ....

9. Lis le tableau [ɑ̃] dans la rubrique « Les différentes graphies des phonèmes » du cahier et relève :

– Trois verbes avec *en* : ....
– Trois adjectifs avec *an* : ....
– Trois noms avec *am* : ....

10. Cherche dans le dictionnaire et écris :

– Quatre mots qui commencent par [ɑ̃] écrit *an* : ....
....
– Quatre mots qui commencent par [ɑ̃] écrit *em* : ....
....

11. Classe les mots suivants dans l'ordre alphabétique :

franc – absent – embellir – viande – chant – jambe – taon – gentil – penser – lampe

....

Jours 2 et 3

Mémorisation de mots

Les mots entre parenthèses sont dits pour contextualiser le mot à mémoriser mais ils ne sont pas écrits.

CAMPER (verbe)
Les enfants campent au bord du lac. – un camp, un campement comme complément – un(e) campeur(euse) comme annonceur(euse) – du camping, la campagne

CHARMANT (adjectif)
un homme charmant – une charmante soirée – des personnes charmantes – charmer

TREMBLER (verbe)
Elles tremblent (de peur). – tremblant(e) comme charmant(e) – un tremblement comme campement.

ENLEVER (verbe)
J'enlève (mon manteau). – Nous enlevons (nos chaussures). – un enlèvement comme tremblement – lever, relever, soulever, prélever

ENVELOPPE (nom)
Cette enveloppe (vient de loin). – Ces enveloppes (contiennent des factures). – envelopper un cadeau

URGENT (adjectif)
des appels urgents, une sortie urgente, des recherches urgentes – une urgence, le service des urgences à l'hôpital – un(e) urgentiste

AVANCER (verbe)
Nous avançons (avec prudence). – Tu avances (de l'argent à ton copain). – être en avance – s'avancer, avant, devant

EXEMPLE (nom)
(Vous devez montrer) l'exemple à vos jeunes cousins. – Donner des exemples (dans un exercice).

BANC (nom)
(On s'assoit sur) ce banc. – des bancs (de poissons, de sable), une banquette, un meuble bancal

CE2 CM1

Jour 4

Dictée de groupes de mots

Dictée de l'enseignant(e)

Nathan *enlève* le vieux siège du jardin, il veut le remplacer *par exemple, par un charmant petit banc.*
Papa reçoit un appel *urgent* au sujet de sa fille et part *en tremblant*.
Pour camper, les vacanciers *avancent* jusqu'au bord du lac.
Ils enlèvent l'enveloppe de leur tente et l'installent.

Les CM1 écrivent la dernière phrase en entier.

Dictée de l'élève

Nathan .... le vieux siège du jardin, il veut le remplacer ....
....
Le papa reçoit un appel .... au sujet de sa fille et part ....
..........................., les vacanciers .... jusqu'au bord du lac.
....

SEMAINE 3

Jour 1

Les graphèmes du phonème [ɛ̃] et exercices

Phase orale

Lire le texte suivant aux élèves :

> « J'ai faim ! J'ai faim ! J'ai envie de thym ! », criait un matin un lapin
> dans l'impasse qui mène au moulin.
> Enfin, un chien venant du jardin voisin lui apporta
> un panier plein de pains et de grains de raisin.
> Bientôt, le lapin eut tout mangé.
> « Merci, tu es un vrai copain dit-il ;
> Maintenant je n'ai plus faim,
> je peux continuer mon chemin. »

Faire trouver le phonème entendu le plus souvent : [ɛ̃].

Dire les mots suivants aux élèves et leur demander de lever la main lorsqu'ils entendent le phonème [ɛ̃] :

le coussin – entrer – une main – du sang – une lampe – le sapin – l'insecte – une jambe – important – le bassin – cinquante – ralentir – une pince

Dire les mots suivants aux élèves et leur demander de montrer sur leur règle si le phonème [ɛ̃] se situe au début, à l'intérieur ou à la fin du mot :

imprévu – singulier – imprimer – du raisin – le prince – lointain – bientôt – impossible – inquiet – une plainte – la synthèse – le parfum – intéressant

Demander aux élèves de trouver d'autres mots contenant le phonème [ɛ̃] :

– Au début (ex. : *inviter*).
– À l'intérieur (ex. : *la peinture*).
– À la fin (ex. : *un lapin*).

Phase écrite

Lire le texte écrit ou projeté au tableau.

Faire écrire les mots contenant le phonème [ɛ̃] et les classer suivant la manière dont est écrit [ɛ̃].
Dégager les différents graphèmes : *in/im, ain, ein, en, un*. Indiquer que l'on trouve la graphie *aim* dans très peu de mots : *faim, daim, essaim*.
Dans le texte, sur le cahier, colorier chaque graphème différent d'une couleur différente.
Lire le tableau des mots du phonème [ɛ̃] dans le cahier de l'élève.
Repérer les graphèmes qui n'ont pas été vus dans le texte : *um, yn*.
Dans la rubrique « Les différentes graphies des phonèmes » du cahier de l'élève, lire les mots correspondant au phonème [ɛ̃] et faire remarquer les graphèmes les plus fréquents : *in/im* et *ain*.

Exercices

1. Recopie les mots dans lesquels tu entends [ɛ̃] :

vilain – une bassine – la semaine – un insecte – immoral – un sapin – immangeable – ancienne – Julien – un lynx – un camping – lundi – ensuite

....

....

2. Récris chaque mot avec *in, im, ain, ein* ou *en* :

un terr ..... – ..... possible – une c ..... ture – un magici ..... – améric ..... – un t ..... bre – ..... viter – bi ..... tôt – un pr ..... ce – ét ..... dre – un gardi .....

3. Écris un mot de la même famille de chaque mot se terminant par [ɛ̃] :

Exemple : *une graine → un grain*

le jardinier → le ....

le patinage → un ....

la matinée → le ....

ma voisine → mon ....

finir → la ....

chagriner → du ....

4. Change la première lettre de chaque mot et écris un autre mot :

le bain → ....

le satin → ....

le linge → ....

bien → ....

un poussin → ....

le coin → ....

5. Écris la réponse à chaque devinette :

C'est le fils de ta tante → ton ....

C'est le sixième mois de l'année → le mois de ....

Il transporte des passagers ou des marchandises sur rails → le ....

Il soigne les malades → le ....

6. Utilise les syllabes pour former les mots contenant le phonème [ɛ̃] :

im	bien	por	min
tant	len	che	
com	de	main	

1. ....
2. ....
3. ....
4. ....
5. ....

7. Écris ces mots au masculin :

une Africaine → ....

une chienne → ....

une brune → ....

une gamine → ....

Exercices

8. Écris un mot appartenant à la même famille se terminant par *in* ou *ain*:

patiner → un ....

parfumer → du ....

se baigner → un ....

prochainement → ....

chagriner → du ....

l'humanité → un ....

9. Lis le tableau [ɛ̃] dans la rubrique «Les différentes graphies des phonèmes» du cahier et relève:

– Deux noms contenant [ɛ̃] écrit *en*: ....

– Trois adjectifs contenant [ɛ̃] écrit *ain*: ....

– Deux verbes contenant [ɛ̃] écrit *im*: ....

10. Écris une phrase avec chacun des mots suivants:

fin → ....

faim → ....

pin → ....

pain → ....

vin → ....

vingt → ....

11. Classe les mots suivants dans l'ordre alphabétique:

plainte – main – sapin – dindon – imprimer – lundi – ceinture – grimper – afin

....

Jours 2 et 3

Mémorisation de mots

Les mots entre parenthèses sont dits pour contextualiser le mot à mémoriser mais ils ne sont pas écrits.

GRIMPER (verbe)
Tu grimpes (la côte). – Les singes grimpent aux arbres. – un(e) grimpeur(euse) comme campeur(euse)

MUSICIEN (nom)
un grand musicien – un musicien et une musicienne – (un orchestre de) trente musiciens – musical(e)

BRUN (adjectif et nom)
un ours brun, des cheveux bruns, une peau brune, des peaux brunes – un(e) brun(e) – brunir
un brin de muguet

INFORMER (verbe)
Les journalistes informent (le public). – un(e) informateur(rice) – une information : cette information (est exacte). – s'informer, l'informatique, un informaticien(ienne) comme musicien(ienne)

ÉTEINDRE (verbe)
Il éteint la lumière. – Les pompiers éteignent l'incendie. – s'éteindre – éteindre ou allumer

REFRAIN (nom)
le refrain d'une chanson – des refrains – (Elle répète chaque jour la même chose : c'est toujours) le même refrain !

IMPRIMANTE (nom)
une nouvelle imprimante – des imprimantes – imprimer, une imprimerie, un(e) imprimeur(euse) comme grimpeur(euse)

MÉDECIN (nom)
un médecin renommé. – la médecine – médical(e) comme musical(e) – un médicament, une plante médicinale

AINSI (adverbe)
(Nous partons tôt), ainsi nous arriverons pour midi. – C'est mieux ainsi. – Tom vient ainsi que Zoé.

CE2 CM1

Jour 4

Dictées de groupes de mots et de texte

Dictée de l'enseignant(e)

Le soigneur *informe* les visiteurs du zoo que l'ours *brun* est en train de *grimper* dans un arbre.
Son père a deux frères, l'un est *musicien* et l'autre *médecin*.
Il faut penser à éteindre *l'imprimante* en quittant l'école.
Vous aimez bien *le refrain* de cette chanson.

Dictée de l'élève

Le soigneur .... les visiteurs du zoo que l'ours ....
est en train de .... dans un arbre.
Son père a deux frères, l'un est .... et l'autre ....
Il faut penser à éteindre .... en quittant l'école.
Vous aimez bien .... de cette chanson.

Dictée de texte

LE MUSICIEN
Un **charmant musicien brun** joue sur une place de village. Assis sur un **banc**, des gens écoutent.
Ils sont heureux d'entendre des airs connus. Et au moment du **refrain**, tout le monde chante !
Comme **récompense**, le public applaudit l'artiste. Des personnes mettent une pièce dans une soucoupe.

CE2 CM1

SEMAINE 4

Jour 1

Synthèse sur *m* devant *m*, *b*, *p*, exercices et mémorisation de mots

Lire les tableaux ci-dessous.

[õ]	**on** **om**	onze, oncle, ongle, ombre honte	conduire, montrer, donc, bonjour, éponge, répondre, conserver, enfoncer, combien, nombreux, combat, comprendre, pompier, pompe, comparer, récompense, trompette, dompteur, complet	boisson, bonbon, jambon, menton, chiffon, crayon, pigeon, saison, blouson, cochon, pantalon, avion, non (oui), ballon, marron, mignon, ânon, chaton, raton, dindon, mouton, récréation, opération, addition, collection, front, pont, dont, mont, blond, rond, bond, fond, profond, plafond, nom, prénom, tronc, jonc, long, plomb

[ã]	**en** **em**	encore, enfant, enfin, ensuite, envie, entre, enveloppe, endormir, emporter, emmener, embêter, emmitouflé, embrasser	centre, fente, pente, ventre, sentir, rentrée, lendemain, pendant, gentil, prendre, tente (pour camper), commencer, penser, pensée, ralentir, gendarme, fendre, absence, ensemble, sembler, trembler, remplacer, tempête, température	accident, dent (pour manger), argent, lent, accent, serpent, prudent, urgent, absent, client, seulement, grandement, rapidement, le temps, longtemps, printemps, les gens
	an **am**	ancien, an (année), angine, ampoule, ambulance, hanter, hangar, hamburger	chance, naissance, les vacances, danse, tante, langue, branche, viande, banque, quarante, cinquante, soixante, boulanger, dangereux, chanson, danser, manquer, mélanger, transport, épouvantable, campagne, lampe, champagne, champignon, jambon, chambre, jambe, tambour	an, plan, roman, océan, paysan, pendant, avant, devant, enfant, vivant, méchant, chant, souriant, instant, charmant, marchand, grand, gourmand, gland, sans, dans, dedans - blanc, banc, franc, flanc, étang, sang, champ, camp
	aon			paon, faon, taon

[ɛ̃]	**in–im**	inviter, insecte, infirmier, indien, instituteur, indiquer, inquiet, inconnu, invisible, instrument, imbécile, imbat-table, impossible, important, imprimer, imprévu, imprudent	printemps, simple, dindon, vingt, pintade, distinction, mince, prince, principalement, singulier, grimper, timbre, timbale	cousin, fin, raisin, vin, juin, sapin, coussin, patin, chagrin, médecin, afin, bassin, ravin, vingt
	ain-aim	ainsi	crainte, plainte	bain, pain, demain, prochain, vilain, soudain, lointain, grain, main, humain, châtelain, gain, copain, africain, romain, riverain, écrivain, forain, terrain, refrain - faim, essaim, daim
	ein		peinture, ceinture	plein, frein, rein, éteint
	un-um	un (chat)	lundi	aucun, chacun, quelqu'un, brun, défunt, emprunt, parfum
	en		bientôt, agenda, appendice	bien, rien, gardien, chien, ancien, combien, musicien, magicien, lien, moyen, examen
	yn-ym		lynx, synthèse, cymbale	thym

Faire nommer la lettre que l'on trouve après *om*, *am*, *em* et *im*.

Faire remarquer que l'on trouve *om* dans *nom*, *um* dans *parfum*, *aim* dans *faim*, *essaim*, alors qu'il n'y a aucune lettre après.

Chercher des mots de la même famille et les faire écrire :

nom → nommer, nomination, ...

parfum → parfumer, ...

faim → famine, ...

essaim → essaimer, ...

Pour *thym*, il n'y a pas de dérivés mais on peut dire aux élèves que ce mot vient du latin *thymus* et que le *m* final rappelle cette origine. Pour *daim*, on peut dire que ce mot vient du latin *damus*.

Composer avec les élèves une affiche collective.

om devant ***b*** et ***p***	***am–em*** devant ***m***, ***b*** et ***p***	***im*** devant ***b*** et ***p***	***m*** à la fin du mot
no**mb**reux co**mp**arer une réco**mp**ense	e**mm**ener une cha**mb**re - tre**mb**ler ca**mp**er – exe**mp**le	un ti**mb**re l'i**mp**rimante	un no**m** fai**m** le thy**m** du parfu**m**

Lire dans le cahier à la page « Quelques principes que je ne dois pas oublier » ce qui est à retenir :

Devant *m*, *b*, *p* : [ɑ̃] s'écrit *am* : une cham**b**re, camper
ou *em* : em**m**ener, trem**b**ler, un exem**p**le
[ɔ̃] s'écrit *om* : nom**b**reux, com**p**arer ; attention ! on écrit un bon**b**on
[ɛ̃] s'écrit *im* : un tim**b**re, une im**p**rimante

Exercices

1. Récris les mots suivants en remplaçant les points par *n* ou *m* :

de no . . . . . breux – ti . . . . . bres – c'est i . . . . . portant – to . . . . . dre – gri . . . . . per – un cha . . . . . p – to . . . . . ber – des po . . . . . piers – le pri . . . . . te . . . . . ps – la ma . . . . . che du ma . . . . . teau – une cha . . . . . bre

2. Écris le contraire en ajoutant *in* ou *im* :

C'est visible → *C'est* . . . .

Il est juste → *Elle est* . . . .

Un nombre pair → *Un nombre* . . . .

C'est mangeable → *C'est* . . . .

C'est possible → *C'est* . . . .

3. Écris la réponse à chaque définition (vérifie l'orthographe dans le dictionnaire) :

C'est la pièce où se trouve le lit : . . . .

C'est le mois de Noël : . . . .

C'est la saison qui suit l'hiver : . . . .

C'est ce que l'on fait l'été sous une tente : . . . .

C'est l'action de monter dans un arbre : . . . .

Mémorisation de mots

Réaliser ces fiches avec les élèves afin de les familiariser avec leur utilisation car en période 2, ils devront les utiliser en autonomie.

aventure

1. Je lis le mot et j'indique sa classe grammaticale.

. . . .

2. J'écris le mot à mémoriser et j'entoure la ou les lettres qui traduisent chaque son.

. . . .

3. Je complète les phrases avec le mot à mémoriser (attention, il est au pluriel).

J'aime les livres où le héros vit beaucoup d' . . . .

4. Je cherche le mot à mémoriser dans le dictionnaire et je recopie trois mots de la même famille :

. . . .

immense

1. Je lis le mot et j'indique sa classe grammaticale. . . . .

2. J'écris le mot à mémoriser, j'entoure la ou les lettres qui traduisent chaque son. . . . .

3. Je complète les groupes nominaux avec le mot à mémoriser. Attention, dans la première phrase, il est au pluriel.

Dans cette région, il y a des champs . . . .

Le Canada est un pays . . . .

4. Entoure la partie commune à ces deux mots de la même famille.

immense – immensité

enfoncer

1. Je lis le mot et j'indique sa classe grammaticale. ....

2. J'écris le mot à mémoriser et j'entoure la ou les lettres qui traduisent chaque son.

....

3. J'écris les lettres qui montrent que le verbe est à l'infinitif.

....

4. J'écris le mot à mémoriser au présent avec *nous* : ....

5. J'écris une phrase contenant ce mot et la conjonction *et*.

....

afin

1. Je lis le mot : c'est un adverbe, il est invariable.

2. J'écris le mot à mémoriser et j'entoure la ou les lettres qui traduisent chaque son.

....

3. Complète la phrase avec un mot de la même famille que *afin* :

À la .... *du conte, le prince épouse la princesse.*

4. Recopie les phrases en remplaçant le mot ou le groupe de mots en gras par *afin que* ou *afin de*.

Je prends mon élan ***pour*** *sauter plus haut.*

....

Parle tout bas ***pour que*** *la maitresse n'entende pas.*

....

Jour 2 et 3

Exercices et mémorisation de mots

Exercices

1. Écris les mots représentés par les dessins après les avoir épelés phonétiquement :

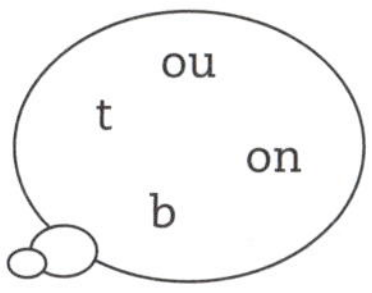

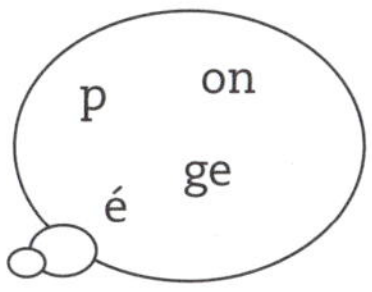

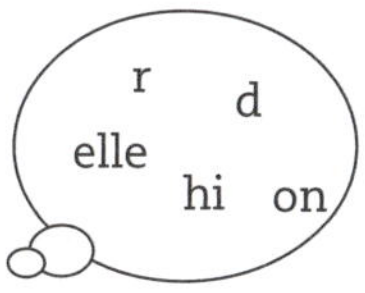

un .... *une* .... *une* ....

2. Mets une croix à l'endroit où tu entends [ɔ̃] dans les mots suivants, au début, à l'intérieur, à la fin :

un ☐ ☐ ☐ *un* ☐ ☐ ☐ *un* ☐ ☐ ☐ *un* ☐ ☐ ☐ *un* ☐ ☐ ☐

3. Barre les mots dans lesquels on n'entend pas [ɑ̃] :

manteau – ambulance – santé – amusé – chance – bombe – rame – triangle – menthe – ennui – amener – suivant – semer – planter – vente

4. Écris les mots représentés par les dessins après les avoir épelés phonétiquement :

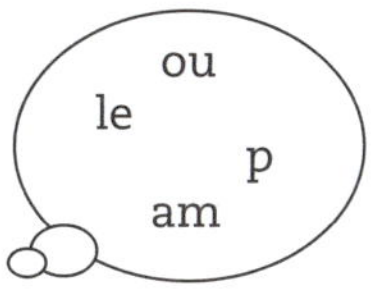

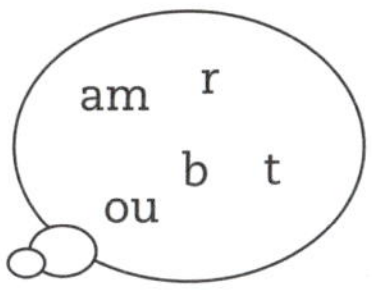

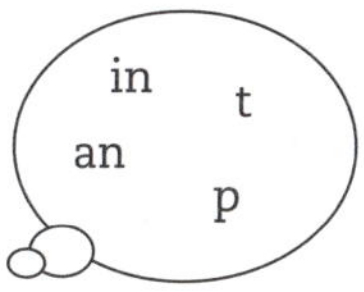

une .... *un* .... *un* ....

5. Entoure les mots dans lesquels tu entends [ɛ̃] :

un frein – des magiciens – la cheminée – il peint – la baleine – une timbale – une imprimerie – tu reviens – une reine – mon cousin – maintenant – la faim – la plaine – un rein – immense – bien – certaine – un musicien

Exercices

6. Colorie d'une même couleur les syllabes qui vont ensemble et écris six mots mémorisés :

flo	gent	mi	si
ur	cien	per	
gnon	char	mu	
con	grim	mant	

1. ....
2. ....
3. ....
4. ....
5. ....
6. ....

Mémorisation de mots

Les mots entre parenthèses sont dits pour contextualiser le mot à mémoriser mais ils ne sont pas écrits.

IMPORTANT (adjectif)
un détail important, une découverte importante, des gens importants, des sommes importantes – l'importance

EMPÊCHER (verbe)
Ils empêchent (les skieurs de prendre des risques). – La neige empêche (les voitures de circuler). – s'empêcher : (Elle ne peut pas) s'empêcher de faire des farces. un empêchement

ENDROIT (verbe)
un bel endroit, des endroits connus – remettre un vêtement à l'endroit

EMBELLIR (verbe)
Toutes ces décorations embellissent (la ville). – Il embellit (l'histoire en la racontant). – l'embellissement, beau, la beauté

ABANDONNER (verbe)
Des gens abandonnent leur chien. – La cycliste abandonne (la course). – un abandon - une bête abandonnée – aban-don, abandonner

CHAMPION (nom)
des champions - une championne – un championnat

CEPENDANT (adverbe)
Elle dort très peu, cependant elle n'est jamais fatiguée ! – pendant

DIFFÉRENT (adjectif)
un air différent, une allure différente, des caractères différents, des sœurs différentes – différencier, une différence – différemment – indifférent comme incomplet, l'indifférence

ÉVÈNEMENT (nom)
Le tsunami de 2004 a été un événement tragique. – des événements importants – évènementiel(elle)

CE2 CM1

Jour 4

Dictées de texte et de groupes de mots

Dictée de texte

Un **charmant** chaton **brun grimpe** sur un **banc**.
Il **s'allonge** à côté **d'un musicien**.
Le **mignon** chaton ronronne et le **musicien** joue pour l'endormir.

Dictée de l'enseignant(e)

Les élèves écrivent entièrement la dernière phrase.

Un *événement important* et *différent* chaque année se déroule tous les ans dans cet *immense endroit embelli* par des fleurs.
Il faut *empêcher* les gens d'*abandonner* leurs animaux.
Les champions vivent *une belle aventure*, *cependant* attention aux blessures.
Nous enfonçons un clou dans le mur.

Dictée de l'élève

Un .... et .... chaque année se déroule tous les ans dans cet .... par des fleurs.
Il faut .... les gens d' .... leurs animaux.
.... vivent ...., ... attention aux blessures.
....

SEMAINE 5

Jour 1

Les graphèmes du phonème [o], exercices et mémorisation de mots

Phase orale

Lire le texte suivant aux élèves:

> AU CIRQUE
> Bientôt Léo ira au cirque.
> Il aime beaucoup les clowns.
> Il se souvient du numéro rigolo de l'an dernier.
> Sous le chapiteau, à l'ouverture du rideau,
> un beau clown vêtu de jaune jouait du piano.
> Un autre clown, sur un vélo, lui a tapé dans le dos.
> Aussitôt, un jet d'eau a jailli de son chapeau.
> Il l'a frappé à nouveau et c'est un gros poireau qui est sorti.
> Ils étaient drôles ces clowns!

Faire trouver le phonème entendu le plus souvent: [o].

Dire les mots suivants aux élèves et leur demander de lever la main lorsqu'ils entendent le phonème [o]:
bravo – l'école – un mot – un crapaud – une cloche – une pomme – un gâteau – une moto – il dort – en haut – une bosse – beaucoup – l'horloge – le dos – poser

Dire les mots suivants aux élèves et leur demander de montrer sur leur règle si le phonème [o] se situe au début, à l'intérieur ou à la fin du mot:
un vélo – un abricot – une chaussure – un hôtel – une auto – une taupe – une photo – une odeur – grossir – bientôt – une autruche – jaune – sauvage – un artichaut

Demander aux élèves de trouver d'autres mots contenant le phonème [o]:
- Au début (ex.: *hôtel*).
- À l'intérieur (ex.: *jaune*).
- À la fin (ex.: *abricot*).
- Deux fois dans le mot (ex.: *auto*...).

Phase écrite

Lire le texte écrit ou projeté au tableau.

Faire écrire les mots contenant le phonème [o] et les classer suivant la manière dont est écrit [o]. Dégager les différents graphèmes: *o, ô, au, eau*.
Dans le texte, sur le cahier, colorier les graphèmes transcrivant [o].
Lire le tableau des mots du phonème [o] dans le cahier de l'élève.
Dans la rubrique «Les différentes graphies des phonèmes» du cahier de l'élève, lire les mots correspondant au phonème [o] et faire remarquer les lettres finales muettes à la fin des mots terminés par [o].

CE2 CM1

Exercices

1. Entoure les mots dans lesquels tu entends le phonème [o] :

un cadeau – encore – personne – un mot – une robe – gros – alors – comme – pauvre – un zoo – d'abord – autant – une fois – fort – l'eau – une poire – le cerveau

2. Écris un verbe de la famille de chaque mot, en utilisant la lettre finale :

un sanglot → ....

un tricot → ....

un rabot → ....

un propos → ....

le repos → ....

gros → ....

3. Utilise les syllabes données pour former quatre mots :

teau	reau	mo	tau
man	to	seau	oi

1. ....
2. ....
3. ....
4. ....

4. Écris des mots avec [o] qui répondent à ces définitions :

C'est la couleur du milieu de l'œuf. → *le* ....

Il a deux bosses et vit dans le désert. → *le* ....

C'est le petit de la vache. → *le* ....

C'est l'allure la plus rapide du cheval. → *le* ....

Cet instrument de musique a des touches noires et des touches blanches. → *le* ....

5. Écris le mot correspondant à chaque dessin (utilise ton dictionnaire) :

un ....

un ....

un ....

un ....

une ....

un ....

Mémorisation de mots

Les mots entre parenthèses sont dits pour contextualiser le mot à mémoriser mais ils ne sont pas écrits.

AUPRÈS (DE) (préposition)
rester auprès de quelqu'un – être auprès de sa famille – près de

FAUX (adjectif-adverbe-nom)
– des exercices faux, une addition fausse – des fausses notes – chanter faux (mot invariable) – faussement comme complètement, un faussaire
– *une faux (pour couper le blé)*

ROULEAU (nom)
un rouleau à peinture, à pâtisserie – (Les vagues forment) des rouleaux sur la mer. – rouler, une roulade, un roulement comme tremblement – une roulette, une roulotte, dérouler – enrouler

Jours 2 et 3

Mémorisation de mots

Les mots entre parenthèses sont dits pour contextualiser le mot à mémoriser mais ils ne sont pas écrits.

HAUT (adjectif)
une haute tour, des hautes montagnes, de hauts murs – la hauteur – une tour haute et large –
de l'eau, au cinéma

AUTREFOIS (adverbe)
Autrefois, (l'électricité n'existait pas). – une fois, parfois, quelquefois

CHAUSSURE (nom)
Alicia met sa chaussure droite au pied gauche ! - ses chaussures – (se) chausser, une chaussette, des chaussons

DRÔLE (adjectif)
une histoire drôle, des dessins drôles - un drôle de personnage – drôlement comme complètement, la drôlerie

CHÂTEAU (nom)
un château fort, des châteaux anciens ou neufs – un chât**e**au, un chât**e**lain – Le châtelain parle de son château. – un château d'eau

SAUVER (SE) (verbe)
sauver la vie à quelqu'un – Les animaux de la forêt se sauvent. - un sauveteur, une sauveteuse, un sauvetage

PIANO (nom)
Elle joue du piano. – des pianos – pianoter, un(e) pianiste

POSER (verbe)
Il pose (son sac). – Tu poses (trop de questions !) – déposer, reposer

Mémorisation en autonomie

profond

1. Je lis le mot et j'indique sa classe grammaticale. ....

2. J'écris le mot à mémoriser, j'entoure la ou les lettres qui traduisent chaque son ainsi que la lettre finale muette d'une autre couleur. ....

3. Je complète les groupes nominaux avec le mot à mémoriser. Attention, il s'accorde avec le nom !

un trou ...., *une cave* ....,

des trous ...., *des caves* ....

4. Je cherche le mot à mémoriser dans le dictionnaire et j'écris deux mots de la même famille : ....

....

La lettre *d* est-elle muette dans ces mots ? ....

seau

1. Je lis le mot, j'indique sa classe grammaticale et son genre. ....

2. J'écris le mot à mémoriser et j'entoure la ou les lettres qui traduisent chaque son.

....

3. Je complète les phrases avec le mot à mémoriser. Attention, il peut être au pluriel.

Tu remplis un .... *d'eau.*

J'ai acheté un .... *en plastique.*

4. Je complète la série :

un gâteau, des gâteaux, un château, des châteaux, un seau, des ....

5. Complète chaque phrase avec un mot qui se prononce comme seau.

saut, sot, sceau.

6. Observe le mot en gras de chaque phrase pour bien écrire le mot qui manque.

Il dit toujours des ***sottises****, c'est un* ....

Elle ***saute*** *bien, son* .... *est réussi.*

Le roi va ***sceller*** *son message avec un cachet de cire, son* ....

aussitôt

1. Je lis le mot et j'indique sa classe grammaticale. ....

Ce mot est invariable.

2. J'écris le mot à mémoriser et j'entoure la ou les lettres qui traduisent chaque son et la lettre muette d'une autre couleur. ....

3. Le mot est composé de deux mots : ....

4. Recopie la phrase en remplaçant le mot en gras par le mot à mémoriser.

Tu as appelé Alicia et elle est venue ***tout de suite****.*

....

Yanis apprend ses leçons ***dès*** *qu'il est rentré de l'école.*

....

sursauter

1. Je lis le mot et j'indique sa classe grammaticale. ....
2. J'écris le mot à mémoriser et j'entoure la ou les lettres qui traduisent chaque son.

....

3. J'écris les lettres qui montrent que le verbe est à l'infinitif et que c'est un verbe du premier groupe.
4. J'écris le mot à mémoriser au présent avec *tu* : ....
5. Entoure la partie commune de ces mots de la même famille :

sauter *sursauter* *un sursaut* *un saut*

Souligne la consonne finale muette dans les deux derniers mots.

défaut

1. Je lis le mot, j'indique sa classe grammaticale et son genre. ....
2. J'écris le mot à mémoriser et j'entoure la ou les lettres qui traduisent chaque son.

....

J'entoure d'une autre couleur la consonne finale muette.

3. Je complète les phrases avec le mot à mémoriser.

La gourmandise est un ....

Ce tissu a un .... *de fabrication.*

autorité

1. Je lis le mot, j'indique sa classe grammaticale et son genre. ....
2. J'écris le mot à mémoriser et j'entoure la ou les lettres qui traduisent chaque son.

....

3. Je récris le mot en mettant devant *un* ou *une* : ....

Je le récris en mettant devant *le*, *la* ou *l'*. ....

4. Je complète avec *autorité* ou *autoritaire* :

Les ouvriers travaillent sous l' .... *du chef de l'atelier.*

Le professeur a de l' .... *il est* ....

Jour 4

Dictées de groupes de mots

Dictée de l'enseignant(e)

Pendant un jeu, Léane *se sauve*; elle perd *une chaussure* en courant.

Autrefois, les seigneurs possédaient *des châteaux* aux murs très *hauts*.

Certaines personnes *posent* de *drôles* de choses sur leur *piano*.

Dictée de l'élève

Pendant un jeu, Léane ....; elle perd .... en courant.

.............................., les seigneurs possédaient ....

aux murs très ....

Certaines personnes .... de ....

de choses sur leur ....

Dictée de l'enseignant(e)

Ton *exemple* est *faux*.

Le *rouleau* à pâtisserie tombe, les deux chiens *sursautent*.

Aussitôt, ils vont auprès de leur maitre.

Le seau tombe dans un puits *profond*.

Vous avez de *l'autorité*.

Pinocchio a un vilain *défaut*: il dit des mensonges.

Dictée de l'élève

Ton .... est ....

Le .... à pâtisserie tombe, les deux chiens ....

.............................., ... de leur maitre.

.... tombe dans un puits ....

Vous avez de ....

Pinocchio a un vilain ....: il dit des mensonges.

CE2 CM1

SEMAINE 6

Jour 1

Les graphèmes du phonème [ɔ], exercices et mémorisation de mots

Phase orale

Lire le texte suivant aux élèves :

> Éliott adore se promener
> mais pas au bord de la mer.
> Océane adore jouer dehors
> mais pas sous le soleil.
> Victor adore les pommes
> mais pas les carottes.
> Éléonore adore le sport
> mais pas la boxe.
> Tom adore l'école
> mais pas la morale.
> Morgane adore les colliers
> mais pas les boucles d'oreilles.
> Chloé et Thomas adorent les albums
> mais pas les romans.

Faire trouver le phonème entendu le plus souvent : [ɔ]

Dire les mots suivants aux élèves et leur demander de lever la main lorsqu'ils entendent le phonème [ɔ] :

un cadeau – encore – une poche – une auberge – un globe – autant – un album – un landau – un torchon – un tricot – proche – comme – un côté – octobre

Dire les mots suivants aux élèves et leur demander de montrer sur leur règle si le phonème [ɔ] se situe au début, à l'intérieur ou à la fin du mot :

une olive – une roulotte – des pommes – un sport – une orange – un homme – joli – de la colle – un bol – un os – dehors – une hotte – offrir – une corde – obtenir

Faire remarquer que le phonème [ɔ] ne se trouve jamais en fin de mot.

Demander aux élèves de trouver d'autres mots contenant le phonème [ɔ]:

– Au début (ex. : *ogre*).
– À l'intérieur (ex. : *robe*).

Phase écrite

Lire le texte écrit ou projeté au tableau.

Faire écrire les mots contenant le phonème [ɔ] et dégager le graphème : o.
Dans le texte, sur le cahier, colorier le graphème o dans les différents mots le contenant.

Lire le tableau de mots du phonème [ɔ] dans le cahier.
Dans la page du cahier « Les différentes graphies des phonèmes », lire les mots correspondant au phonème [ɔ] et faire remarquer le graphème le plus fréquent : *o*.

Exercices

1. Souligne les mots dans lesquels tu entends le phonème [ɔ] :

une moto – une corde – une école – la gauche – une mélodie – proposer – une oreille – un objet – une chose – une bosse – un record – un fauve – une grotte

2. Écris d'autres mots en changeant la première lettre de chaque mot :

le port → il est ....

une botte → la .... du père Noël

une roche → une ....

ma gomme → une .... d'argent

un bol → le .... de la chemise

le bord → du .... au sud

3. Rassemble les syllabes données pour écrire quatre mots :

por	bre	tue
oc	pre	te
pro	tor	to

1. ....
2. ....
3. ....
4. ....

4. Relie chaque mot au phonème qui convient : [o] ou [ɔ] :

un téléphone •		• un numéro
un lavabo •		• de l'oseille
un auteur •	• [o]	• alors
un orage •		• du rhum
une horloge •	• [ɔ]	• du sirop
causer •		• une époque

Mémorisation de mots

PROTÉGER (verbe)
Nous protégeons (notre santé). – protéger quelqu'un – Vous protégez (des plantes pour l'hiver). – la protection comme invention – (un, une) protecteur(rice) comme inventeur(rice) – se protéger du froid – surprotéger

OBÉIR (verbe)
Les chiens n'obéissent pas toujours à leur maitre. – l'obéissance comme importance, obéissant(e) comme important(e), désobéir

MULTICOLORE (adjectif)
– un vêtement multicolore, une robe multicolore, des tissus multicolores, des guirlandes multicolores – coloré(e), incolore comme indifférent – une couleur – bicolore, tricolore
– un multicoque, une multinationale, une multiprise → Le préfixe *multi* signifie *plusieurs*.

Jours 2 et 3

Mémorisation de mots

Les mots entre parenthèses sont dits pour contextualiser le mot à mémoriser mais ils ne sont pas écrits.

TORTUE (nom)
des tortues de mer – marcher comme une tortue – « Le lièvre et la tortue » (est une fable de La Fontaine).

CAROTTE (nom)
(On donne) des carottes aux ânes. – des carottes râpées – du bœuf aux carottes

SORTIR (verbe)
(Ce soir,) nous sortons au théâtre. – La voiture sort (de la route dans un virage). – Les chats sortent (leurs griffes). – une sortie, ressortir

MORT (nom et adjectif)
de nombreux morts à la guerre – une souris morte, des souris mortes – mort ou vivant – mortel(le) – mourir

AUTOMNE (nom)
en automne ou au printemps – un automne ensoleillé, des automnes humides – à l'automne – automnal(e) comme musical(e)

BONHOMME (nom)
un bonhomme de neige – un homme, des hommes

PORT (nom)
Les bateaux rentrent au port. – des ports de pêche – portuaire, un aéroport
Les fermiers élèvent un porc.
Les pores *de la peau.*

POSSIBLE (adjectif et nom)
un travail possible – des sorties possibles – Elle fait son possible (pour réussir). – une possibilité, impossible

Mémorisation en autonomie

océan

1. Je lis le mot et j'indique sa classe grammaticale. ....

2. J'écris le mot à mémoriser, j'entoure la ou les lettres qui traduisent chaque son.

....

3. J'écris le mot avec un article indéfini (*un/une*) puis avec un article défini (*le/la/l'*).

....

4. Je cherche le mot à mémoriser dans le dictionnaire et j'écris trois mots de la même famille.

....

Dans ces mots, entoure le mot *océan* qui a servi à les former.

5. Je complète avec le mot à mémoriser. Attention, il peut être au pluriel.

L'Amérique est bordée par deux .... : *l'*.......................... *Atlantique et l'*.......................... *Pacifique.*

obstacle

1. Je lis le mot, j'indique sa classe grammaticale et son genre. ....

2. J'écris le mot à mémoriser, j'entoure la ou les lettres qui traduisent chaque son.

....

3. J'écris le mot à mémoriser avec un article indéfini (*un/une*) puis avec un article défini (*le/la/l'*) :

....

4. Je complète chaque phrase avec le mot mémorisé. Attention, il peut être au pluriel.

La voiture a heurté un ....

Le cheval a sauté plusieurs .... *sans les faire tomber.*

occuper

1. Je lis le mot et j'indique sa classe grammaticale. ....

2. J'écris le mot à mémoriser et j'entoure la ou les lettres qui traduisent chaque son.

....

3. J'écris les lettres qui montrent que le verbe est à l'infinitif et que c'est un verbe du premier groupe.

....

4. J'écris le mot à mémoriser au présent avec *tu* : ....

5. Je complète la série :

informer : l'information

occuper : l'..................................

accuser : l'..................................

précipiter : la ....

déclarer : la ....

période

1. Je lis le mot et j'indique sa classe grammaticale. ....

2. J'écris le mot à mémoriser et j'entoure la ou les lettres qui traduisent chaque son.

....

3. J'écris le mot au pluriel : ....

4. J'écris une phrase contenant le mot à mémoriser.

....

propos

1. Je lis le mot et j'indique sa classe grammaticale. ....

2. J'écris le mot, j'entoure la ou les lettres qui traduisent chaque son et j'entoure la lettre finale muette.

....

3. Je cherche le mot à mémoriser dans le dictionnaire et j'écris les deux mots de la même famille :

....

Dans ces mots, la lettre s est-elle muette ? ....

4. J'écris une phrase en employant *à propos de*.

....

étonner

1. Je lis le mot et j'indique sa classe grammaticale. ....

2. J'écris le mot à mémoriser et j'entoure la ou les lettres qui traduisent chaque son.

....

3. J'écris les lettres qui montrent que le verbe est à l'infinitif et que c'est un verbe du 1er groupe :

....

4. Je lis les mots de la famille d'*étonner* et j'entoure leur partie commune :

étonnant *l'étonnement*

5. J'écris une phrase avec le verbe conjugué au présent.

....

6. Je complète la série en écrivant les adjectifs de la famille des mots en gras :

étonner : *étonnant*

souffrir : ....

charmer : ....

vivre : ....

reposer : ....

sourire : ....

Jour 4

Dictées de groupes de mots

Dictée de l'enseignant(e)

C'est *l'automne*, les feuilles *mortes* tombent.

Les tortues mangent des carottes.

Le vent souffle et, pour les bateaux, il est *impossible* de *sortir* du *port*.

Un vieux *bonhomme* regarde les vagues qui les soulèvent.

Dictée de l'élève

C'est ...., les feuilles .... tombent.

....

Le vent souffle et, pour les bateaux, il est .... de ....

du ....

Un vieux .... regarde les vagues qui les soulèvent.

Dictée de l'enseignant(e)

Les élèves écrivent entièrement les deux dernières phrases.

Tu occupes ton temps à faire des recherches *à propos de la période* préhistorique.

Le cheval obéit au cavalier et *saute des obstacles.*

L'habit d'Arlequin est *multicolore.*

Les énormes rouleaux de l'océan étonnent tout le monde. Des digues protègent les maisons.

Dictée de l'élève

.... ton temps à faire des recherches ....

.... préhistorique.

.... au cavalier et ....

L'habit d'Arlequin est ....

....

....

■ CE2 ■ CM1

S E M A I N E 7

Jour 1

Exercices pour réviser les mots contenant les phonèmes [o] et [ɔ] et exercices de révision

Exercices

1. Écris le contraire de chaque mot; il contient [o] ou [ɔ]:

bas → ....; *impossible* → ....

vivant → ....; *maintenant* → ....

entrer → ....; *rester* → *(se)* ....

2. Remplis la grille avec les mots suivants:

bonhomme – port – tortue – poser – piano – automne

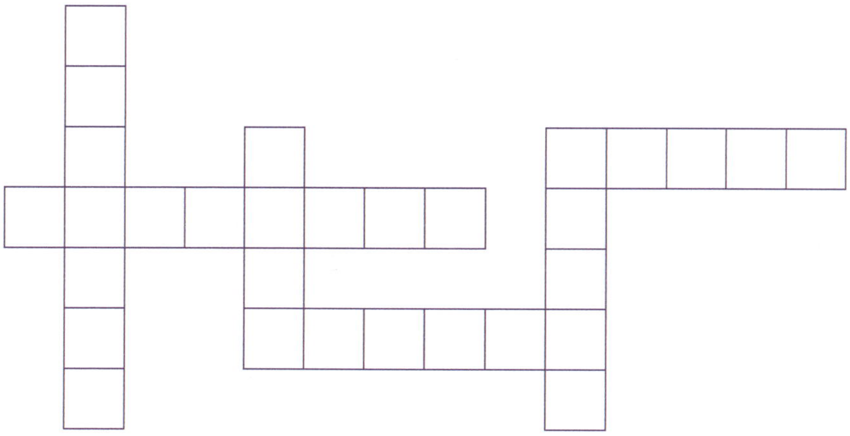

3. Écris les mots dont les lettres ont été mélangées; les mots contiennent [o] ou [ɔ]:

o – t – c – e – t – a – r → ....

e – ô – r – l – d → ....

Exercices

4. Écris la réponse à chaque charade ; les mots contiennent [o] :

Mon premier est l'animal que les enfants appellent minou.

Mon deuxième est le contraire de tard.

Mon tout est un vaste bâtiment où logeaient les rois, comme celui de Versailles.

....

Mon premier est le contraire de froid.

Mon deuxième est le contraire de sous.

Mon tout se met au pied.

....

Exercices pour réviser des mots de la période

Exercices

1. Qui suis-je ?

Tu me reçois si tu fais une bonne action. → je suis une ....

Je suis un minuscule grain de neige. → je suis un ....

Les gens s'assoient sur moi. → je suis un ....

On peut le faire de peur ou de froid. → je suis ....

Je suis plus grand qu'une mer. → je suis un ....

Je suis le contraire de qualité. → je suis un ....

Je soigne les malades. → je suis un ....

Je suis un récipient avec une anse. → je suis un ....

2. Retrouve 6 mots contenant [ɛ̃] à l'aide de ces étiquettes et écris-les :

grim	re	im	in	
mante	frain	si	teindre	pri
per	ain	for	é	mer

1. ....
2. ....
3. ....
4. ....
5. ....
6. ....

3. Écris le masculin de ces mots :

complète → ....

brune → ....

urgente → ....

importante → ....

différente → ....

fausse → ....

charmante → ....

mignonne → ....

musicienne → ....

profonde → ....

championne → ....

Jour 2

Dictée de texte et exercices de révision

Dictée de texte

Les mots appris sont en gras.

LE PIANISTE

Sur le **port**, un **drôle** de **bonhomme** avec une seule **chaussure** joue du **piano**.

Des gens **sortent** une pièce de leur poche.

Ils **posent** la pièce sur le **piano**.

En automne, c'est **impossible** pour le pianiste de jouer dehors. Il joue alors dans un **château**.

Exercices pour réviser des mots de la période

Exercices

4. Écris le verbe appartenant à la famille de chaque mot :

une information → ....

un campement → ....

un sursaut → ....

une invention → ....

un étonnement → ....

l'occupation → ....

une annonce → ....

la comparaison → ....

l'abandon → ....

un empêchement → ....

l'obéissance → ....

la protection → ....

5. Dans cette suite de lettres, retrouve deux mots contenant [ɔ̃] et écris-les :

sidallondsiondontrallongergrmiprotroinmifsinongon

....

6. Retrouve des mots contenant [ɑ̃] dont les lettres ont été mélangées :

verlene → ....

penevolpe → ....

tuvenrea → ....

meplexe → ....

vercana → ....

drenoit → ....

7. Recopie :

obstacle, immense, aussitôt, propos, enfoncer, période, cependant, autorité, rouleau, auprès, afin, embellir, évènement

les quatre mots invariables : ....

les deux verbes : ....

les six noms : ....

....

l'adjectif : ....

Jour 3

Évaluation CE2 et dictée de texte

Consignes pour l'enseignant(e)

1. **Ne pas dire les mots avant l'exercice car on veut vérifier si l'élève ne confond pas [õ] et [ɛ̃] en prononçant les mots.**
2. **Faire dire les mots oralement, avant d'écrire les mots.**
3. **Faire lire les phrases oralement, avant d'écrire les mots.**
4. **et 5. Faire lire les phrases en disant les mots manquants et laisser les enfants rechercher dans le dictionnaire car on veut évaluer leur capacité à chercher dans celui-ci.**

Consignes pour l'élève

1. Complète les mots suivants avec *en* ou *on*:

rép . . . . dre – un c . . . . time – prud . . . . t – un ours . . . . – le v . . . . t – mign . . . . – une récomp . . . . se

2. Complète les mots suivants avec *n* ou *m*:

un fa . . . . tôme – une a . . . . bulance – i . . . . possible – une ra . . . . gée – la te . . . . pête – le li . . . . ge –
la co . . . . fiture – une cha . . . . bre

3. Entoure dans chaque phrase le mot qui convient:

Cet immeuble est très (eau, au, haut).
Les bateaux quittent le (porc, pore, port).

4. Complète chaque phrase avec un mot contenant le phonème [ɛ̃]. Vérifie l'orthographe des mots que tu as écrits dans le dictionnaire; si tu as fait des erreurs, récris-les après la flèche:

Tous les jours, le . . . . joue de la musique. → . . . .
L'ours qui vit dans les forêts est . . . . → . . . .
Les enfants vont . . . . dans les arbres. → . . . .
Le . . . . soigne les malades. → . . . .
Quand on quitte une pièce, il faut . . . . les lumières. → . . . .

5. Complète chaque phrase avec un mot contenant le phonème [o]:

Cet été, j'ai visité un . . . . fort.
Cendrillon a perdu une . . . . en sortant du bal.
Ce clown est très . . . .

6. Écris un mot de la même famille:

haut → la . . . . | *un annonceur → . . . .*
inventer → une . . . . | *un tremblement → . . . .*

Dictée de texte

Des enfants **charmants grimpent** dans la tour. Ils admirent la campagne, **cependant**, ils ne voient pas **l'océan**.

Le **champion annonce** : j'**abandonne** la course.

Nous **occupons** cette maison pendant la **période** d'été. Nous faisons **différents** travaux **urgents**.

Un **mignon** petit chat dort d'un sommeil **profond** sous un arbre dans le jardin. C'est un **endroit** qu'il aime bien.

Jour 4

Évaluation CE2

Consignes pour l'enseignant(e)

7. Dictée :

UNE DRÔLE DE TORTUE

Un mignon lapin brun vit dans le jardin du château voisin. Dans la journée, il sort de son abri. Il avance jusqu'à un banc sous un arbre. Il aime la salade, les carottes et les flocons d'avoine. Au moindre bruit, il tremble et il se sauve. En automne, il sort moins souvent.

8. Expression écrite :

À l'oral, à partir du texte de la dictée, parler de la vie d'un animal de compagnie que les enfants ont chez eux ou qu'ils côtoient chez d'autres personnes. Écrire le texte au présent.

Consignes pour l'élève

7. Dictée :

....

....

....

....

....

8. Expression écrite :

....

....

....

....

....

Je fais le bilan de mes connaissances

☐ Je connais la différence entre [õ] et [ɛ̃].
☐ J'ai compris le principe *m* devant *m*, *b*, *p*.
☐ Je sais écrire les homophones demandés.
☐ Je sais trouver des mots de la même famille.
☐ Je sais trouver un mot dans le dictionnaire.
☐ Je sais réviser ma dictée.
☐ Je sais corriger ma dictée en utilisant le codage.
☐ Je ne connais pas la différence entre [õ] et [ɛ̃].

☐ Je n'ai pas compris le principe *m* devant *m*, *b*, *p*.
☐ Je confonds : - haut, au, aux, oh, eau
- port, pore, porc
☐ Je ne connais pas l'orthographe des mots étudiés.
☐ Je ne sais pas trouver des mots de la même famille.
☐ Je ne sais pas trouver un mot dans le dictionnaire.
☐ Je ne sais pas réviser ma dictée.
☐ Je ne sais pas corriger ma dictée en utilisant le codage.

Évaluation CM1

Consignes pour l'élève

1. Complète chaque mot avec *on/om, an/am* ou *en/em*:

un c . . . . bat – mél . . . . ger – g . . . . til – une ép . . . . ge – une l . . . . pe – une t . . . . pête – un . . . . f . . . . t – un serp . . . . t – m . . . . trer – c . . . . bien – un t . . . . bour – une sais . . . .

Quel principe appris as-tu rencontré dans cet exercice?

. . . .

. . . .

2. Complète les mots suivants avec le phonème [ɛ̃] écrit comme il convient:

ét . . . . dre – un lap . . . . – la f . . . . – un sap . . . . – un médec . . . . – un musici . . . . – une . . . . vention – une . . . . primante – un refr . . . . – du parf . . . .

3. Recopie chaque phrase avec le mot qui convient:

Au 1er mai, on offre un (brun/brin) *de muguet porte-bonheur.*

Ce garçon est (brun/brin).

. . . .

. . . .

Il a mis de l'eau dans un (saut/seau).

Le champion a fait un (saut/seau) *extraordinaire.*

. . . .

. . . .

4. Écris un nom de la famille de chacun de ces mots:

immense → . . . .

comparer → . . . .

camper → . . . .

profond → . . . .

autoritaire → . . . .

Consignes pour l'enseignant(e)

5. Dictée :

LA TÉLÉVISION

À la télé, nous regardons les **informations** pour connaitre les nouvelles du monde. Nous voulons savoir si la météo **annonce** du soleil ou des **flocons** de neige. Nous écoutons les bons conseils des **médecins**. Sinon, on aime aussi voir des **champions** en sport, des **musiciens différents**, des acteurs que l'on **récompense** et vivre des **aventures** avec des films.

6. Expression écrite :

À l'oral, à partir du texte de la dictée, parler de ce que les enfants aiment regarder à la télévision. Chacun écrit quelques phrases au présent pour raconter ses choix.

Consignes pour l'élève

5. Dictée :

....

....

....

....

....

....

....

6. Expression écrite

....

....

....

....

....

....

....

....

Je fais le bilan de mes connaissances

- ☐ Je ne confonds pas [õ] et [ã].
- ☐ Je me souviens du principe *m* devant *m*, *b*, *p*.
- ☐ Je connais les différentes graphies du phonème [ɛ̃].
- ☐ Je sais écrire les homophones demandés.
- ☐ Je sais trouver des mots de la même famille.
- ☐ Je sais chercher un mot dans le dictionnaire.
- ☐ Je sais réviser ma dictée.
- ☐ Je sais corriger mon texte en utilisant le codage.
- ☐ Je confonds [õ] et [ã].
- ☐ Je ne me souviens pas du principe *m* devant *m*, *b*, *p*.
- ☐ Je ne connais pas les différentes graphies du phonème [ɛ̃].
- ☐ Je confonds : - *brun* et *brin*
  - *seau* et *saut*
- ☐ Je ne sais pas trouver des mots de la même famille.
- ☐ Je ne sais pas chercher un mot dans le dictionnaire.
- ☐ Je ne sais pas réviser ma dictée.
- ☐ Je ne sais pas corriger mon texte en utilisant le codage.

PÉRIODE

2

SEMAINE 8

Jour 1

Les graphèmes du phonème [k] et exercices

Phase orale

Lire le texte suivant aux élèves :

> Quand elle rentre de l'école,
> Quand elle est en vacances,
> Karine dessine, encore et encore.
> Elle décore avec beaucoup de couleurs
> De magnifiques bouquets, des coqs, des camions…
> Elle colorie des clowns, des animaux de cirque…
> Enfin elle découpe tous ces dessins
> Qu'elle colle dans des cahiers.

Faire trouver le phonème entendu le plus souvent : [k].

Dire les mots suivants aux élèves et leur demander de lever la main lorsqu'ils entendent le phonème [k] :

une source – un coup – raconter – un gant – la course – gris – un cri – une glace – casser – l'accueil – une bague – du muguet – le dictionnaire

Dire les mots suivants aux élèves et leur demander de montrer sur leur règle si le phonème [k] se situe au début, à l'intérieur ou à la fin du mot :

le facteur – un phoque – avec – quatre – un carton – le cirque – piquer – liquide – sec – une queue – un paquet – l'orchestre – cacher – un bouc – un képi

Demander aux élèves de trouver d'autres mots contenant le phonème [k] :

- Au début (ex. : *une cabane*).
- À l'intérieur (ex. : *chacun*).
- À la fin (ex. : *un lac*).
- Deux fois dans le mot (ex. : *un casque, un coq…*).

Phase écrite

Lire le texte écrit ou projeté au tableau.

Faire écrire les mots contenant le phonème [k] et les classer suivant la manière dont est écrit [k]. Dégager les différents graphèmes : *c, qu, k, ch*.
Dans les textes, sur le cahier, colorier chaque graphème différent d'une couleur différente.
Lire le tableau des mots du phonème [k] dans le cahier de l'élève.
Repérer les graphèmes qui n'ont pas été vus dans le texte : *cc* et *ck*.
Dans la rubrique « Les différentes graphies des phonèmes » du cahier de l'élève, lire les mots correspondant au phonème [k] et faire remarquer les graphèmes les plus fréquents : *c* et *qu*.

Lire les mots de la même famille et faire remarquer comment s'écrit [k] dans chaque mot :
un bloc, bloquer
un choc, choquer
la fabrication, fabriquer
l'explication, expliquer

Exercices

1. Recopie les mots dans lesquels tu entends [k] :

un carton – un bouc – cela – la chance – une plaque – surtout – skier – un requin – un centime – l'accueil – actif – le cinéma – un ticket

. . . .

. . . .

2. Barre l'intrus dans chaque colonne :

caramel	*écarter*	*façade*	*escargot*
anorak	*képi*	*risque*	*kiwi*
cabine	*cidre*	*couteau*	*cube*
carte	*quatre*	*quitter*	*quantité*

3. Entoure le mot qui convient :

Ce livre (coute/goute) *quinze euros.*
Il descend à la (cave/gave).
L'ours entre dans la (gage/cage).
Il portait une blouse (crise/grise).
On attend le train sur le (gai/quai).
Hier, j'ai perdu ma (comme/gomme).

4. Utilise les syllabes données pour écrire quatre mots contenant le phonème [k] :

pi	cou	pour	au
quoi	teau	quer	cun

1. . . . .
2. . . . .
3. . . . .
4. . . . .

5. Utilise les syllabes pour former des mots contenant le phonème [k] :

sé	fa	tre	mè	lec
é	ki	bri	ri	que
té	lo	tri	quer	cu

1. . . . .
2. . . . .
3. . . . .
4. . . . .

6. Récris chaque mot avec la graphie de [k] qui convient :

une . . . . . alité – . . . . . ourir – un anora. . . . . – la le . . . . . ture – un . . . . . épi – puis . . . . . e – un or . . . . . estre – une o . . . . . asion – un bou . . . . . et – un . . . . . a . . . . . e – un . . . . . lou – un blo . . . . .

7. Écris les mots qui répondent à ces définitions :

C'est un oiseau noir qui croasse → *le* . . . .
Quand on la pose, on attend une réponse → . . . .
On peut taper du pied quand on y est → *en* . . . .
C'est un groupe de chanteurs → *une* . . . .

Exercices

8. Écris un adjectif de la famille de chacun de ces noms :

un magicien → ....
un mécanicien → ....
un politicien → ....
un technicien → ....

9. Écris un verbe appartenant à la même famille de chacun des noms suivants :

un bloc → ....
la fabrication → ....
un parc → ....
une explication → ....
un trafic → ....
une indication → ....
un pic → ....
la communication → ....

10. Complète les mots et écris une phrase avec chacun d'eux :

un es ..... argot → ....
un pa ..... et → ....
un a ..... ord → ....
une co ..... ille → ....

11. Classe les mots suivants dans l'ordre alphabétique :

quand – cake – accueil – chacun – magique – ski – képi – presque – barque – tank

....

Jours 2 et 3

Mémorisation de mots

Mémorisation avec l'enseignant(e)

DÉCORER (verbe)
(Il décore) sa chambre, des salles décorées – un décor – une décoration, un(e) décorateur(rice)

COUTEAU (nom)
un couteau (pour éplucher les légumes) – des couteaux à steak – un cout**e**au, un cout**e**lier

AUCUN (déterminant)
Aucun enfant ne mange à la cantine aujourd'hui. – On n'a aucune nouvelle (de nos cousins).

DONC (mot invariable)
(La voiture est en panne), donc (nous ne pouvons pas partir).

COUP (nom)
un coup (de téléphone), des coups (de pied) – couper, découper
le cou de la girafe – le cout du transport – Elle coud une robe.

CIRQUE (nom)
Ils vont au cirque. – le cirque (de Gavarnie dans les Pyrénées)

POURQUOI (mot invariable)
Pourquoi veulent-ils (partir demain) ? – (Elle se demande) pourquoi (elle a mal au genou).

SKIER (verbe)
vous skiez et vous tombez – Les enfants skient. – un skieur et une skieuse, le ski

■ CE2 ■ CM1

Mémorisation en autonomie

accrocher

1. Je lis le mot et j'indique sa classe grammaticale. ....
2. J'écris le mot à mémoriser et j'entoure la ou les lettres qui traduisent chaque son.

....

3. J'écris les lettres qui montrent que le verbe est à l'infinitif et que c'est un verbe du premier groupe.

....

4. J'écris le mot à mémoriser au présent avec *vous* ....
5. Je cherche le mot à mémoriser dans le dictionnaire et je recopie deux noms avec un déterminant et un verbe de la même famille :

....

6. Complète avec un mot de la famille de *accrocher*.

L'.......................... *du tableau a été difficile.*

Elle a fait un .... *à son pantalon.*

Devant l'école, il y a eu un .... *entre deux voitures.*

7. Continue la liste.

accoster, accumuler, accouder, acclamer, ...

choc

1. Je lis le mot et j'indique sa classe grammaticale et son genre. ....
2. J'écris le mot à mémoriser et j'entoure la ou les lettres qui traduisent chaque son.

....

3. Je complète les phrases avec le mot à mémoriser (attention, il peut être au pluriel).

Le .... *entre les deux voitures a été terrible.*

Cette montre a résisté à plusieurs chocs ....

inquiet

1. Je lis le mot et j'indique sa classe grammaticale dans les groupes de mots suivants :

....

2. J'écris le mot à mémoriser, j'entoure la ou les lettres qui traduisent chaque son.

....

3. Je remplace l'adjectif en gras par le mot à mémoriser de même sens. Attention, il s'accorde avec le nom !

un garçon ***angoissé*** : ...., *une fillette* ***anxieuse*** : ....

4. Je remplace l'adjectif en gras par le mot à mémoriser de sens contraire. Attention, il s'accorde avec le nom !

des garçons ***tranquilles*** : ...., *des fillettes* ***sereines*** : ....

5. Complète avec *inquiétant* ou *inquiétude* :

Zoé n'est pas rentrée, sa mère est folle d'.. .

Julien a souvent de la fièvre, c'est ....

flaque

1. Je lis le mot et j'indique sa classe grammaticale et son genre. ....
2. J'écris le mot à mémoriser et j'entoure la ou les lettres qui traduisent chaque son.

....

3. Je complète les phrases avec le mot à mémoriser (attention, il peut être au pluriel).

Julien patauge dans une .... *d'eau.*

Après la pluie, il y a d'immenses .... *d'eau dans la cour.*

CE2 CM1

direct

1. Je lis le mot et j'indique sa classe grammaticale dans les groupes de mots suivants :

Un chemin direct : ...., *un direct du gauche :* ....

2. J'écris le mot à mémoriser, j'entoure la ou les lettres qui traduisent chaque son.

....

3. Je recopie les groupes nominaux en gras en ajoutant le mot à mémoriser. Attention, il s'accorde avec le nom !

ce chemin ...., ***cette route*** ....

ces chemins ...., ***ces routes*** ....

4. J'emploie dans une phrase le mot de la famille de *direct* : *directement*.

....

5. Je complète la liste :

le facteur → la factrice

le moniteur → la ....

le directeur → la ....

le conducteur → la ....

accuser

1. Je lis le mot et j'indique sa classe grammaticale. ....

2. J'écris le mot à mémoriser et j'entoure la ou les lettres qui traduisent chaque son.

....

3. J'écris les lettres qui montrent que le verbe est à l'infinitif et que c'est un verbe du premier groupe.

4. J'écris le mot à mémoriser au présent avec *tu* : ....

5. Je cherche le mot à mémoriser dans le dictionnaire et je recopie trois noms de la même famille avec un déterminant :

....

accord

1. Je lis le mot et j'indique sa classe grammaticale et son genre. ....

2. J'écris le mot à mémoriser et j'entoure la ou les lettres qui traduisent chaque son et la lettre muette d'une autre couleur.

....

3. Je complète les phrases avec le mot à mémoriser (attention, il est au pluriel).

Mon père a donné son .... *pour que je vienne chez toi.*

Ces trois notes forment un .... *parfait.*

4. J'écris le verbe du premier groupe qui est de la même famille que *accord* :

....

5. J'écris une phrase contenant ce mot et la préposition *à*.

....

rencontrer

1. Je lis le mot et j'indique sa classe grammaticale. ....

2. J'écris le mot à mémoriser et j'entoure la ou les lettres qui traduisent chaque son.

....

3. J'écris les lettres qui montrent que le verbe est à l'infinitif et que c'est un verbe du premier groupe.

4. J'écris le mot à mémoriser au présent avec *vous* : ....

5. Je cherche le mot à mémoriser dans le dictionnaire et je recopie le nom qui est de la même famille avec un déterminant : ....

6. J'écris une phrase contenant ce mot et la préposition *à*.

....

quitter

1. Je lis le mot et j'indique sa classe grammaticale. ....

2. J'écris le mot à mémoriser et j'entoure la ou les lettres qui traduisent chaque son.

....

3. J'écris les lettres qui montrent que le verbe est à l'infinitif et que c'est un verbe du premier groupe.

....

4. J'écris une phrase avec le mot à mémoriser conjugué au présent avec *les élèves* comme sujet :

....

Jour 4

Dictées de groupes de mots

Dictée de l'enseignant(e)

L'hiver prochain, *pourquoi donc* ne pas aller *skier* dans les Alpes ?
Des jardiniers *décorent les villes avec des fleurs.*
L'artiste *de cirque lance des couteaux* autour d'une personne.
Aucune erreur n'est permise. À chaque *coup*, le public tremble !

Dictée de l'élève

L'hiver prochain, ... ne pas aller .... dans les Alpes ?
Des jardiniers ....
L'artiste .... autour d'une personne.
.... erreur n'est permise. À chaque ...., le public tremble !

Dictée de l'enseignant(e)

Les élèves écrivent entièrement la dernière phrase.

Une rencontre a lieu entre deux boxeurs. L'un d'eux met *un « direct »* à son adversaire.
Le choc est violent mais on n'est pas *inquiet* sur son état de santé.
Lilou *accuse* Hugo d'avoir sauté *dans des flaques d'eau*. Maintenant *elle est* toute mouillée.
Mais Hugo n'est pas *d'accord*. Alors, ils se *quittent* un peu fâchés…
Vous avez accroché des boules au sapin.

Dictée de l'élève

.... a lieu entre deux boxeurs.
L'un d'eux met .... à son adversaire.
.... violent mais on n'est pas .... sur son état de santé.
Lilou .... Hugo d'avoir sauté dans ....
Maintenant .... toute mouillée.
Mais Hugo n'est pas ....
Alors, ils se .... un peu fâchés…
....

CE2 CM1

SEMAINE 9

Jour 1

Les graphèmes du phonème [g] et exercices

Phase orale

Lire le texte suivant aux élèves :

> Pour Mardi-Gras, les enfants se sont déguisés :
> en tigre, en dragon, en guerrier et même en Guignol !
> Puis, ils ont dégusté un gouter gourmand
> avec gâteaux, galettes, meringues, figues et glaces.
> Ils ont bu de la grenadine…
> Ensuite, Gabriel a joué de la guitare et tous ont regardé un film.
> Quel agréable après-midi !

Faire trouver le phonème entendu le plus souvent : [g].

Dire les mots suivants aux élèves et leur demander de lever la main lorsqu'ils entendent le phonème [g] :

un escargot – la cage – le gouter – une guêpe – un chèque – un crayon – une bague – un aigle – marquer – un légume – malgré

Dire les mots suivants aux élèves et leur demander de montrer sur leur règle si le phonème [g] se situe au début, à l'intérieur ou à la fin du mot :

une blague – regarder – un guide – un régal – un toboggan – une griffe – la langue – un tigre – une virgule – gourmand

Demander aux élèves de trouver d'autres mots contenant le phonème [g] :

– Au début (ex. : *grand*).
– À l'intérieur (ex. : *une figure*).
– À la fin (ex. : *longue*).

Phase écrite

Lire le texte écrit ou projeté au tableau.

Faire écrire les mots contenant le phonème [g] et les classer suivant la manière dont est écrit [g]. Dégager les différents graphèmes : *g*, *gu*, *gg*.
Dans le texte, sur le cahier, colorier chaque graphème différent d'une couleur différente.
Lire le tableau des mots du phonème [g] dans le cahier de l'élève.
Repérer les graphèmes qui n'ont pas été vus dans le texte : *gh* et *c*.
Dans la rubrique « Les différentes graphies des phonèmes » du cahier de l'élève, lire les mots correspondant au phonème [g] et faire remarquer les graphèmes les plus fréquents : *g* et *gu*.

Exercices

1. Recopie les mots dans lesquels tu entends [g] :

la rougeole – une glace – un jeu – glisser – un gag – du givre – un geste – la guerre – égal – bonjour – un iceberg – une gorge – protéger – un spaghetti

....

....

2. Barre l'intrus dans chaque colonne :

gâteau	*gomme*	*figure*	*page*
guenon	*genou*	*guitare*	*bague*
germer	*gratuit*	*grand*	*graine*

3. Recopie chaque phrase en la complétant avec le mot qui convient :

Il se (...) de bonbons. On conserve le vin dans une (...). (cave/gave)

....

....

Tu (...) le maitre. On écrase les (...) de blé pour faire la farine. (grains/crains)

....

....

Le chasseur appuie sur la (...). Mercredi, on a joué à la (...). (gâchette/cachette)

....

....

4. Écris la réponse à chaque devinette :

C'est un bijou que l'on porte au doigt. → une ....

Pour un anniversaire, on me garnit de bougies. → le ....

C'est l'endroit où l'on fait réparer les voitures. → le ....

On l'offre le 1er mai et il porte bonheur. → le ....

5. Complète chaque mot avec *g* ou *gu* :

une vir .... ule – un or .... ue – la lan .... ue – ai .... u – du mu .... uet – une .... uirlande – mai .... re – une bla .... ue – un pin .... ouin – le .... out – une ba .... uette – un parkin ....

6. Écris un verbe appartenant à la famille de chacun des mots suivants :

une garderie → ....

la guérison → ....

le gout → ....

la fatigue → ....

un sanglot → ....

un déguisement → se ....

7. Complète chaque phrase avec un mot contenant [g] :

Certaines personnes aiment avoir ce bijou au doigt : une ....

Le train est formé de plusieurs ....

On est obligé d'aller à l'école car elle est ....

Je dois avoir une angine car j'ai très mal à la ....

8. Retrouve et écris les 4 mots contenant [g] cachés dans cette suite de lettres :

firtuoserméglisestapumalgrétobunegauchehaliégaufreve

....

Exercices

9. Écris une phrase avec chacun de ces mots complétés comme il convient :

la merin . . . . e – une . . . . alerie – une ai . . . . ille – un tobo . . . . an

. . . .

. . . .

. . . .

. . . .

10. Classe les mots suivants dans l'ordre alphabétique :

regard – égal – aveugle – bague – virgule – gagner – vague – aiguille – griffe

. . . .

. . . .

Jours 2 et 3

Mémorisation de mots

Mémorisation avec l'enseignant(e)

GOURMAND (adjectif)
il est gourmand, elle est gourmande, ils sont gourmands, elles sont gourmandes – un(e) gourmand(e), la gourmandise

GOUTER (nom et verbe)
un bon gouter, son gouter – gouter (avec ses copains) – Elle goute à la sauce. – le gout
Le robinet se met à goutter.

LANGUE (nom)
tirer la langue, avoir la langue (bien pendue), donner sa langue au chat, (parler) plusieurs langues – une languette

TIGRE (nom)
Des tigres (affamés dévorent une gazelle). – un tigre et ses petits – une tigresse - un chat tigré, une chatte tigrée

GAI (adjectif)
il a l'air gai, elle est gaie, des gens gais, des personnes gaies – gai ou triste – gaiment comme drôlement

LÉGUME (nom)
(La carotte est) un légume. – une soupe aux légumes

ÉGALEMENT (mot invariable)
Vous restez à la maison et nous également. – également comme longuement, égal

DÉGUISER (SE) (verbe)
Anna et Raphaël déguisent (leur petit frère en robot). – se déguiser – un déguisement

CE2 CM1

Mémorisation en autonomie

bagage

1. Je lis le mot et j'indique sa classe grammaticale et son genre. . . . .

2. J'écris le mot à mémoriser et j'entoure la ou les lettres qui traduisent chaque son.

. . . .

3. Je complète la phrase avec le mot à mémoriser. Attention il peut être au pluriel.

Je prépare mes . . . . *pour partir en vacances.*

Il a un bon . . . . *en mathématiques.*

4. J'écris une phrase contenant ce mot et le verbe *avoir* au présent avec *il*.

. . . .

grave

1. Je lis le mot et j'indique sa classe grammaticale. . . . .

2. J'écris le mot à mémoriser, j'entoure la ou les lettres qui traduisent chaque son.

. . . .

3. Je complète les phrases avec le mot à mémoriser. Attention, il peut être au pluriel.

Elle a une maladie . . . .

Plusieurs accidents . . . . *se sont produits sur cette route.*

Il ne faut pas oublier l'accent . . . . *sur le* a *de* déjà.

Il a une voix . . . .

4. Je complète les séries.

direct → directement

simple → simplement

grave → . . . .

gouverner

1. Je lis le mot et j'indique sa classe grammaticale. . . . .

2. J'écris le mot à mémoriser et j'entoure la ou les lettres qui traduisent chaque son.

. . . .

3. J'écris les lettres qui montrent que le verbe est à l'infinitif et que c'est un verbe du premier groupe.

. . . .

4. J'écris le mot à mémoriser au présent avec *nous* : . . . .

5. Je cherche le mot à mémoriser dans le dictionnaire et je recopie les six mots de la même famille :

. . . .

. . . .

6. J'écris une phrase contenant le mot à mémoriser et le groupe nominal *ce pays*.

. . . .

fatigue

1. Je lis le mot et j'indique sa classe grammaticale et son genre. ....

2. J'écris le mot à mémoriser, j'entoure la ou les lettres qui traduisent chaque son.

....

3. J'écris le verbe du premier groupe de la famille du mot *fatigue* : ....

4. Je complète la série.

charmer → charmant

vivre → vivant

fatiguer → .... (il n'y a pas de *u* devant *an*.)

goutte

1. Je lis le mot et j'indique sa classe grammaticale et son genre. ....

2. J'écris le mot à mémoriser et j'entoure la ou les lettres qui traduisent chaque son.

....

3. Je complète les phrases avec le mot à mémoriser. Attention le mot peut être au pluriel.

La pluie tombe à grosses ....

C'est la .... *d'eau qui fait déborder le vase.*

Il a oublié de prendre ses ....

4. J'écris une phrase contenant ce mot et le verbe *avoir* au présent avec il.

....

5. Je lis la phrase et entoure le verbe qui se prononce comme *goutte* mais s'écrit différemment. Puis j'écris ce verbe à l'infinitif.

Le cuisinier goute la soupe avant de la servir.

6. Entoure les deux mots de la famille de goutte.

une gouttelette *un gouter* *une gouttière*

guider

1. Je lis le mot et j'indique sa classe grammaticale. ....

2. J'écris le mot à mémoriser et j'entoure la ou les lettres qui traduisent chaque son.

....

3. J'écris les lettres qui montrent que le verbe est à l'infinitif et que c'est un verbe du premier groupe.

....

4. J'écris le mot à mémoriser au présent avec *elles* : ....

5. Je cherche le mot à mémoriser dans le dictionnaire et je recopie les trois noms de la même famille avec un déterminant.

....

gloire

1. Je lis le mot et j'indique sa classe grammaticale et son genre. ....

2. J'écris le mot à mémoriser, j'entoure la ou les lettres qui traduisent chaque son.

....

3. Je recopie la phrase en la complétant avec le mot à mémoriser.

Ce monument a été élevé à la .... *de ce grand écrivain.*

4. Je complète avec *glorieux* ou *glorieuse*.

Ce champion a fait une carrière ....

CE2 CM1

aigu

1. Je lis le mot et j'indique sa classe grammaticale. . . . .

2. J'écris le mot à mémoriser, j'entoure la ou les lettres qui traduisent chaque son.

. . . .

3. Je complète les phrases avec le mot à mémoriser au masculin. Attention, il peut être au pluriel.

Il pousse des cris . . . .

Sur ce mot, il faut un accent . . . .

4. Je complète avec l'adjectif au féminin : *aigüe*, *aigües*. Entoure la lettre sur laquelle se trouve le tréma.

une voix . . . ., *des voix* . . . .

5. Complète avec le mot contraire.

petit → grand

gros → maigre

grave → . . . .

malgré

1. Je lis le mot. Ce mot est invariable.

2. J'écris le mot à mémoriser et j'entoure la ou les lettres qui traduisent chaque son et la lettre muette d'une autre couleur. . . . .

3. Le mot est composé de deux mots : . . . .

4. Je recopie les phrases en remplaçant les mots en gras par : *malgré* ou *malgré moi*.

J'ai surpris cette conversation ***sans le vouloir****.*

. . . .

Il veut sortir ***en dépit de*** *la pluie.*

. . . .

Jour 4

Dictées de groupes de mots

Dictée de l'enseignant(e)

Pierre qui *est gourmand* savoure son *gouter* en rentrant *de l'école*.
Kevin *est gai* car il se *déguise* en pompier ; Mathis *également*.
Au zoo, *le tigre tourne* dans son enclos.
Mon frère s'est brûlé *la langue* en mangeant *des légumes* trop chauds.

Dictée de l'élève

Pierre qui .... savoure son .... en rentrant
....
Kevin .... car il se .... en pompier ;
Mathis ....
Au zoo, ... dans son enclos.
Mon frère s'est brûlé .... en mangeant .... trop chauds.

Dictée de l'enseignant(e)

Les élèves écrivent entièrement la dernière phrase.

Malgré les gouttes de pluie, les voyageurs posent *leur(s) bagage(s)* et suivent *le guide*.
Tu as une douleur *aigüe* dans le ventre et tu ressens *une grande fatigue*.
Certains hommes gouvernent pour la gloire !

Dictée de l'élève

.... de pluie, les voyageurs posent ....
et suivent ....
Tu as une douleur .... dans le ventre et tu ressens ....
....!

SEMAINE 10

Jour 1

Les graphèmes du phonème [ʒ] et exercices

Phase orale

Lire le texte suivant aux élèves:

> Julien, par cette belle journée sans nuage,
> va sur la plage avec son seau rouge
> et sa jolie pelle jaune!
> À genoux dans le sable, le jeune garçon
> joue à faire toutes sortes de mélanges,
> il construit même un village.
> Mais c'est déjà l'heure de ranger
> pour aller déjeuner.

Faire trouver le phonème entendu le plus souvent: [ʒ].

Dire les mots suivants aux élèves et leur demander de lever la main lorsqu'ils entendent le phonème [ʒ]:

un cheveu – une nageoire – cacher – une orange – une mouche – un séjour – un geai – toucher – bouger – un gilet – une hache – gentil – une machine

Dire les mots suivants aux élèves et leur demander de montrer sur leur règle si le phonème [ʒ] se situe au début, à l'intérieur ou à la fin du mot:

jamais – un plongeoir – geler – rouge – un danger – une plage – corriger – un genou – agir – large – du gibier – jouer – une luge – un bourgeois

Demander aux élèves de trouver d'autres mots contenant le phonème [ʒ]:

– Au début (ex.: *joyeux*).
– À l'intérieur (ex.: *manger*).
– À la fin (ex.: *un siège*).

Phase écrite

Lire le texte écrit ou projeté au tableau.

Faire écrire les mots contenant le phonème [ʒ] et les classer suivant la manière dont est écrit [ʒ]. Dégager les différents graphèmes: *g, ge, j*.
Dans le texte, sur le cahier, colorier chaque graphème différent d'une couleur différente.
Lire le tableau des mots du phonème [ʒ] dans le cahier de l'élève.
Dans la rubrique «Les différentes graphies des phonèmes» du cahier de l'élève, lire les mots correspondant au phonème [ʒ] et faire remarquer qu'il n'y a pas de *ji* (sauf *tajine*), qu'en fin de mot on trouve toujours *ge*, et que l'on écrit *ja* ou *gea*, *joi* ou *geoi*, *jon* ou *geon*, *jai* ou *geai*.

Exercices

1. Souligne en rouge les mots dans lesquels tu entends [ʒ] :

un jouet – une chute – bonjour – il est riche – la bougie – une image – une planche – la gymnastique – une nageoire – la chambre – le gendarme – une mouche – geler – une journée – un chapeau

2. Complète les phrases avec les mots donnés :

Le tigre tourne dans sa .... *. Un nuage* .... le soleil. (cage/cache)

Je prends une photo, ne .... *plus ! Le dentiste te dit « Ouvre la* .... *! »* (bouche/bouge)

Sonia .... *du fromage. Il retrousse la* .... *de son pull.* (mange/manche)

Ne .... *pas ton voisin. Dans la forêt, on a coupé un* .... (gêne/chêne)

3. Complète les phrases avec un mot de la famille du mot écrit en gras :

***Rougir**, c'est devenir* ....

*La maitresse organise un **jeu**, vite, on* ....

*Le **garagiste** travaille dans son* ....

*Le ciel est **nuageux** : il y a beaucoup de* ....

*Les **voyageurs** montent dans le train, ils partent en* ....

4. Complète chaque mot avec *g*, *ge* ou *j* :

une oran ..... ade → ....

le ran ..... ement → ....

la rou ..... ole → ....

un sé ..... our → ....

une ..... irouette → ....

a ..... outer → ....

un pi ..... on → ....

le ..... ibier → ....

un fla ..... olet → ....

l'éner ..... ie → ....

une ..... etée → ....

un bou ..... oir → ....

ima ..... iner → ....

un ré ..... ime → ....

5. Écris tous les mots de 4 lettres possibles en changeant seulement la première lettre :

cage → ....

6. Complète chaque phrase avec un mot contenant [ʒ] :

On peut lire l'heure sur une ....

Elle s'allonge sur le sable de la ....

On le dit quand on rencontre quelqu'un : ....

Nous lisons les nouvelles dans le ....

J'achète mon pain chez le ....

7. Barre l'intrus dans chaque série de mots :

général – tige – bague – neige – dangereux

jour – bougie – juste – aujourd'hui – juge

jeune – gymnase – étage – venger – gendarme

CE2 CM1

Exercices

8. Écris le mot contenant [ʒ] qui correspond à chaque définition. Tu pourras lire en A le nom d'un mois de l'année :

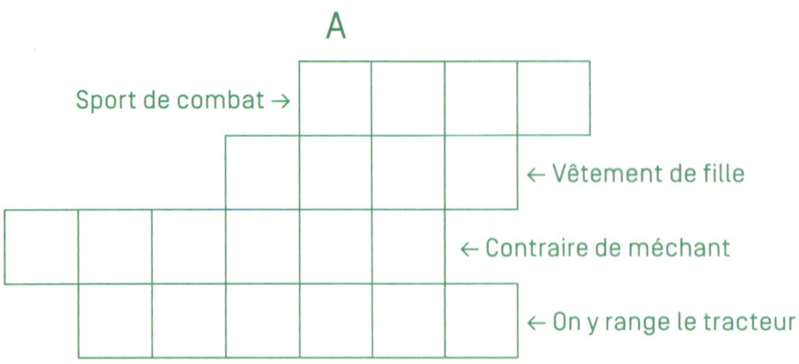

Le mois de l'année est . . . .

9. Récris avec le pronom *nous* :

Pour le petit-déjeuner, on change parfois de menu. On mange des tartines ou des céréales. Puis on range et on éponge la table.

. . . .

. . . .

. . . .

10. Classe les mots suivants dans l'ordre alphabétique :

jour – givre – nageoire – page – neige – gymnase – danger – jeu – orange – agir

. . . .

. . . .

Jours 2 et 3

Mémorisation de mots

Mémorisation avec l'enseignant(e)

MÉLANGER (verbe)
Nous mélangeons (les ingrédients). – Tu mélanges (tout) ! – un mélangeur

ARGENT (nom)
une bague en argent – (du métal) argenté – l'argent – l'argenterie comme l'imprimerie

BIJOU (nom)
des bijoux anciens – (Cette femme garde) ses bijoux (précieusement). – (Cette voiture est) un bijou ! (une vraie merveille) – un(e) bijoutier(ère), une bijouterie comme l'argenterie

(LES) GENS (nom)
beaucoup de gens– faire confiance aux gens – le gendarme (les gens d'armes), la gendarmerie comme bijouterie

DANGEREUX (adjectif)
des chemins dangereux – une piste dangereuse, des routes dangereuses – dangereusement comme également, le danger

AJOUTER (verbe)
Ils ajoutent du sel à leurs aliments. – ajouter ou enlever – rajouter

NUAGE (nom)
De gros nuages noirs occupent le ciel. – nuageux(euse) comme aventureux

PIGEON (nom)
des pigeons aux jolies couleurs – un pigeonnier

Mémorisation en autonomie

objet

1. Je lis le mot et j'indique sa classe grammaticale et son genre. ....

2. J'écris le mot à mémoriser et j'entoure la ou les lettres qui traduisent chaque son.

....

3. Je recopie les phrases en les complétant avec le mot à mémoriser.

Attention, cet .... est fragile ! ....

Quel est l' .... de ta visite ? ....

Ce complément est un complément d' ....

....

4. J'écris le mot à mémoriser avec un article indéfini (*un/une*) puis avec un article défini (*le/la/l'*) :

....

5. J'écris une phrase contenant ce mot et le verbe *être* au présent.

....

agile

1. Je lis le mot et j'indique sa classe grammaticale. ....

2. J'écris le mot à mémoriser, j'entoure la ou les lettres qui traduisent chaque son.

....

3. Je recopie les groupes nominaux en gras en ajoutant le mot à mémoriser. Attention, il s'accorde avec le nom !

ce singe ...., ***ces singes*** ....

4. Je cherche le mot à mémoriser dans le dictionnaire et je recopie le nom de la même famille avec un déterminant. ....

5. J'écris une phrase contenant le mot à mémoriser et le verbe être *est*.

....

surgir

1. Je lis le mot et j'indique sa classe grammaticale. ....

2. J'écris le mot à mémoriser et j'entoure la ou les lettres qui traduisent chaque son.

....

3. Je recopie la phrase en la complétant avec le mot à mémoriser.

Bientôt l'avion va .... des nuages. ....

4. J'écris les lettres qui montrent que le verbe est à l'infinitif. C'est un verbe du 2e groupe comme *finir*.

....

5. J'écris le mot à mémoriser au présent avec *vous* : ....

étagère

1. Je lis le mot et j'indique sa classe grammatical et son genre. ....

2. J'écris le mot à mémoriser, j'entoure la ou les lettres qui traduisent chaque son.

....

3. J'écris le mot à mémoriser avec un article indéfini (*un/une*) puis avec un article défini (*le/la/l'*) :

....

4. Je cherche le mot à mémoriser dans le dictionnaire et je recopie le mot à partir duquel il est formé.

....

personnage

1. Je lis le mot et j'indique sa classe grammaticale et son genre. ....

2. J'écris le mot à mémoriser et j'entoure la ou les lettres qui traduisent chaque son.

....

3. Je complète la phrase avec le mot à mémoriser. Attention, il peut être au pluriel.

Le roi Louis XIV est un .... historique.

Dans ce roman, il y a plusieurs ....

4. J'écris le nom à partir duquel le mot *personnage* est formé. ....

plongeon

1. Je lis le mot et j'indique sa classe grammaticale et son genre. ....

2. J'écris le mot à mémoriser et j'entoure la ou les lettres qui traduisent chaque son.

....

3. J'écris le verbe à l'infinitif à partir duquel le mot *plongeon* est formé. ....

4. Je complète la phrase avec le mot mémorisé puis je recopie les noms de sa famille qui sont dans cette phrase.

Le plongeur va plonger, ça y est, il a réussi un beau .... à partir du grand plongeoir.

....

....

5. Complète la série.

Tu as réussi ton plongeon.

Nous avons réussi notre plongeon.

J'ai réussi ....

Elle a réussi ....

énergie

1. Je lis le mot et j'indique sa classe grammaticale et son genre. ....

2. J'écris le mot à mémoriser, j'entoure la ou les lettres qui traduisent chaque son et la lettre muette d'une autre couleur. ....

3. J'écris le mot à mémoriser avec un article indéfini (*un/une*) puis avec un article défini (*le/la/l'*) :

....

4. Je cherche le mot à mémoriser dans le dictionnaire et je recopie les deux mots de la même famille.

....

joindre

1. Je lis le mot et j'indique sa classe grammaticale. ....

2. J'écris le mot à mémoriser et j'entoure la ou les lettres qui traduisent chaque son.

....

3. Je complète les phrases avec *joindre* ou *rejoindre*.

Le plombier va .... les deux tuyaux bout à bout.

Il veut .... son frère par téléphone.

Il veut prendre le train pour .... son frère.

Il faut .... le chèque à la commande.

4. Je complète la liste.

éteindre : nous éteignons

craindre : nous craignons

peindre, nous peignons

joindre : nous ....

CE2 CM1

davantage

1. Je lis le mot et j'indique sa classe grammaticale. ....

Ce mot est invariable.

2. J'écris le mot à mémoriser et j'entoure la ou les lettres qui traduisent chaque son.

....

3. Je recopie la phrase en remplaçant le mot en gras par le mot à mémoriser.

*Tu dois travailler **plus** pour réussir.*

....

*Louise ne veut pas attendre **plus**.*

....

Jour 4

Dictées de groupes de mots

Dictée de l'enseignant(e)

Des pigeons volent vers les *nuages.*

Axel *veut* offrir *un bijou* à sa sœur, il compte *son argent. Sa maman ajoute* ce qui lui manque.

Des gens mélangent parfois des produits chimiques, c'est *dangereux* !

Dictée de l'élève

.... vers ....

Axel .... offrir .... à sa sœur, il compte ....

.... ce qui lui manque.

.... parfois des produits chimiques, c'est .... !

Dictée de l'enseignant(e)

Les élèves écrivent entièrement la dernière phrase.

Des chevreuils *agiles surgissent* d'un bois et *vont rejoindre* d'autres animaux.

Sur des étagères, ce personnage a des collections de *deux-cents objets* et même *davantage.*

Le nageur fait des plongeons avec une belle énergie !

Dictée de l'élève

Des chevreuils .... d'un bois et .... d'autres animaux.

...., ... des collections de .... et même ....

.... !

SEMAINE 11

Jour 1

Synthèse sur la valeur de position de la lettre *g*, sur les rôles phonologique et lexical de la lettre *g* et exercices

Lire les tableaux ci-dessous.

g	gagner, gai, gant, garder, galerie, garage, garçon, gauche, gourmand, goûter, gouverner, gorge, gosse, graine, griffe, grand, gris, gros, grâce, glisser, glace	regarder, cigarette, égal, escargot, dragon, rigoureux, maigre, tigre, chagrin, malgré, agréable, géographie, église, aveugle, sanglot, aigle, seigle, aiguille, légume, virgule, figure, régulier, aigu	ping-pong, gang, gong, grog, gag, iceberg, zigzag
gg		toboggan, agglomération, aggraver	
gu	guenon, gueule, guépard, guérir, guêpe, guerre, guirlande, guide, guitare	se déguiser, muguet, baguette	langue, vague, bague, longue, fatigue, meringue, mangue
g	genou, geler, géant, général, geste, gens (les), gentil, gendarme, girafe, gilet, gibier, givre, gymnastique, gymnase	argent, intelligence, boulanger, étranger, mélanger, ranger, manger, nager, allonger, changer, prolonger, corriger, interroger, protéger, venger, danger, dangereux, agile, bougie, agir, magique, régime, engin, région	âge, étage, image, nuage, orage, page, plage, sauvage, visage, voyage, village, cage, sage, garage, langage, ménage, bagage tige, luge, refuge, singe, neige, rouge, large, gorge, siège, grange, orange, horloge, éponge
ge	geai, geôle	nous mangeons, nous voyageons, nous rangeons, pigeon, bourgeon, plongeoir, nageoire, rougeole, bourgeois, orangeade, en mangeant	
gh	un ghetto	spaghetti, sorgho	
c		seconde	
g		longtemps, doigt, vingt	long, poing, sang, étang, rang

Faire lire les mots à haute voix et faire remarquer que *g* se prononce [g] ou [ʒ], ou que *g* ne se prononce pas.

Colorier la lettre après *g* dans les deux premières lignes du tableau. Lister les lettres coloriées. En faire autant pour la ligne 4.

En déduire les remarques suivantes :

– *g* se prononce [g] devant les voyelles *a*, *o*, *u*, les consonnes *l* et *r* et parfois à la fin du mot. La lettre *g* est doublée dans certains mots.
– *g* se prononce [ʒ] devant les voyelles *e*, *i* et *y*.

Faire dire ce que l'on constate dans les mots des lignes 3 et 5 :

– On écrit *gu* devant les voyelles *e*, *i*, *y* pour obtenir [g] ; le *u* sépare le *g* de *a*, *e*, *i*.
– On écrit *ge* devant les voyelles *o* et *a* pour obtenir [ʒ] : le *e* sépare le *g* de *a* et *o*.

Remarquer que dans trois mots, [g] est transcrit par *gh* et dans un seul mot par c.

Faire dire ce que l'on constate dans les mots de la dernière ligne du tableau : la lettre *g* ne se prononce pas, à l'intérieur ou à la fin de certains mots.

Faire trouver des mots de la même famille ou donner le féminin quand c'est un adjectif :

– *long/longue, longueur – poing/poignée – sang/sanguin – rang/rangée.*
– *étang* → *g* rappelle le mot *stagner*.
– *vingt* → rappelle l'origine latine *viginti* (deux fois dix).
– *longtemps/long + temps – doigt/digital.*

Composer avec les élèves une affiche collective :

<table>
<tr><th colspan="3">g se prononce</th><th>g ne se prononce pas</th></tr>
<tr><th colspan="2">g → [g]</th><th>g → [ʒ]</th><th></th></tr>
<tr><th colspan="2">g devant a, o, u, l, r</th><th>g devant e, i, y</th><th>g en milieu de mot</th></tr>
<tr><td colspan="2">du gazon
gouverner
aigu
un aigle
du chagrin

un toboggan</td><td>davantage
une bougie
le gymnase</td><td>doigt
vingt</td></tr>
<tr><th colspan="2">g à la fin des mots</th><th>ge devant o, a</th><th>g à la fin d'un mot</th></tr>
<tr><td colspan="2">un iceberg</td><td rowspan="5">l'orangeade
un geai
nous mangeons</td><td rowspan="5">long (longue)
sang (sanguin)</td></tr>
<tr><th colspan="2">gu devant e, i, y</th></tr>
<tr><td colspan="2">la fatigue
une guitare
Guy</td></tr>
<tr><th>gh</th><th>c</th></tr>
<tr><td>ghetto</td><td>seconde</td></tr>
</table>

À l'oral, expliciter le rôle de la lettre *g* et lire dans le cahier de l'élève « Ce que je dois retenir » :

ELLE SE PRONONCE [g] OU [ʒ] OU NE SE PRONONCE PAS.

La lettre *g* se prononce [g] devant un *a*, un *o*, un *u* ou une consonne : *ré**ga**l*, ***go**mme*, *fi**gu**re*, ***gl**ace*, *ti**gr**e*.
Pour que *g* se prononce [g] devant un *e*, un *i* ou un *y*, il faut écrire *gu* : ***gue**tter*, ***gui**tare*, ***Guy***.
Pour que *g* se prononce [ʒ] devant un *a* ou un *o*, il faut écrire *ge* : *un **geai***, *un plon**geo**n*, *nous man**geo**ns*.
La lettre *g* peut ne pas se prononcer, à l'intérieur ou à la fin d'un mot : *lon**g***, *doi**g**t* : *g* rappelle une famille de mots ou sert à marquer le féminin (*longue*).

Exercices

1. Recopie chaque mot dans la colonne du tableau qui convient :

protéger – un légume – le faubourg – un gag – rouge – garder – un hareng – du givre – un siège – du shampoing – une graine – aggraver – un rang

la lettre *g* se prononce [g]	la lettre *g* se prononce [ʒ]	la lettre *g* ne se prononce pas
....	....	....
....	....	....
....	....	....
....	....	....
....	....	....

2. Écris les verbes avec le pronom personnel indiqué :

tu ranges → *vous* ....
tu partages → *vous* ....
je plonge → *nous* ....
je bouge → *nous* ....
je mange → *nous* ....
tu mélanges → *nous* ....

3. Complète chaque mot avec *g* ou *gu* :

du mu ..... et – mal ..... ré – ..... outer – un ..... ide – une ..... alerie – une va ..... e – une ba ..... ette – un ..... ant – mai ..... re – une ..... enon – un tan ..... o – un zi ..... za .....

4. Complète chaque mot avec *g* ou *ge* :

un boulan ..... er – une na ..... oire – une ima ..... e – nous ran ..... ons – un bour ..... on – un ..... este – l'oran ..... ade – une ti ..... e – l'ar ..... ent – un ca ..... ot

5. Barre l'intrus de chaque colonne puis explique ton choix :

1	2	3
la largeur	*la régularité*	*un ragoût*
une ménagerie	*la gare*	*une guenille*
un mirage	*un rang*	*le programme*
la longueur	*une prolongation*	*un glacier*
la gymnastique	*un gorille*	*une bagarre*

1 ....
2 ....
3 ....

6. Écris un nom contenant [ʒ] appartenant à la famille de chacun de ces mots :

plonger → *un* ....
barrer → *un* ....
large → *la* ....
manger → *une* ....
voyager → *un* ....
une bougie → *un* ....
rougir → *une* ....
ranger → *le* ....

7. Écris une histoire de ton choix dans laquelle apparaitront les mots suivant ou d'autres contenant la lettre *g* qui se prononce [g]. Tu conjugueras les verbes au présent.

escargot, grille, légume, glisser, déguster, gourmand, gris, gros

Jours 2 et 3

Exercices pour réviser les mots mémorisés contenant [k], [g], [ʒ] et mémorisation de mots

Exercices

1. Complète chaque phrase avec un mot contenant le phonème [g] :

Il n'est pas triste : il est ....

Notre soupe préférée est la soupe aux ....

Simon aime les bonbons et les gâteaux : il est ....

Lilou se .... *souvent en princesse.*

.... *ne voulez-vous pas rester ?*

2. Écris un mot de même sens pour chaque mot :

des personnes → ....

orner → ....

aussi → ....

périlleux → ....

3. Parmi les mots appris, trouve et écris :

les deux noms qui font leur pluriel en x → ....

le nom d'animal → ....

le mot qui est un verbe et un nom à la fois → ....

le verbe qui contient la lettre k → ....

4. Remplis la grille avec les mots suivants :

donc – ajouter – coup – langue – aucun – cirque

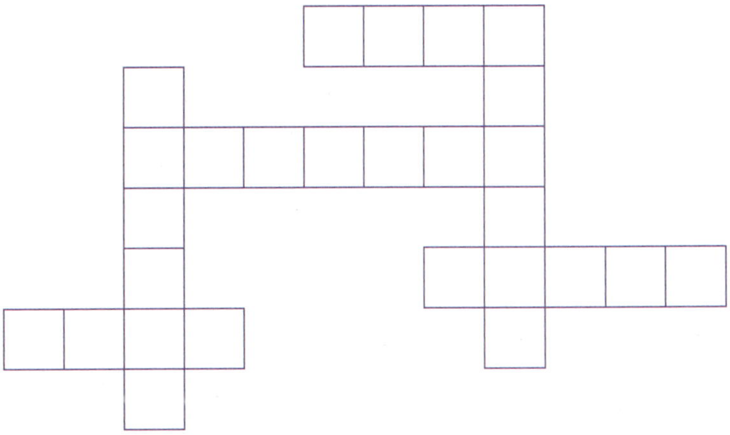

Exercices

5. Écris un mot appris de la famille de chaque mot :

un mélange → ....

nuageux → ....

le pigeonnier → ....

l'argenterie → ....

Mémorisation avec l'enseignant(e)

LARGEUR (nom)
la largeur (d'un terrain), la largeur d'esprit ; large, largement

LONGUEUR (nom)
la longueur (d'un tuyau), à longueur de journée, long, longue, longuement, la longueur et la largeur (d'un terrain)

ORIGINAL (adjectif)
un dessin original, une robe originale, des dessins originaux, des robes originales, la version originale (d'un film)

ENGAGER (verbe)
Elle a engagé (une nouvelle employée). – On engage (une conversation). – Tu engages (la clé dans la serrure). – un engagement comme écoulement

HORLOGE (nom)
Cette horloge (ne donnait jamais l'heure exacte !) – des horloges anciennes – un(e) horloger(ère) – l'horlogerie comme imprimerie

GUERRE (nom)
(Des soldats partaient) à la guerre. – un(e) guerrier(ière), l'après-guerre, guerroyer
Il ne reste guère de temps.

GÉANT (nom et adjectif)
au pays des géants – faire des pas de géant – un homme géant, une femme géante – des écrans géants

VENGER (verbe)
Il vengera (le roi). – se venger – une vengeance

RÉGULIER (adjectif)
un travail régulier, une vitesse régulière, des horaires réguliers, des lignes régulières – régulièrement comme délicieusement – la régularité comme fausseté – régulariser, la régularisation comme information – irrégulier

Jour 4

Dictées de textes

AU CIRQUE

Nous sommes au **cirque**. Une dame, couverte de **bijoux en argent**, présente des petits chiens **déguisés**.

Un lanceur de **couteaux** fait trembler les **gens**.

La dresseuse de fauves travaille avec des **tigres** : c'est **dangereux** !

Nous voyons **également** un magicien. D'un **coup** de baguette, il fait sortir des **pigeons** d'un foulard.

UN CONTE **ORIGINAL**

Dans ce conte, un roi veut se **venger** des **géants** qui font peur aux gens du royaume.

Il décide de leur faire la **guerre**. Il est six heures à l'**horloge**, les chevaliers **engagent** le combat.

Ils se battent toute la journée. **Régulièrement**, de nouveaux chevaliers arrivent et prennent leur place.

Après une **longue** journée, le roi remporte une **large** victoire.

CE2 CM1

SEMAINE 12

Jour 1

Les graphèmes du phonème [s] et exercices

Phase orale

Lire le texte suivant aux élèves :

> Un singe suspendu à une branche se balance.
> Et cinq, et six, et sept et crac ! La branche casse !
> – « Attention ! Je suis là ! » crie une minuscule souris surprise de cette soudaine apparition. « Une seconde de plus et j'étais écrasée ! »
> – « Reste dans ton trou, souricette, si tu as peur quand un petit singe descend d'un arbre ! »
> Un garçon qui observe la scène sourit au singe qui lui répond par une grimace.

Faire trouver le phonème entendu le plus souvent : [s].

Dire les mots suivants aux élèves et leur demander de lever la main lorsqu'ils entendent le phonème [s] :

une semaine – une chose – attention – le silence – du gaz – du raisin – glisser – dix – le voisin – chaque – le ciel – cacher – jeudi – féroce

Dire les mots suivants aux élèves et leur demander de montrer sur leur règle si le phonème [s] se situe au début, à l'intérieur ou à la fin du mot :

brusque – le cinéma – le tennis – une invention – septembre – une course – une piscine – le sud – une classe – possible – une place – décider

Demander aux élèves de trouver d'autres mots contenant le phonème [s] :

- Au début (ex. : *du sucre*).
- À l'intérieur (ex. : *verser*).
- À la fin (ex. : *la face*).
- Deux fois dans le mot (ex : *un ascenseur, sensible, un couscous…*).

Phase écrite

Lire le texte écrit ou projeté au tableau.

Faire écrire les mots contenant le phonème [s] et les classer suivant la manière dont est écrit [s]. Dégager les différents graphèmes : s, ss, c, sc, t et x.
Dans le texte, sur le cahier, colorier chaque graphème différent d'une couleur différente.
Lire le tableau des mots du phonème [s] dans le cahier de l'élève.
Dans la rubrique « Les différentes graphies des phonèmes » du cahier de l'élève, lire les mots correspondant au phonème [s] et faire remarquer les graphèmes les plus fréquents : s, ss.

Exercices

1. Recopie les mots dans lesquels tu entends [s]:

un dessert – la base – une addition – un Russe – une averse – déclarer – ancien – un moustique – le visage – treize – la naissance – une révolution – une ruse

. . . .

. . . .

2. Recopie chaque phrase avec le mot qui convient:

Ce (désert/dessert) *est excellent.*

. . . .

Avec un (coussin/cousin) *tu seras mieux installé.*

. . . .

On a changé la table (base/basse) *du salon.*

. . . .

La méchante reine donne du (poison/poisson) *à Blanche Neige.*

. . . .

Je range mes affaires dans la (case/casse).

. . . .

N'oublie pas de (viser/visser) *le bouchon de la bouteille d'eau.*

. . . .

En tombant, Samia s'est blessée à la (cuisse/cuise).

. . . .

3. Écris le verbe appartenant à la famille de chacun de ces mots:

Exemple: *un tas → tasser*

un pas → . . . .

un débarras → . . . .

épais → . . . .

la danse → . . . .

un engrais → . . . .

un tracas → . . . .

4. Récris ce texte avec *nous*:

Elle lace ses chaussures et commence la marche. Dès le début, elle fonce devant les autres. Elle avance de plus en plus vite et distance les suivants. Mais, au bout d'un moment, elle renonce à continuer pour les attendre.

. . . .

. . . .

. . . .

5. Écris un nom contenant [s] appartenant à la famille de chacun de ces mots:

urgent → une . . . .

violent → la . . . .

prudent → la . . . .

inventer → une . . . .

opérer → une . . . .

circuler → la . . . .

6. Classe les mots suivants dans l'ordre alphabétique:

pièce – dessert – féroce – espace – glace – sucre – verser – boisson – cil – ancien

. . . .

. . . .

Jours 2 et 3

Mémorisation de mots

Mémorisation avec l'enseignant(e)

SOURIS (nom)
une souris verte… – des souris blanches – une souris ou un rat – la souris de l'ordinateur – une souricière, un souriceau

SANS (mot invariable)
un régime sans sel – un café sans sucre – avec vous ou sans vous – À demain, sans faute ! – des sans-abris
Le blessé perd son sang.
Elle s'en va.
Cette fleur sent bon.

COMMENCER (verbe)
Nous commençons nos vacances. - le commencement comme déguisement – recommencer comme rajouter

SOURCE (nom)
(Un fleuve a parfois) plusieurs sources. – remonter à la source (d'un évènement) – (Le Nil prend) sa source (dans le lac Victoria).

DESSOUS (mot invariable)
(Je ne pose pas la bassine sur la table, je la mets) dessous. – au-dessous, sous, dessus, au-dessus – un dessous-de-plat

GLISSER (verbe)
Ils glissent (sur le verglas). – Tu glisses (dans la boue). – une glissade, glissant(e), un glissement comme commencement

REÇU (J'AI) (verbe et nom)
J'ai reçu une lettre et un colis. – (Lorsqu'un livreur apporte un colis, on signe) un reçu.

ADDITION (nom)
Pour faire une addition (on utilise le signe +). – des additions difficiles – ses additions (sont fausses)

Mémorisation en autonomie

tendresse

1. Je lis le mot et j'indique sa classe grammaticale et son genre. ....
2. J'écris le mot à mémoriser et j'entoure la ou les lettres qui traduisent chaque son.

....

3. Je cherche le mot à mémoriser dans le dictionnaire et j'écris l'adjectif à partir duquel il est formé.

....

4. Je recopie tous les mots de la famille :

....

....

5. J'écris une phrase contenant ce mot et le verbe *avoir* au présent avec *elles*.

....

traverser

1. Je lis le mot et j'indique sa classe grammaticale. ....
2. J'écris le mot à mémoriser et j'entoure la ou les lettres qui traduisent chaque son.

....

3. J'écris les lettres qui montrent que le verbe est à l'infinitif et que c'est un verbe du premier groupe.

....

4. J'écris le mot à mémoriser au présent avec *tu* : ....

respect

1. Je lis le mot et j'indique sa classe grammaticale et son genre. ....
2. J'écris le mot à mémoriser, j'entoure la ou les lettres qui traduisent chaque son et j'entoure les deux lettres muettes qui sont à la fin du mot. ....
3. J'écris le verbe du premier groupe formé à partir du mot mémorisé. ....
4. Je complète les phrases avec *au respect* ou *du respect*.

Nous avons du .... *pour les professeurs.*

L'arbitre veille au .... *des règles du jeu.*

remercier

1. Je lis le mot et j'indique sa classe grammaticale. ....
2. J'écris le mot à mémoriser et j'entoure la ou les lettres qui traduisent chaque son.

....

3. J'écris les lettres qui montrent que le verbe est à l'infinitif et que c'est un verbe du premier groupe.

....

4. J'écris une phrase avec le mot à mémoriser conjugué au présent avec *Les fillettes* :

....

5. Les mots *remercier* et *remerciement* appartiennent à la famille du mot *merci*. J'entoure ce mot dans les mots de sa famille.

façon

1. Je lis le mot et j'indique sa classe grammaticale et son genre. ....

2. J'écris le mot à mémoriser et j'entoure la ou les lettres qui traduisent chaque son.

....

3. Je complète les phrases avec : *façon* ou *la façon*.

De toute ...., il n'est jamais content !

Zoé n'aime pas du tout .... de s'habiller de sa sœur.

4. Je cherche le mot à mémoriser dans le dictionnaire et je recopie les mots de sa famille :

un nom avec un déterminant ....

un verbe ....

scène

1. Je lis le mot et j'indique sa classe grammaticale et son genre. ....

2. J'écris le mot à mémoriser et j'entoure la ou les lettres qui traduisent chaque son.

....

3. Je recopie les phrases en les complétant avec le mot à mémoriser.

Les comédiens sont sur la .... du théâtre.

....

La .... racontée dans cette pièce de théâtre se passe à Paris.

....

Pierre a fait une .... à ses parents car il ne voulait pas aller se coucher.

....

révolution

1. Je lis le mot, j'indique sa classe grammaticale et son genre. ....

2. J'écris le mot à mémoriser et j'entoure la ou les lettres qui traduisent chaque son.

....

3. Je complète la série et j'entoure la lettre qui transcrit [s] :

une opération, une addition, une solution, la ....

4. Je recopie chaque phrase en la complétant avec le mot *révolution*.

Les Français ont fait une .... pour chasser le roi, c'est la Révolution française.

....

La .... de la terre autour du Soleil dure un an.

....

5. J'entoure les mots de la famille du mot à mémoriser.

révolver, révolutionner, révoquer, révolutionnaire

rassurer

1. Je lis le mot et j'indique sa classe grammaticale. ....

2. J'écris le mot à mémoriser et j'entoure la ou les lettres qui traduisent chaque son.

....

3. J'écris les lettres qui montrent que le verbe est à l'infinitif et que c'est un verbe du premier groupe.

....

4. Je complète la phrase avec le mot à mémoriser conjugué au présent.

Le médecin .... Léa, elle sera bientôt guérie.

5. J'entoure la partie commune à tous ces mots de la même famille.

assurer, rassurer, surement, la sureté, rassurant

puisque

1. Je lis le mot. Ce mot est invariable.
2. J'écris le mot à mémoriser et j'entoure la ou les lettres qui traduisent chaque son.

. . . .

3. Le mot est composé de deux mots : . . . .
4. Écris une phrase en employant le mot à mémoriser.

. . . .

Jour 4

Dictées de groupes de mots

Dictée de l'enseignant(e)

Les élèves commencent à faire des *additions* difficiles.

Les jeunes skieurs glissent sans peur vers l'arrivée.

La souris a creusé son nid près *d'une source*.

Nous avons reçu notre nouvelle table : le chien dort *dessous*.

Dictée de l'élève

.... à faire des .... difficiles.

.... peur vers l'arrivée.

.... a creusé son nid près ....

.... notre nouvelle table : le chien dort ....

Dictée de l'enseignant(e)

Remercier quelqu'un pour ses services *est une façon* de lui montrer *du respect*.

Un enfant qui *traverse* une période difficile a besoin *de tendresse pour être rassuré*.

La Révolution française de 1789 est jouée *sur scène* depuis un mois.

Nous irons voir ce spectacle *puisque* cela t'intéresse.

Dictée de l'élève

.... quelqu'un pour ses services ....

de lui montrer ....

Un enfant qui .... une période difficile a besoin ....

....

.... est jouée ....

depuis un mois.

Nous irons voir ce spectacle .... cela t'intéresse.

CE2 CM1

SEMAINE 13

Jour 1

Les graphèmes du phonème [z] et exercices

Phase orale

Lire le texte suivant aux élèves :

> Les chemises sont dans la valise.
> Des roses roses sont dans le vase.
> Plusieurs grains de raisin sont sur la table.
> Les trésors sont dans les musées.
> Une pizza est chez le paysan.
> Une fraise est dans le ventre du lézard.
> La deuxième est toujours sur le fraisier.
> Et cette histoire bizarre, où est-elle ?

Faire trouver le phonème entendu le plus souvent : [z].

Dire les mots suivants aux élèves et leur demander de lever la main lorsqu'ils entendent le phonème [z] :

un zèbre – de la réglisse – une fusée – danser – la cuisine – une punaise – une rangée – un commerce – des ciseaux – du gaz – un passage – un zoo – sixième

Dire les mots suivants aux élèves et leur demander de montrer sur leur règle si le phonème [z] se situe au début, à l'intérieur ou à la fin du mot :

un zèbre – mon voisin – une chose – une usine – bronzer – une tondeuse – un gaz – une saison – une zone – une pizza – un vase – une valise

Demander aux élèves de trouver d'autres mots contenant le phonème [z] :

- Au début (ex. : *zéro*).
- À l'intérieur (ex. : *briser*).
- À la fin (ex. : *une case*).

Phase écrite

Lire le texte écrit ou projeté au tableau.

Faire écrire les mots contenant le phonème [z] et les classer suivant la manière dont est écrit [z]. Dégager les différents graphèmes : s, z, zz, x.
Dans le texte, sur le cahier, colorier chaque graphème différent d'une couleur différente.
Lire le tableau des mots du phonème [z] dans le cahier de l'élève.
Dans la rubrique « Les différentes graphies des phonèmes » du cahier de l'élève, lire les mots correspondant au phonème [z] et faire remarquer le graphème le plus fréquent : s, et constater qu'il ne se trouve jamais en début de mot.

Exercices

1. Recopie les mots dans lesquels tu entends [z] :

une écluse – surtout – douze – une luge – une ardoise – un magasin – souffler – une averse – deuxième – un trésor – une dépense – une chemise

. . . .

. . . .

2. Complète chaque mot avec la graphie de [z] qui convient :

une ro . . . . e – la cui . . . . ine – une ga . . . . elle – un . . . . este – une vi . . . . ite – arro . . . . er – l'hori . . . . on – une surpri . . . . e – un lé . . . . ard – un pay . . . . an – si . . . . ième – une chai . . . . e

3. Entoure la réponse qui correspond à chaque définition :

maison d'Afrique → case/casse

moyen habile pour tromper quelqu'un → russe/ruse

région sans végétation → désert/dessert

belle mais elle pique → rose/rosse

pas haute → base/basse

4. Recopie chaque phrase avec le mot qui convient :

Dans le (dessert/désert) *il fait chaud la journée et froid la nuit.*

. . . .

L'arsenic est un (poison/poisson) *violent.*

. . . .

Sur ce papier, il faut cocher des (casses/cases).

. . . .

Il faudrait que tu (lisses/lises) *plus pour te documenter.*

. . . .

5. Barre l'intrus de chaque série de mots :

personne – hasard – dinosaure – gazon – cerise

vase – faisan – musée – averse – horizon

douze – fraise – zèbre – bazar – gaz

6. Complète ces groupes nominaux comme dans l'exemple :

Exemple : *un costume gris* → *une veste grise*

un homme sérieux → *une femme* . . . .

un repas anglais → *une préparation* . . . .

un objet curieux → *une personne* . . . .

un jour orageux → *une soirée* . . . .

un cadeau promis → *une chose* . . . .

un chemin creux → *une assiette* . . . .

Exercices

7. Écris la réponse à chaque devinette :

On m'appelle aussi « le petit écran » : la ....

Je suis une arme de chasse : un ....

Je suis le fruit de la vigne : le ....

Je suis un vent ou une marque de tendresse : une ....

Je suis un chiffre et je ressemble à une voyelle : ....

Je suis la qualité du singe ou du renard : la ....

8. Continue chaque série avec un nom contenant [z] appartenant à la même famille :

dévisager, envisager → un ....

un arrosage, arroser, la rosée → un ....

un cuisinier, cuisiner → une ....

9. Lis le tableau [z] dans la rubrique « Les différentes graphies des phonèmes » du cahier et relève :

– deux noms avec [z] écrit z : ....

– deux verbes avec [z] écrit s : ....

Écris une phrase avec chacun de ces mots :

....

....

....

10. Classe les mots suivants dans l'ordre alphabétique :

rose – chemise – zoo – écluse – trésor – voisin – fraise – gaz – bazar – magasin

....

....

Jours 2 et 3

Mémorisation de mots

Mémorisation avec l'enseignant(e)

MESURER (verbe)
Les peintres mesurent les pièces à repeindre. – Tu mesures combien ? – la mesure

AMUSANT (adjectif)
une histoire amusante, des livres amusants – amuser, un amusement comme glissement, s'amuser – amusant(e) comme glissant(e)

VISAGE (nom)
un visage rond, des visages détendus – Son visage (me rappelle quelqu'un). – (mettre un nom sur) un visage – dévisager

SURPRISE (nom)
des bonnes et des mauvaises surprises – Quelle surprise !

VISITER (verbe)
Des touristes visitent (Paris). Visitez-vous (les musées ?) – une visite, un(e) visiteur(euse) comme un(e) campeur(se)

RAISIN (nom)
une grappe de raisin – du raisin noir et du raisin blanc – des raisins secs – une tarte au raisin

À CAUSE DE (mot invariable)
(Les voitures dérapent) à cause de la neige. – la cause, causer (un problème)

(LES) CISEAUX (nom)
une paire de ciseaux – (Pour découper, on a besoin) de ciseaux. – un ciseau à bois – ciseau → ciseler comme couteau → coutelier

Mémorisation en autonomie

horizon

1. Je lis le mot et j'indique sa classe grammaticale et son genre. ....

2. J'écris le mot à mémoriser et j'entoure la ou les lettres qui traduisent chaque son.

....

3. J'écris le mot à mémoriser avec un article indéfini (*un/une*) puis avec un article défini (*le/la/l'*) :

....

4. Je cherche le mot à mémoriser dans le dictionnaire et je recopie les deux mots de la même famille.

....

Dans ces deux mots, j'entoure le mot mémorisé.

5. J'écris une phrase contenant ce mot et la préposition *à*.

....

raisonnable

1. Je lis le mot et j'indique sa classe grammaticale et son genre. ....

2. J'écris le mot à mémoriser, j'entoure la ou les lettres qui traduisent chaque son.

....

3. Je recopie les phrases en les complétant avec le mot à mémoriser.

Cet enfant ne fait pas de colères, il est ....

....

La maison est vendue à un prix ....

....

4. Je recopie les groupes nominaux en gras en ajoutant le mot à mémoriser. Attention, il s'accorde avec le nom !

un enfant ....

des fillettes ....

5. J'écris le nom qui sert à former le mot mémorisé : ....

briser

1. Je lis le mot et j'indique sa classe grammaticale. ....

2. J'écris le mot à mémoriser et j'entoure la ou les lettres qui traduisent chaque son.

....

3. Je recopie les phrases en les complétant avec le mot à mémoriser.

Pour entrer, le voleur a dû .... *la vitre.*

....

Son accident va .... *sa carrière de gymnaste.*

....

4. J'écris les lettres qui montrent que le verbe est à l'infinitif et que c'est un verbe du premier groupe.

....

5. J'écris une phrase avec le mot à mémoriser conjugué au présent.

....

trésor

1. Je lis le mot et j'indique sa classe grammaticale. ....

2. J'écris le mot à mémoriser, j'entoure la ou les lettres qui traduisent chaque son.

....

3. Je complète les listes.

la ferme : le fermier, la fermière

le trésor : le ....

la banque : ....

4. J'écris une phrase contenant le mot mémorisé et le verbe *avoir : a*

....

vase (le) – vase (la)

1. Je lis les deux mots et j'indique leur classe grammaticale. ....

2. J'écris les mots à mémoriser et j'entoure la ou les lettres qui traduisent chaque son.

....

3. Je complète la phrase avec *le vase* ou *la vase*.

Dans le fond de la rivière, il y a de ....

Je mets des fleurs dans ....

4. Je cherche les mots à mémoriser dans le dictionnaire.

Je recopie les mots de la famille du nom qui est féminin : ....

Je recopie les mots de la famille du nom qui est masculin : ....

paisiblement

1. Je lis le mot : c'est un adverbe, il est invariable.

2. J'écris le mot et j'entoure la ou les lettres qui traduisent chaque son.

....

3. Je recopie la phrase en la complétant avec le mot à mémoriser.

L'enfant est calme, il dort ....

....

4. Complète la liste.

calme : calmement

paisible : ....

directe : ....

tendre : ....

raisonnable : ....

résultat

1. Je lis le mot et j'indique sa classe grammaticale et son genre. ....

2. J'écris le mot à mémoriser, j'entoure la ou les lettres qui traduisent chaque son et d'une autre couleur la lettre finale muette. ....

3. Je recopie les phrases en les complétant avec *le résultat* ou *les résultats*.

Tu as trouvé le .... *de l'addition.*

....

Nous attendons les .... *de notre examen*

....

Il a bien réussi son examen, c'est le .... *de son travail acharné.*

....

noisette

1. Je lis le mot, j'indique sa classe grammaticale et son genre. ....

2. J'écris le mot à mémoriser, j'entoure la ou les lettres qui traduisent chaque son.

....

3. Je recopie les phrases en les complétant avec le mot à mémoriser. Attention, il peut être au pluriel.

L'écureuil mange des ....

....

Il met une .... *de beurre dans la poêle.*

....

4. Je complète la série.

une noisette, un noisetier

une poire, un poirier

une pomme, un ....

une prune, un ....

une olive, un ....

Entoure la partie commune dans les paires de mots.

résister

1. Je lis le mot et j'indique sa classe grammaticale. ....

2. J'écris le mot à mémoriser et j'entoure la ou les lettres qui traduisent chaque son.

....

3. J'écris les lettres qui montrent que le verbe est à l'infinitif et que c'est un verbe du premier groupe.

....

4. J'écris le mot à mémoriser au présent avec *vous* : ....

5. Je complète la série.

ordonner : une ordonnance

endurer : l'endurance

espérer : l'espérance

ressembler : la ressemblance

résister : la ....

Jour 4

Dictées de groupes de mots

Dictée de l'enseignant(e)

On a lu *la surprise sur son visage à cause d'une visite* inattendue.
Nous prenons *des ciseaux* et nous coupons *le raisin.*
Tu mesures un mètre trente comme moi, c'est *amusant* !

Dictée de l'élève

On a lu .... inattendue.
Nous prenons .... et nous coupons ....
.... un mètre trente comme moi, c'est .... !

Dictée de l'enseignant(e)

Les élèves écrivent entièrement la première phrase.

Un corbeau essaie de briser la coquille d'une noisette mais elle résiste.
Le résultat n'est pas gagné !
Paisiblement, le Soleil disparait *à l'horizon.*
Ce vase ancien est un véritable *trésor.* Le donner ne serait pas *raisonnable.*

Dictée de l'élève

....
.... n'est pas gagné !
.................................., ... disparait ....
.... ancien .... un véritable ....
Le donner ne serait pas ....

SEMAINE 14

Jour 1

Synthèse sur la valeur de position de la lettre s, le rôle lexical de la lettre s et exercices

Donner aux élèves une feuille avec les tableaux suivants.

s		amusant, besoin, des ciseaux, mesurer, plusieurs, poser, saison, conjugaison, visage, visite, cousin, raisin, trésor, noisette, résultat, valise, paisiblement, raisonnable	chose, rose, fraise, chaise, valise, cerise, chemise, cuisine, case, vase	
s	septembre, source, saison, sans, souhaiter, (se) sauver, sec, semaine, sentir, seulement, sortie, souffler, sud, surtout, sucre, soleil, soudain, sœur, sept, singe, savoureux	verser, traverser, bonsoir, ensemble, escalier, escargot, (l')est, presque, ouest, danser, puisque	mars, ours, tous, os, tennis, course, bourse, danse, dépense	repas, verglas, bas, pas, gras, tas, gris, souris, tapis, radis, vernis, colis, jus, talus, refus, dos, gros, héros, repos, sous, nous, fois, trois, mois, bois, mais, frais, épais, mauvais, palais, puis, toujours, alors, très, succès, après, depuis, puits (un), temps
ss		dessert, chaussure, dessous, glisser, passer, casser, possible, boisson, poisson, assez, dessiner, dessin, dessus, tissu, fossé, discussion, buisson, rassembler	adresse, maitresse, tasse, chasse, classe, tendresse, promesse	

Faire lire les mots à haute voix (sauf ceux en vert) et faire dire que l'on entend [s] ou [z].
Faire colorier et nommer les lettres avant et après le s dans la première ligne du tableau. En faire autant pour la deuxième ligne (trois premières colonnes).

Faire dire les remarques suivantes :
- La lettre s se prononce [s] en début ou en fin de mot : *souhaiter, mars* ; entre une voyelle et une consonne : *bonsoir, escalier*.
- La lettre s se prononce [z] entre deux voyelles : *valise*.

Faire dire ce qui se passe pour les mots de la dernière ligne :

Entre deux voyelles, pour obtenir [s], il faut ss : *glisser* (sauf *parasol* formé avec le préfixe *para* comme *parapluie*, *paravent*...).

Faire constater que dans la dernière colonne, s est la lettre finale muette des mots. Pour les adjectifs et les noms, on peut la retrouver en mettant le mot au féminin ou en cherchant un mot de la même famille. Faire trouver des mots de la même famille ou donner le féminin quand c'est un adjectif :

tapis : tapisser, tapisserie, tapissier
un propos : proposer
un refus : refuser
épais : épaisse
anglais : anglaise
longtemps : temps qui rappelle le mot latin *tempus*

Composer avec les élèves une affiche collective :

s → [s]	s → [z]	ss → [s]	s ne se prononce pas
En début de mot	**Entre deux voyelles**	**Entre deux voyelles**	**À la fin du mot**
semaine	valise visage trésor noisette	glisser fossé tasse	gris → grise épais → épaisse refus → refuser bois → boisé
en fin de mot			
ours			
entre une voyelle et une consonne			
bonsoir traverser escalier			

À l'oral, expliciter le rôle de la lettre s et lire dans le cahier de l'élève « Ce que je dois retenir » :

ELLE SE PRONONCE [s] OU [z] OU NE SE PRONONCE PAS

La lettre s se prononce [s] au début d'un mot ou à la fin d'un mot : *la semaine, un ours.*
La lettre s se prononce [s] entre une voyelle et une consonne : *bonsoir, traverser.*
La lettre s se prononce [z] entre deux voyelles : *le visage, le trésor.*
Pour que s se prononce [s] entre deux voyelles, il faut écrire ss : *glisser, un fossé.*
La lettre s peut ne pas se prononcer à la fin d'un mot : *le refus/refuser, gris/grise* : s rappelle une famille de mots ou sert à marquer le féminin (*grise*).

Exercices

1. Classe les mots suivants dans le tableau :

un ours – une caisse – un baiser – un bison – danser – la brise – un salon – la mousse – une phrase – un message – seul – du raisin – un vase

dépenser – cuisine – français – héros – ardoise – verser – trésor – sens – dedans – parfois – voisin – surtout – permis – désert – tennis

la lettre s se prononce [s]	la lettre s se prononce [z]	la lettre s ne se prononce pas
....	....	....
....	....	....
....	....	....
....	....	....
....	....	....

2. Complète les mots avec s ou ss :

amu ..... ant – ab ..... ent – une ta ..... e – une cour ..... e – le ha ..... ard – une éclu ..... e – du ti ..... u – pre ..... que – ..... ouhaiter – une prome ..... e – un ba ..... in – une vali ..... e

3. Récris chaque phrase avec le mot qui convient :

Timéo a décidé d'étudier le (russe/ruse).

....

Pose le vase sur la table (basse/base).

....

Il faudrait que la viande (cuisse/cuise) *plus longtemps.*

....

4. Écris le verbe correspondant à chaque mot :

Exemple : une vis → visser

un tapis → ....
épais → ....
un tas → ....
un fracas → ....
gros → ....
un engrais → ....

5. Écris un mot appartenant à la famille de chaque mot, en utilisant la lettre s finale :

un fracas → ....
précis → ....
confus → ....
du bois → ....
un abus → ....
un tas → ....

Jour 2

Exercices pour réviser les mots mémorisés contenant [s] et [z] et exercices de révision

Exercices

1. Écris le contraire de chaque mot; il contient le phonème [s]:

avec → .... *dessus* → ....

finir → .... *une soustraction* → ....

2. Écris les réponses à ces devinettes; les réponses contiennent le phonème [z]:

On me voit sur la tête des gens. → ....

Je suis le seul adjectif de la liste. → ....

On me vend par paires. → *les* ....

3. Écris des mots appris à l'aide de ces définitions:

Action de déraper, patiner. → ....

Point de départ d'une rivière. → ....

On aime que les cadeaux en soient une. → ....

Il sert à fabriquer le vin. → ....

Expression qui signifie «en raison de». → ....

Prendre des mesures. → ....

4. Écris les mots dont les lettres ont été mélangées:

c r e u	v t r i i s e	s s o r i u
....	....	....

5. Récris tous les mots des deux listes contenant les phonèmes [s] et [z] dans l'ordre alphabétique:

....

....

....

Exercices pour réviser les mots de la période

Exercices

MOTS CONTENANT [k], [s], [z]

1. Écris la réponse de chaque devinette :

L'écureuil apprécie beaucoup ce petit fruit sec. → ....

On peut en trouver un sur une île. → ....

On met des fleurs avec de l'eau dedans. → ....

Se dit de quelqu'un qui se fait du souci. → ....

Les comédiens jouent les pièces de théâtre dessus. → ....

2. Continue chaque série avec un mot de l'une des listes :

légèrement, grandement, faiblement, ...

une barque, une plaque, une marque, ...

gracier, apprécier, différencier, ...

une invention, une option, une information, ...

aimable, agréable, durable, ...

viser, peser, caser, ...

un maçon, un garçon, une leçon, ...

3. Écris les solutions de ces énigmes :

Exemple : *loger + ho → horloge*

(une) trique + t → ....

causer + c → ....

tressé + ri → ....

(un) spectre → le ....

raser + sur → ....

dense + sert → la ....

4. Complète chaque phrase avec un mot des listes :

Le .... *entre les deux voitures n'a pas été violent.*

J'admire le coucher de soleil à l'.................................. .

Les deux adversaires ont enfin signé un ....

Cette période-ci, tes .... *sont meilleurs.*

Le trajet de ce train est ....*; il n'y a pas d'arrêts.*

.... *tu es d'accord, on ira au cinéma.*

5. Trouve les trois derniers mots d'après ces renseignements :

Verbe qui signifie croiser quelqu'un ou se retrouver avec. → ....

Passer d'un côté à l'autre de la rue par exemple. → ....

Verbe qui signifie suspendre à un crochet. → ....

CE2 CM1

Exercices

MOTS CONTENANT [g] ET [ʒ]

1. Qui suis-je?

Je suis le mot contenant le phonème [ɑ]. → ....

Je suis le nom contenant deux fois le phonème [ɔ̃]. → ....

Je suis l'adjectif le plus court. → ....

2. Retrouve et écris les mots dont les syllabes ont été mélangées:

der	ver	gui	gré	gir
gou	ner	sur	mal	

1. ....
2. ....
3. ....
4. ....

3. Écris un mot appartenant à la famille de chacun de ces mots:

glorieux → ....

énergique → ....

la gravité → ....

fatigant → ....

un étage → ....

la gouttelette → ....

4. Complète chaque phrase avec un mot des listes:

Cet homme est un curieux ....!

Les singes sont des animaux ....

L'homme est très grand, c'est un vrai ....

On ne parvient pas à .... Éva par téléphone.

Nous poserons les .... à l'hôtel dès notre arrivée.

Mon cousin collectionne toutes sortes d' ....

5. Écris un mot mémorisé de la famille de chaque mot:

large → ....

long → ....

guerrier → ....

origine → ....

horloger → ....

vengeance → ....

régulièrement → ....

engagement → ....

Jours 3 et 4

Évaluation CE2

Consignes pour l'enseignant(e)

1, 2, 3. Faire lire les phrases oralement.

5. Faire dire ce que représentent les dessins (croissant, coccinelle, escargot) avant de faire écrire les mots, mais laisser les enfants rechercher dans le dictionnaire car on veut évaluer leur capacité à chercher dans celui-ci.

6. Dictée :

LES TRAVAUX

Des hommes prennent des **mesures** dans notre rue, puis ils **commencent** à faire des trous dans le trottoir[1].
Les **gens** se demandent **pourquoi**. C'est pour changer des tuyaux [2]. Les travaux vont couter beaucoup d'**argent**.

7. Expression écrite :

À l'oral, à partir du texte de la dictée, parler de travaux auxquels les élèves ont pu assister dans une maison, dans leur ville, sur une route, dans un magasin… Ils peuvent utiliser les verbes *creuser, dérouler, poser, recouvrir, tasser* qu'ils conjuguent au présent.

Consignes pour l'élève

1. Récris les phrases en complétant les mots avec *g* ou *ge* :

Nous parta . . . . ons notre ar . . . . ent. → . . . .

J'ai une forte an . . . . ine. → . . . .

Tu veux de l'oran . . . . ade ? → . . . .

Ce poisson a trois na . . . . oires. → . . . .

Pierre est un bon na . . . . eur. → . . . .

2. Récris les phrases en complétant les mots avec *g* ou *gu* :

La locomotive tire trente wa . . . . ons. → . . . .

Tu achèteras une ba . . . . ette de pain. → . . . .

Mesure la lon . . . . eur de la cour. → . . . .

On a des lé . . . . umes et du mu . . . . et. → . . . .

Ces . . . . ants sont bien chauds. → . . . .

3. Récris les phrases en complétant les mots avec s ou ss :

Un . . . . andwich au . . . . auci . . . . on et une boi . . . . on, c'est bon ! → . . . .

. . . . oudain, la voiture est partie dans le fo . . . . é. → . . . .

Je donne mon adre . . . . e à mes copines de cla . . . . e. → . . . .

Tu racontes . . . . ouvent des men . . . . onges. → . . . .

1. On peut écrire ce mot au tableau.
2. *Id.*

4. Écris le verbe de la famille de chaque mot :

Exemple : *un avis* → *aviser*

un abus →	*précis* → ....
le repos →	*un propos* → ....
un refus →	*le mépris* → ....

5. Écris les mots puis vérifie dans le dictionnaire ; si tu as fait des erreurs, récris-les correctement en dessous :

....	....	....

6. Dictée :

....
....
....
....
....
....

7. Expression écrite :

....
....
....
....
....
....
....
....
....

Je fais le bilan de mes connaissances

- ☐ J'ai compris la valeur de position de la lettre *g*.
- ☐ J'ai compris la valeur de position de la lettre s.
- ☐ Je sais trouver des mots de la même famille.
- ☐ Je sais trouver un mot dans le dictionnaire.
- ☐ Je sais réviser ma dictée.
- ☐ Je sais corriger mon texte en utilisant le codage.

- ☐ Je n'ai pas compris la valeur de position de la lettre *g*.
- ☐ Je n'ai pas compris la valeur de position de la lettre s.
- ☐ Je ne sais pas trouver des mots de la même famille.
- ☐ Je ne sais pas trouver un mot dans le dictionnaire.
- ☐ Je ne sais pas réviser ma dictée.
- ☐ Je ne sais pas corriger mon texte en utilisant le codage.

Évaluation CM1

Consignes pour l'enseignant(e)

1 et 2. Faire dire les mots oralement.

3. Ne pas dire ces mots avant l'exercice, car on veut vérifier que l'élève ne confond pas [k] et [g] en les prononçant.

7. Dictée :

LE VOYAGE

La famille Olson **traverse** la France pour aller dans le Sud. Quand ils arrivent à l'hôtel, ils sont **fatigués**. Cependant, ils ouvrent les **bagages** et ils rangent leurs affaires. Ils se reposent un peu puis ils font un **plongeon** dans la piscine. Ils font de belles visites avec un **guide**. Ils achètent de jolis **objets** qui rempliront les **étagères** de leur maison. Ils **rencontrent** des amis mais bientôt, il faut penser à les **quitter** et à rentrer.

8. Expression écrite :

À l'oral, à partir du texte de la dictée, parler de destinations qui font peut-être rêver les enfants et de ce que l'on pourrait y découvrir ; raconter en quelques lignes un de ces voyages. Utiliser le présent.

Consignes pour l'élève

1. Récris les mots avec *g* ou *gu* pour faire [g] :

une .... riffe →	*un .... épard →* ....
une fi.... ure →	*un ai.... le →* ....
la lan.... e →	*une ba.... ette →* ....
un ti.... re →	*une .... êpe →* ....

2. Récris les mots avec *j*, *g* ou *ge* pour faire [ʒ], vérifie l'orthographe de ces mots dans le dictionnaire :

la rou.... ole →	*une .... irafe →* ....
un .... eton →	*nous man.... ons →* ....
une bou.... ie →	*un sé.... our →* ....
un diri.... able →	*un refu.... e →* ....

3. Recopie les phrases avec le mot qui convient :

Ce fruit a un (gout/cout) *bizarre, il est trop mûr.*

....

Nous vous attendrons sur le (gai/quai) *de la gare.*

....

Je mangerais bien une (classe/glace) *!*

....

4. Récris les mots avec s ou ss comme il convient :

un maga. . . . in →	*une cai. . . . e →* ....
pa. . . . er →	*bon. . . . oir →* ....
un e. . . . calier →	*la cui. . . . ine →* ....
une boi. . . . on →	*un de. . . . ert →* ....
une répon. . . . e →	*dépen. . . . er →* ....
une cla. . . . e →	*le de. . . . us →* ....
un vi. . . . age →	*une chemi. . . . e →* ....

5. Écris un nom appartenant à la famille du mot en gras (tu peux vérifier dans le dictionnaire) :

expliquer **→** ....

6. Écris un mot mémorisé de la famille des mots suivants :

tendre : la	*respecter : le* ....
paisible :	*la résistance :* ....
directement :	*inventer : une* ....
plonger : un	*personne : un* ....

7. Dictée :

....

....

....

....

....

....

....

....

8. Expression écrite :

....

....

....

....

....

....

....

Je fais le bilan de mes connaissances

☐ Je connais le rôle de la lettre s.	☐ Je ne connais pas le rôle de la lettre s.
☐ Je ne confonds pas [s] et [z].	☐ Je confonds [s] et [z].
☐ Je connais le rôle de la lettre *g*.	☐ Je ne connais pas le rôle de la lettre *g*.
☐ Je ne confonds pas [k] et [g].	☐ Je confonds [k] et [g].
☐ Je sais trouver un mot dans le dictionnaire.	☐ Je ne sais pas trouver un mot dans le dictionnaire.
☐ Je sais trouver des mots de la même famille.	☐ Je ne sais pas trouver des mots de la même famille.
☐ Je sais réviser ma dictée.	☐ Je ne sais pas réviser ma dictée.
☐ Je sais corriger mon texte en utilisant le codage.	☐ Je ne sais pas corriger mon texte en utilisant le codage.

PÉRIODE

3

SEMAINE 15

Jour 1

Synthèse sur la valeur de position de la lettre c, son rôle lexical et exercices

Donner aux élèves une feuille avec les mots des tableaux contenant la lettre c (phonème [k] et phonème [s]), de la rubrique « Les différentes graphies des phonèmes » du cahier de l'élève.

c	(à) cause (de), cabane, cacher, camarade, carton, canne, colère, castor, clé, clou, colline, continuer, corde, coup, courir, court, couteau, crayon, creux, cueillir	aucun, chacun, escargot, facteur, lecture, octobre	donc, sec, avec, bec, parc, lac, sac, bloc, choc	un banc, le tabac, l'estomac, un accroc, un croc, un broc, un tronc, un jonc, blanc, un porc
c	c'est (jeudi), cent, cerise, ceinture, cela, centime, centre, cirque, des ciseaux, ciel, cinéma, cinq, cinquante, cil, cygne	facile, voici, ancien, commencer, décembre, accent, parce que	pièce, place, glace, source, chance, enfance, naissance, avance, violence, patience, préférence, diligence	
ç		leçon, garçon, (j'ai) reçu		

Faire lire les mots à haute voix. Faire remarquer qu'on entend [k] ou [s].
Faire colorier et nommer les lettres après c dans les deux premières colonnes de la première ligne du tableau. En faire autant pour la deuxième ligne.

Faire faire les remarques suivantes:

– La lettre *c* se prononce [k] devant les voyelles *a*, *o*, *u* et les consonnes *l*, *r*, *t*.
– La lettre *c* se prononce [s] devant les voyelles *e*, *i* et *y*.

Faire dire ce qui se passe pour les mots de la dernière ligne:

On ajoute une cédille au *c* devant les voyelles *o*, *a* et *u* pour obtenir [s]: la cédille change le son que fait la lettre *c*.

Faire remarquer que la lettre ç ne se trouve ni en début ni en fin de mot.

Avec les CM, montrer le rôle lexical de la lettre *c*: parfois à la fin d'un mot, la lettre *c* ne se prononce pas. La lettre *c* rappelle une famille de mots (*accroc*, famille de *accrocher*: déchirure faite par ce qui accroche; *tronc-tronçon*; *porc-porcelet*); dans d'autres mots, elle rappelle l'origine du mot: *banc* rappelle le mot latin *bancus*, *tabac* le mot espagnol *tabaco*, *estomac* le mot latin *stomachus*, *broc* le mot italien *brocca*, *jonc* le mot latin *juncus*. La lettre *c* sert également à former le féminin: *blanc-blanche*.

Composer avec les élèves une affiche collective :

c → [k] devant *a*, *o*, *u*, *l*, *r*, *t*	c → [s] devant *e*, *i*, *y*	ç → [s] devant *o*, *a*, *u*	c ne se prononce pas
une **c**age dé**c**orer un **c**ube un **c**lou **c**reux un fa**c**teur	la sour**c**e fa**c**ile le **c**ygne	la le**ç**on la fa**ç**ade j'ai re**ç**u	**sert à former un mot de la même famille** *accro**c** → accrocher* *por**c** → porcelet* *tron**c** → tronçon* **sert à former le féminin** *blan**c**-blanche* **rappelle l'origine du mot** *taba**c***, en espagnol *tabaco*

À l'oral, expliciter le principe de fonctionnement et lire dans le cahier de l'élève « Ce que je dois retenir ».

– Devant *a*, *o*, *u* ou une consonne, la lettre *c* se prononce [k] : *cage, décorer, cube, creux, clou, facteur.*
– Pour qu'elle se prononce [s], on écrit *ç* : *leçon, façade, reçu.*
– Devant *e*, *i*, *y*, la lettre *c* se prononce [s] : *douce, centre, facile, cinq, cygne.*

À la fin de certains mots, la lettre *c* ne se prononce pas mais souvent, elle a un rôle : former des mots de la même famille, former le féminin, rappeler l'origine du mot.

Exercices

1. Récris chaque mot dans la colonne du tableau qui convient :

une pièce – ancien – aucun – la chance – octobre – un bloc – le cinéma – cacher – la patience – un lecteur – un sac – voici – une préférence

la lettre c se prononce [k]	la lettre c se prononce [s]
....	....
....	....
....	....
....	....
....	....
....	....
....	....

2. Barre l'intrus dans chaque série et explique ton choix :

un arc – le lac – le citron – un coin ....

....

facile – une cerise – un cycliste – une cage ....

....

la cigale – la façon – un flacon – un morceau ....

....

Exercices

3. Écris le mot qui correspond à chaque dessin :

un . . . . *un* . . . . *des* . . . . *la* . . . .

4. Qui suis-je ? (utilise ton dictionnaire si tu en as besoin) :

Je distribue les lettres et les colis, je suis . . . .

Je construis les maisons, les bâtiments, je suis . . . .

Je porte ma maison sur mon dos, je suis . . . .

J'habite à Nice, je suis . . . .

5. Récris chaque mot sur la ligne qui convient :

un cactus – la crème – en vrac – un truc – un porc – l'occasion – la chance
un reçu – le silence – un dictionnaire – un déclic – franc – conserver

la lettre c se prononce [s] : . . . .

la lettre c se prononce [k] : . . . .

la lettre c ne se prononce pas : . . . .

6. Barre l'intrus dans chaque série et explique ton choix :

blanc – le lac – un bec – un pic . . . .

difficile – un citron – un motocycliste – une caisse . . . .

du ciment – la leçon – un flocon – souriceau . . . .

7. Cherche le nom *porc* et l'adjectif *franc* dans le dictionnaire.

Écris le nom d'un petit porc : . . . .

La lettre *c* sert à . . . .

Écris l'adjectif *franc* au féminin : . . . .

La lettre *c* sert à . . . .

8. Écris deux mots que tu connais contenant la lettre *c* qui transcrit [k] :

– Deux mots contenant la lettre *c* qui transcrit [s] :

. . . .

– Deux mots contenant la lettre *ç* :

. . . .

Jour 2

Synthèse *à*, *au*, *aux* et exercices

Lire les groupes nominaux dans le tableau suivant.

1. **à** la mer, **à** la maison, **à** la source, **à** l'horizon, **à** un arbre, **à** l'hôpital, **à** la cantine, **au** théâtre, **au** cirque, **au** port, **au** bord du lac, **au** cinéma, **aux** champs, **aux** arbres	**2.** **à** l'automne, **au** printemps, **aux** prochaines vacances ....
3. des couteaux **à** steak, un ciseau **à** bois, un rouleau **à** peinture, **à** pâtisserie .... un bonbon **au** caramel, une tarte **au** raisin .... un pigeon **aux** jolies couleurs, du bœuf **aux** carottes, une soupe **aux** légumes	**4.** **à** sa poupée, **à** ton copain, **à** vos jeunes cousins, **à** quelqu'un, **à** leur maitre .... **au** chat, ... **aux** ânes, **aux** gens ....
5. **à** gros flocons, **à** grosses gouttes.	

Faire employer certains groupes de mots des séries 1 et 2 dans une phrase (ex.: ***Chaque été, nous allons à la mer. À l'automne, les feuilles tombent*****).**

Ces groupes de mots donnent des informations sur le lieu et le temps.

Chercher d'autres exemples en employant ***à*****,** ***au*****,** ***aux*****.**

Faire trouver aux élèves:

– Que l'on emploie *à l'*, *à la* mais pas *à le* qu'on remplace par *au*, ni *à les* qu'on remplace par *aux*.
– Que l'on écrit *au* lorsque le mot qui suit est au singulier et *aux* lorsque le mot qui suit est au pluriel.

Faire trouver que les groupes de mots de la série 3 désignent un objet, une chose... (on pourrait les dessiner).

Faire trouver d'autres exemples sur le même modèle: ***un bateau à voile, des patins à roulettes, un gâteau au chocolat, du chocolat aux noisettes...***

Faire employer certains groupes de mots de la série 4 dans une phrase (ex.: ***J'ai fait un cadeau à ses parents. Le fermier apporte du son aux ânes*****). Faire déduire que ces groupes de mots indiquent à qui l'on s'adresse. Faire trouver d'autres exemples fonctionnant de la même façon.**

Faire trouver que, dans la case 5, *à* introduit une information indiquant la manière. En faire trouver d'autres.

Collectivement, écrire dans la bonne case, les groupes suivants : *à mon voisin, au stade, aux hérissons, des glaces à la vanille, à l'école, à la piscine.*

Exercices

1. Complète les phrases avec *au, à la, aux* :

Elle travaille souvent . . . . bureau mais parfois aussi . . . . maison.

Il est parti en courant . . . . vestiaires.

Il a un gros pansement . . . . coude.

Il aime les gâteaux . . . . chocolat et . . . . citron.

Il a préparé une tarte . . . . fraises et . . . . framboises.

Il mange des sardines . . . . moutarde, une tarte . . . . fruits et des glaces . . . . caramel.

2. Complète les phrases suivantes selon ton choix :

La semaine prochaine, j'irai au . . . .

Ne touche pas aux . . . .

J'ai une cicatrice au . . . .

Je vais à la chasse aux . . . .

Au . . . . j'ai rencontré un copain.

3. Récris des phrases sur le même modèle en commençant par les mots en gras :

Je suis allé à un tournoi de ping-pong. → . . . .

Paul a donné une bille à son copain. → . . . .

Vous n'aimez pas la glace à la vanille. → . . . .

Je reverrai mes copains à la rentrée. → . . . .

4. Complète les phrases avec *au, à la, à l', aux* :

Autrefois, à huit ans, les enfants travaillaient . . . . . . l'usine.

Il est allé . . . . . . piscine.

Il a mal . . . . . . deux genoux.

Il aime la glace . . . . . . vanille et . . . . . . caramel.

Il a acheté une tarte . . . . . . cerises et . . . . . . la mure.

Nous mangeons des tomates . . . . . . huile et vinaigre.

5. Complète les phrases suivantes selon ton choix :

Ce soir, nous irons au . . . .

J'adore le gâteau aux . . . .

Vous avez une plaie au . . . .

Il ouvre la porte aux. . . . .

Au . . . . , il a bien couru.

CE2 CM1

Jour 3

Exercices pour réviser la lettre c et à, *au*, *aux*

Exercices

1. Récris chaque phrase avec le pronom *nous* :

Je trace des cercles. → Nous ....

Tu laces tes chaussures. → Nous ....

J'efface la tache. → Nous ....

Tu avances sans bruit. → Nous ....

Elle rince le linge. → Nous ....

Vous lancez la balle loin. → Nous ....

Ils commencent bien l'année. → Nous ....

2. Associe les mots suivants deux par deux pour former des groupes nominaux :

Exemple : table – repasser → une table à repasser

une machine – gazon – dents – coudre – une tondeuse – voile – une brosse – une planche – réaction – des avions

....

....

3. Cherche dans le dictionnaire et écris :

Trois mots commençant par un c qui se prononce [k] → ....

Trois mots commençant par un c qui se prononce [s] → ....

4. Réponds à chaque question par une phrase (la réponse contient le mot *à*) :

Où va-t-il ? ....

Quand arrive-t-elle ? ....

À qui donne-t-il un gâteau ? ....

Où a-t-elle mal ? ....

5. Récris chaque phrase avec le pronom proposé :

Je perce un trou. → Nous ....

Tu berces le bébé. → Vous ....

J'efface la tache. → Nous ....

Nous enfonçons la porte. → Ils ....

Elle fonce dans la cour. → Nous ....

Vous agacez le maitre. → Nous ....

Ils avancent sans bruit. → Vous ....

Exercices

6. Écris des mots contenant c ou ç en ajoutant les suffixes ci-dessous aux parties en gras : *-on, -ier, -ant, -ette, -eur.*

une petite ***pièc****e : une* . . . .

un petit morceau de ***glac****e ; un* . . . .

un bonbon à ***suc****er : une* . . . .

une personne qui travaille dans la ***polic****e :* . . . .

une personne qui fait du ***commerc****e :* . . . .

un objet qui ***effac****e : un* . . . .

Puis choisis trois mots et écris une phrase avec chacun de ces mots.

7. Complète les phrases avec un groupe nominal contenant *à*, *au* ou *aux*.

Il achète un sac . . . .

Le pâtissier prépare une crème . . . .

Dans la cour, des garçons jouent . . . ., *des filles jouent* . . . .

Vous partez . . . .

Je regarde un film . . . .

Jour 4

Dictée de texte

Dictée de texte

Papa fait une surprise à son petit garçon Simon : il va au zoo à Paris avec lui. Ils arrivent à l'heure d'ouverture du parc. Ils entrent aussitôt. Simon est joyeux, cela se voit à son visage.

Simon regarde un mignon petit singe grimper dans un arbre puis se balancer et glisser sur le tronc. Il voit un autre singe tirer la langue aux gens.

Un troisième singe vole un bijou à une dame. Un peu plus loin, un ours blanc marche au bord d'un bassin et fait un beau plongeon.

SEMAINE 16

Jour 1

Les graphèmes du phonème [ɲ], exercices et mémorisation de mots

Phase orale

Lire le texte suivant aux élèves:

> Dans la campagne ou en montagne,
> vivent de nombreux animaux et plantes.
> Ici, le mignon petit écureuil grignote des châtaignes.
> Là, de magnifiques cigognes installent un nid.
> Un peu plus loin, des oiseaux se baignent dans une flaque.
> Les araignées tissent de magnifiques toiles.
> Les pruniers et la vigne nous font cadeau de leurs fruits.
> On peut cueillir de pleins paniers de champignons.
> Soignons la nature, on a tout à gagner!

Faire trouver le phonème entendu le plus souvent: [ɲ].

Dire les mots suivants aux élèves et leur demander de lever la main lorsqu'ils entendent le phonème [ɲ]:

ignorer – la campagne – le poignet – juillet – une manière – signer – la bouteille – un cygne – une ligne – le papillon – une araignée – une cigogne – un gorille – une union – un seigneur

Dire les mots suivants aux élèves et leur demander de montrer sur leur règle si le phonème [ɲ] se situe au début, à l'intérieur ou à la fin du mot:

du champagne – un seigneur – le dernier – un gnon – un beignet – un chignon – un panier – la montagne – éloigner – un rossignol – un signe – grogner – un agneau

Demander aux élèves de trouver d'autres mots contenant le phonème [ɲ]:

– À l'intérieur (ex.: *un signal*).
– À la fin (ex.: *la vigne*).

Phase écrite

Lire le texte écrit ou projeté au tableau.

Faire écrire les mots contenant le phonème [ɲ] et les classer suivant la manière dont est écrit [ɲ]. Dégager les différents graphèmes: *gn* et *ni*.
Dans le texte, sur le cahier, colorier chaque graphème différent d'une couleur différente.
Lire le tableau des mots du phonème [ɲ] dans le cahier de l'élève.
Dans la rubrique «Les différentes graphies des phonèmes», lire les mots correspondant au phonème [ɲ] et faire remarquer le graphème le plus fréquent: *gn*.

Exercices

1. Entoure les mots dans lesquels tu entends [ɲ] :

grognon – un billet – un cygne – la compagnie – oublier – égratigner – mieux – la paille – témoigner – une grille – une baignoire – souligner – un tablier – gagner

2. Écris le mot correspondant à chaque dessin :

....

3. Complète chaque phrase avec un mot qui contient [ɲ] :

Le .... de Louis XIV a duré soixante-douze ans.

Tous les matins je me démêle les cheveux avec un ....

On n'a plus beaucoup d'argent dans notre ....

L'écureuil .... une noisette.

Mémorisation avec l'enseignant(e)

SIGNER (verbe)
Vous signez un chèque. – une signature, un signe, un signal

SE PEIGNER (verbe)
Je me peigne (tous les matins). – un peigne, passer au peigne fin

ACCOMPAGNER (verbe)
Tu accompagnes (ta sœur au marché). – un accompagnateur comme informateur, l'accompagnement comme tremblement, raccompagner

Jours 2 et 3

Mémorisation de mots

Mémorisation avec l'enseignant(e)

GAGNER (verbe)
Elle a gagné (la course). – gagner à la loterie, gagner au loto, gagner aux jeux – gagner ou perdre – gagnant(e) comme tremblant(e), un gain → gagner

DERNIER (adjectif et nom)
être le dernier, la dernière – Les derniers ont été récompensés. – le mois dernier, l'année dernière, les dernières découvertes – dernièrement comme dangereusement, avant-dernier

SOIGNER (verbe)
Des vétérinaires soignent (les animaux du zoo). – Elle soigne (ses fleurs). – une tenue soignée, un(e) soigneur(euse) comme visiteur(euse), soigneux(euse), soigneusement comme dernièrement

GRENIER (nom)
(Les enfants ont rangé leurs vieux jouets) au grenier. – des greniers à foin – un vide-grenier

VIGNE (nom)
un pied de vigne – de nouvelles vignes – un vigneron, une vigneronne – un vignoble

CAMPAGNE (nom)
(Vous préférez vivre) à la campagne ou en ville ? – un(e) campagnard(e) – un campagnol

PANIER (nom)
des paniers de légumes – (mettre des papiers) au panier – (Ce basketteur a mis) vingt paniers (pendant le match).

MAGNIFIQUE (adjectif)
un temps magnifique, une plante magnifique – des décors magnifiques – magnifiquement comme soigneusement

Mémorisation en autonomie

saigner

1. Je lis le mot et j'indique sa classe grammaticale. ....

2. J'écris le mot à mémoriser et j'entoure la ou les lettres qui traduisent chaque son.

....

3. J'écris les lettres qui montrent que le verbe est à l'infinitif et que c'est un verbe du premier groupe.

....

4. J'écris le mot à mémoriser au présent avec *nous* : ....

5. Je cherche le mot à mémoriser dans le dictionnaire et je recopie un adjectif et un nom de la même famille :

....

J'entoure dans ces mots la partie qui est commune avec *saigner*.

gagnant (un)

1. Je lis le mot, j'indique sa classe grammaticale et son genre dans chacune des phrases ci-dessous.

J'ai eu un billet gagnant. ....

Le gagnant est Léo. ....

La gagnante est Léa. ....

2. J'écris le mot à mémoriser et j'entoure la ou les lettres qui traduisent chaque son.

....

3. J'écris le verbe du premier groupe qui est de la même famille que *gagnant*.

....

4. Je complète la liste.

charmer, charmant

piquer, piquant

saigner, ...

gagner, ...

témoigner

1. Je lis le mot et j'indique sa classe grammaticale. ....

2. J'écris le mot à mémoriser et j'entoure la ou les lettres qui traduisent chaque son.

....

3. J'écris les lettres qui montrent que le verbe est à l'infinitif et que c'est un verbe du premier groupe.

....

4. J'écris le mot à mémoriser au présent dans les phrases suivantes :

Ils .... *au procès car ils ont vu quelque chose d'important.*

Vous .... *à la gendarmerie car vous avez vu la voiture qui a causé l'accident.*

5. Je complète la liste.

plier, un pliage

laver, le ....

témoigner, un ....

régner

1. Je lis le mot et j'indique sa classe grammaticale. ....

2. J'écris le mot à mémoriser et j'entoure la ou les lettres qui traduisent chaque son.

....

3. J'écris les lettres qui montrent que le verbe est à l'infinitif et que c'est un verbe du premier groupe.

....

4. J'écris le mot à mémoriser au présent dans les phrases suivantes :

Les rois .... sur leur royaume.

Un profond silence .... dans la forêt.

grogner

1. Je lis le mot et j'indique sa classe grammaticale. ....

2. J'écris le mot à mémoriser et j'entoure la ou les lettres qui traduisent chaque son.

....

3. J'écris les lettres qui montrent que le verbe est à l'infinitif et que c'est un verbe du premier groupe.

....

4. J'écris le mot à mémoriser au présent dans les phrases suivantes :

Le cochon et l'ours ....

Tu n'es pas content, tu ....

5. Je cherche le mot à mémoriser dans le dictionnaire et je recopie un adjectif et deux noms de la même famille :

....

J'entoure dans ces mots la partie qui est commune avec *grogner*.

6. Je complète la liste.

remercier, un remerciement

gouverner , un ....

grogner, un ....

Jour 4

Dictées de groupes de mots

Dictée de l'enseignant(e)

Dans le grenier de sa maison, Tina *joue à soigner sa poupée.*

Avec *les vignes* qui jaunissent, *la campagne a des couleurs magnifiques.*

Le dernier panier de raisin vient d'être cueilli. Les vendangeurs *peuvent regagner* leur logement.

Dictée de l'élève

...., Tina ....

....

Avec .... qui jaunissent, ...

....

.... vient d'être cueilli.

Les vendangeurs .... leur logement.

Dictée de l'enseignant(e)

Les élèves écrivent entièrement la dernière phrase.

Le silence *règne dans le bois,* le promeneur entend *un grognement.*

Un sanglier passe au loin. *Il saigne.* Il a été blessé *par un chasseur.*

Tu es *une des gagnantes* du loto organisé par la coopérative.

Le matin, avant d'aller à l'école, elle peigne longuement ses longs cheveux blonds.

Dictée de l'élève

Le silence ...., le promeneur entend ....

.... passe au loin. ....

Il a été blessé ....

Tu es .... du loto organisé par la coopérative.

....

SEMAINE 17

Jour 1

Les graphèmes du phonème [e] et exercices

Phase orale

Lire le texte suivant aux élèves :

> Dans la matinée, après la dictée et des problèmes,
> Téo est interrogé en géométrie.
> « Qu'est-ce qu'un angle aigu ? »
> Téo réfléchit, il hésite, hésite,
> il n'a aucune idée de la réponse.
> « Assez d'hésitations, zéro ! Téo » dit le professeur, très fâché.
> Heureusement, le réveil sonne !
> Téo a rêvé, il est soulagé !

Faire trouver le phonème entendu le plus souvent : [e].

Dire les mots suivants aux élèves et leur demander de lever la main lorsqu'ils entendent le phonème [e] :
réclamer – une règle – hélas – du thé – une forêt – une armée – plaire – une graine – serrer – une vallée – un bec – le cinéma – une clé – septembre – un canapé

Dire les mots suivants aux élèves et leur demander de montrer sur leur règle si le phonème [e] se situe au début, à l'intérieur ou à la fin du mot :
épais – un diner – une région – différent – un jardinier – une écharpe – efficace – une journée – lever – féroce – une époque – pays – un fossé – un effort – paisible

Demander aux élèves de trouver d'autres mots contenant le phonème [e] :
- Au début (ex. : *égal*).
- À l'intérieur (ex. : *un décor*).
- À la fin (ex. : *le canapé*).
- Deux fois dans le mot (ex. : *métier, général, déjeuner*…).
- Des noms de métiers (ex. : *boulanger, berger, épicier, bijoutier*…).

Phase écrite

Lire le texte écrit ou projeté au tableau.

Faire écrire les mots contenant le phonème [e] et les classer suivant la manière dont est écrit [e]. Dégager les différents graphèmes : *é, e, ai*.
Dans le texte, sur le cahier, colorier chaque graphème différent d'une couleur différente.
Lire le tableau des mots du phonème [e] dans le cahier de l'élève.
Repérer le graphème qui n'a pas été vu dans le texte : *ay*. Constater que le y sert à transcrire [ɛ] et [j].

Dans la rubrique « Les différentes graphies des phonèmes », lire les mots correspondant au phonème [e] et faire remarquer les graphèmes les plus fréquents : *é* et *e*.

Exercices

1. Recopie les mots dans lesquels tu entends [e] :

une région – le pied – un aigle – une araignée – faible – inviter – effacer – inquiet – l'herbe – une épingle – payer – une forêt – un rocher

....

....

2. Barre l'intrus dans chaque colonne :

bébé	*café*	*premier*
écolier	*panier*	*lettre*
fillette	*journée*	*assez*
musée	*nez*	*énorme*
été	*lecture*	*précis*

3. Écris un mot de la famille de chacun de ces mots :

Exemples : le jour → la journée ; une pomme → un pommier

le matin → *la* ....

une poire → *un* ....

le soir → *la* ....

une banane → *un* ....

un rang → *une* ....

une prune → *un* ....

un an → *l'* ....

une olive → *un* ....

4. Écris les noms de métiers qui correspondent aux définitions suivantes ; ils se terminent tous par [e] qui s'écrit *er* :

Il travaille dans la police. → *le* ....

Il fait de bons gâteaux. → *le* ....

Il fabrique des fromages. → *le* ....

Il vend le poisson. → *le* ....

Il garde les moutons. → *le* ....

5. Récris chaque mot avec la graphie [e] qui convient :

une ...... charpe – le din...... r – une ...... guille – je trouver...... – une entr...... e – un senti...... r – ch...... z – une s...... son – un escali...... r – le derni...... r

....

....

6. Écris le masculin de chaque mot :

la couturière → ....

une caissière → ....

une conseillère → ....

la passagère → ....

la postière → ....

la dernière → ....

une étrangère → ....

une sorcière → ....

7. Lis le tableau [e] dans la rubrique « Les différentes graphies des phonèmes » du cahier et relève :

– 5 noms de métiers : ....

– 4 noms d'arbres fruitiers : ....

Exercices

8. Écris le nom correspondant à chaque verbe :

dicter → une . . . .
rentrer → la . . . .
monter → une . . . .
arriver → l' . . . .
armer → une . . . .
porter → une . . . .

9. Complète le tableau selon l'exemple :

Présent	Présent avec *vous*	Passé composé avec *elle*	Futur avec *je*
je marche	vous marchez	elle a marché	je marcherai
on dessine	. . . .	. . . .	. . . .
nous regardons	. . . .	. . . .	. . . .
tu roules	. . . .	. . . .	. . . .
il parle	. . . .	. . . .	. . . .

Jours 2 et 3

Mémorisation de mots

Mémorisation avec l'enseignant(e)

CLÉ (nom)
ma clé, sa clé, ses clés – fermer à clé – une clé à molette, la clé (d'un mystère)

TABLIER (nom)
un tablier de boucher, des tabliers de cuisine

PRÉFÉRER (verbe)
Nous préférons l'été, il a préféré le froid. – une préférence, préférable

MATINÉE (nom)
une matinée ensoleillée, des matinées agréables – le matin, matinal(e) comme musical(e)

BOULANGER (nom)
Ce boulanger (fait du bon pain). – Deux boulangers et un boucher (sont arrivés dans la ville). – la boulangère, une boulangerie comme gendarmerie – une boule

SAISON (nom)
une belle saison, les quatre saisons – une saison - un(e) saisonnier(ère) comme pigeonnier

ASSEZ (mot invariable)
Tu as assez mangé. – Je n'ai pas assez de temps (pour tout faire). – en avoir assez

LÉGER (adjectif)
un vent léger, des objets légers, une brume légère, des paroles légères – légèrement comme dernièrement

Mémorisation en autonomie

épais

1. Je lis le mot et j'indique sa classe grammaticale. ....
2. J'écris le mot à mémoriser, j'entoure la ou les lettres qui traduisent chaque son, j'entoure d'une autre couleur la lettre finale muette. ....
3. Je recopie les groupes nominaux en gras en ajoutant le mot à mémoriser. Attention, il s'accorde avec le nom !

un tapis ....

une couverture ....

des anoraks ....

des chaussettes ....

4. Je cherche le mot à mémoriser dans le dictionnaire et je recopie le nom et le verbe de la même famille. J'entoure les lettres qui transcrivent [s].

....

5. J'écris une phrase contenant le mot à mémoriser et le verbe être *est*.

....

détruire

1. Je lis le mot et j'indique sa classe grammaticale. ....
2. J'écris le mot à mémoriser et j'entoure la ou les lettres qui traduisent chaque son.

....

3. Je recopie les phrases remplaçant le mot en gras avec le mot à mémoriser.

*Un immeuble va être **rasé**.* ....

*La grêle peut **ravager** les récoltes.* ....

....

*Ce produit va **exterminer** les insectes.* ....

....

installer

1. Je lis le mot et j'indique sa classe grammaticale. ....
2. J'écris le mot à mémoriser et j'entoure la ou les lettres qui traduisent chaque son.

....

3. J'écris les lettres qui montrent que le verbe est à l'infinitif et que c'est un verbe du premier groupe.
4. J'écris le mot à mémoriser au présent avec *j'* : ....
5. Je cherche le mot à mémoriser dans le dictionnaire et je recopie deux noms de la même famille avec un déterminant :

....

J'entoure dans ces mots la partie qui est commune avec *installer*.

durée (la)

1. Je lis le mot, j'indique sa classe grammaticale et son genre. ....
2. J'écris le mot à mémoriser et j'entoure la ou les lettres qui traduisent chaque son.

....

3. J'écris le verbe du premier groupe qui est de la même famille que la *durée* :

....

4. Je complète les phrases avec le nom *durée* ou le verbe *durer*.

Le magasin est fermé pendant la .... *des vacances.*

Le film va .... *une heure.*

baisser

1. Je lis le mot et j'indique sa classe grammaticale. ....
2. J'écris le mot à mémoriser et j'entoure la ou les lettres qui traduisent chaque son.

....

3. J'écris les lettres qui montrent que le verbe est à l'infinitif et que c'est un verbe du premier groupe.

....

4. J'écris le mot à mémoriser au présent dans les phrases suivantes :

Tu .... *la vitre de la voiture.*

Je .... *la tête.*

Vous .... *le son de la télévision.*

Les prix ....

thé

1. Je lis le mot, j'indique sa classe grammaticale et son genre. ....
2. J'écris le mot à mémoriser et j'entoure la ou les lettres qui traduisent chaque son.

....

3. J'entoure la façon d'écrire le son [t] dans ces mots :

un théâtre – une bibliothèque – un marathon – un thermomètre – l'orthographe

4. Je complète la phrase avec un mot de la famille du mot à mémoriser en m'aidant des exemples.

On fait le café dans une cafetière, on met la soupe dans une soupière, on fait du yaourt dans une yaourtière et du thé dans une ....

5. J'écris une phrase contenant ce mot et le mot *et*.

....

paysan

1. Je lis le mot et j'indique sa classe grammaticale et son genre. ....
2. J'écris le mot à mémoriser et j'entoure la lettre qui transcrit deux sons.

....

3. J'écris le mot à mémoriser au pluriel : ....
4. Je cherche le mot à mémoriser dans le dictionnaire et je recopie le nom à partir duquel il est formé :

....

J'écris tous les mots de la même famille.

....

....

hélas

1. Je lis le mot : c'est une interjection qui exprime la tristesse, le regret, il est invariable.

2. J'écris le mot à mémoriser, j'entoure en rouge la lettre muette puis en noir ou en bleu la ou les lettres qui traduisent chaque son.

....

3. Je complète la phrase avec le mot à mémoriser.

.... *! Les vacances sont finies.*

4. J'écris plusieurs mots que je connais qui commencent par la lettre *h*.

....

effort

1. Je lis le mot, j'indique sa classe grammaticale et son genre. ....

2. J'écris le mot à mémoriser, j'entoure la ou les lettres qui traduisent chaque son.

....

3. J'écris le mot à mémoriser avec un article indéfini (*un/une*) puis avec un article défini (*le/la/l'*) :

....

4. Je complète chaque phrase avec le mot mémorisé. Attention, il peut être au pluriel.

Il a fait un gros .... *pour soulever sa valise.*

J'ai fait beaucoup d'... *pour gagner la course.*

Jour 4

Dictées de groupes de mots et de texte

Dictée de l'enseignant(e)

Maël perd souvent *ses clés de maison.*

Ma saison préférée est le printemps.

Une brise *légère* a soufflé *toute la matinée.*

Le boulanger a assez travaillé : il pose *son tablier* et se repose.

Dictée de l'élève

Maël perd souvent ....

.... le printemps.

Une brise .... a soufflé ....

.... travaillé : il pose .... et se repose.

Dictée de texte

SOUVENIRS

Amélie aime passer un moment dans le grenier de sa grand-mère. Elle retrouve les **objets** de son enfance.

Les vieux **bagages** de ses vacances *côtoient* une luge en bois, des images de **personnages** anciens, une guitare, un **épais** livre d'histoire.

Pour elle, toutes ces choses sont de vrais **trésors**.

SEMAINE 18

Jour 1

Les graphèmes du phonème [ɛ] et exercices

Phase orale

Lire le texte suivant aux élèves :

> Le maitre et la maitresse ont perdu leur accent circonflexe,
> Mais le chêne et la pêche ont gardé le leur !
> Quel casse-tête ! Comment ne pas faire d'erreur ?
> L'escargot et le ver de terre
> n'ont pas ce genre de problème
> ni la chaise ni la grammaire
> ni la neige ni la baleine
> ni le poney ni le crayon.
> Bonne lecture !

Faire trouver le phonème entendu le plus souvent : [ɛ].

Dire les mots suivants aux élèves et leur demander de lever la main lorsqu'ils entendent le phonème [ɛ] :

le respect – une herbe – différent – une aile – réclamer – hélas – une dizaine – un portrait – serrer – une caisse – du thé – un concert – une bête

Dire les mots suivants aux élèves et leur demander de montrer sur leur règle si le phonème [ɛ] se situe au début, à l'intérieur ou à la fin du mot :

une pierre – la colère – une excuse – un palais – un carnet – avertir – une erreur – un escalier – enfermer – un bonnet – après – chercher – elle

Demander aux élèves de trouver d'autres mots contenant le phonème [ɛ] :

- Au début (ex. : *l'espace*).
- À l'intérieur (ex. : *l'univers*).
- À la fin (ex. : *un succès*).

Phase écrite

Lire le texte écrit ou projeté au tableau.

Faire écrire les mots contenant le phonème [ɛ] et les classer suivant la manière dont est écrit [ɛ]. Dégager les différents graphèmes : *ê, e, è, ei, ai.*

Dans le texte, sur le cahier, colorier chaque graphème différent d'une couleur différente.

Lire le tableau des mots du phonème [ɛ] dans le cahier de l'élève.

Remarquer que le *ey* est très peu fréquent et que le y sert à transcrire [ɛ] et [j].

Dans la rubrique « Les différentes graphies des phonèmes » du cahier de l'élève, lire les mots correspondant au phonème [ɛ] et faire remarquer les graphèmes les plus fréquents : *e, è* et *ai.*

Exercices

1. Recopie les mots dans lesquels tu entends [ɛ] :

un bouquet – violet – le marché – du miel – un fossé – anglais – un calendrier – après – une antenne – sécher – un canapé – du sel – un volet – une hélice

. . . .

. . . .

. . . .

2. Récris chaque nom au féminin :

Exemple : le pâtissier → la pâtissière

un cuisinier → une . . . .

le conseiller → la . . . .

le caissier → la . . . .

le couturier → la . . . .

le boucher → la . . . .

un sorcier → une . . . .

l'épicier → l' . . . .

un berger → une . . . .

3. Récris chaque mot surligné en mettant un accent aigu ou grave sur le *e* gras :

Mon frere a bu un peu de cafe. → . . . .

La fleche a atteint la panthere. → . . . .

Tu as corrige le probleme. → . . . .

La couturiere prepare ses epingles. → . . . .

La chevre est dans le pre. → . . . .

4. Qui suis-je ?

Je suis le plus gros animal marin. → . . . .

Je fais le miel et je vis dans une ruche. → . . . .

Je suis composé de plusieurs fleurs. → . . . .

Je suis la saison la plus froide. → . . . .

5. Récris chaque mot avec la graphie de [ɛ] qui convient :

. . . . xpliquer – la fen. . . . tre – un bill. . . . t – s. . . . ze – du l. . . . t – une étag. . . . re – une bal. . . . ne – la for. . . . t – un tramw. . . . – un c. . . . rcle – une r. . . . gle – du v. . . . rre – un pon. . . .

. . . .

. . . .

6. Écris le féminin de chaque adjectif. Les féminins contiennent le son [ɛ] :

léger → . . . .

premier → . . . .

ancien → . . . .

beau → . . . .

singulier → . . . .

vieux → . . . .

7. Écris un nom qui contient [ɛ] appartenant à la famille de chacun de ces verbes :

cuisiner → une . . . .

lire → la . . . .

étager → une . . . .

neiger → la . . . .

adresser → une . . . .

jouer → un . . . .

CE2 CM1

Exercices

8. Utilise les syllabes pour former 4 mots :

cer	bi	ro
cle	che	flè
ger	net	ber

1. ....
2. ....
3. ....
4. ....

Écris une phrase avec chacun de ces mots :

....

....

....

....

9. Classe les mots suivants dans l'ordre alphabétique :

vrai – air – fête – juillet – palais – faire – rivière – bonnet – lecture – presque – lait

....

....

Jours 2 et 3

Mémorisation de mots

Mémorisation avec l'enseignant(e)

FORÊT (nom)
se promener en forêt ou dans les champs – de grandes forêts – un garde forestier, une maison forestière

MÈTRE (nom)
Marie mesure un mètre cinquante. – un mètre de couturière, des mètres pliants
le maitre d'école
mettre le couvert

FRAIS (adjectif et nom)
– du beurre frais, des œufs frais, une boisson fraiche – prendre le frais, la fraicheur comme hauteur – fraichement comme dangereusement
– faire des frais (pour sa voiture)

MÊME (adjectif et mot invariable)
la même couleur, les mêmes idées – elle-même, eux-mêmes…
Ils ne sont même pas venus. – (Maxence est heureux), même (s'il n'a pas beaucoup d'argent).
Elle m'aime beaucoup.

RIVIÈRE (nom)
Les rivières (ont débordé). – (Nous allons) au bord de la rivière. – le lit de la rivière – une rive, un riverain – une rivière de diamants

HIVER (nom)
des hivers rigoureux – hivernal(e) comme matinal(e) – hiverner

CHER (adjectif)
– son cher ami, sa chère cousine, ses chers parents, ses chères filles
– Ce blouson est cher. Cette voiture est chère.
la chair fraiche

MAIS (mot invariable)
Il est gentil mais très distrait. – Mais que fait-elle ? – désormais, jamais

Mémorisation en autonomie

naitre

1. Je lis le mot et j'indique sa classe grammaticale. ....
2. J'écris le mot à mémoriser et j'entoure la ou les lettres qui traduisent chaque son.

....

3. Complète avec le participe passé du verbe *naitre* :

Tom est .... un premier janvier.

Ce projet est .... il y a trois ans.

CE2 CM1

satisfaire

1. Je lis le mot et j'indique sa classe grammaticale. . . . .

2. J'écris le mot à mémoriser et j'entoure la ou les lettres qui traduisent chaque son.

. . . .

3. Je recopie le verbe que je reconnais dans le mot à mémoriser. . . . .

4. Je complète la phrase avec le mot à mémoriser conjugué au présent :

Son métier la . . . . pleinement.

Nous . . . . .les désirs du bébé.

Je . . . . à toutes les conditions.

5. Les mots *satisfait* et *satisfaisant* appartiennent à la famille du mot *satisfaire*. J'entoure une partie commune de ces mots. . . . .

peine

1. Je lis le mot et j'indique sa classe grammaticale et son genre. . . . .

2. J'écris le mot à mémoriser, j'entoure la ou les lettres qui traduisent chaque son.

. . . .

3. J'écris le verbe du premier groupe formé à partir du mot mémorisé.

. . . .

4. Je complète les phrases avec *la peine*, *à peine* ou *de la peine*.

Depuis son accident, il a . . . . à marcher.

Ce n'est pas . . . . de rester avec moi, je vais mieux.

On entend . . . . le bruit de la rue.

accepter

1. Je lis le mot et j'indique sa classe grammaticale. . . . .

2. J'écris le mot à mémoriser et j'entoure la ou les lettres qui traduisent chaque son.

. . . .

3. J'écris les lettres qui montrent que le verbe est à l'infinitif et que c'est un verbe du premier groupe.

. . . .

4. Je complète chaque phase avec le mot à mémoriser conjugué au présent :

Nous . . . . .votre aide.

Ils . . . . de venir avec nous.

5. Les mots *acceptable* et *acceptation* appartiennent à la famille du mot *accepter*. J'écris la partie commune de ces trois mots. . . . .

chêne

1. Je lis le mot, j'indique sa classe grammaticale et son genre. . . . .

2. J'écris le mot à mémoriser et j'entoure la ou les lettres qui traduisent chaque son.

. . . .

3. Je complète les phrases avec le mot à mémoriser. Attention l'un des mots est au pluriel.

Dans cette forêt, il y a de nombreux . . . .

Vous avez acheté des meubles en . . . .

4. Je lis les phrases et j'entoure le nom qui se prononce comme *chêne* mais s'écrit différemment.

Lise a une chaine en or autour du cou.

À la télévision, mon frère regarde la chaine Gulli.

barrière

1. Je lis le mot, j'indique sa classe grammaticale et son genre. . . . .
2. J'écris le mot à mémoriser, j'entoure la ou les lettres qui traduisent chaque son.
. . . .
3. Je cherche le mot à mémoriser dans le dictionnaire et j'écris le nom à partir duquel il est formé.
. . . .
4. Je recopie tous les mots de la famille et j'entoure leur partie commune :
. . . .
. . . .

fontaine

1. Je lis le mot et j'indique sa classe grammaticale et son genre. . . . .
2. J'écris le mot à mémoriser et j'entoure la ou les lettres qui traduisent chaque son.
. . . .
3. Je recopie la phrase en la complétant avec le mot à mémoriser.
Sur la place du village, il y a une jolie . . . . et l'eau est très fraiche.
. . . .
4. J'écris une phrase contenant ce mot et la préposition *à*.
. . . .

jeunesse

1. Je lis le mot et j'indique sa classe grammaticale et son genre. . . . .
2. J'écris le mot à mémoriser et j'entoure la ou les lettres qui traduisent chaque son.
. . . .
3. Je cherche le mot à mémoriser dans le dictionnaire et j'écris l'adjectif à partir duquel il est formé.
. . . .
4. Je recopie tous les mots de la famille et j'entoure leur partie commune :
. . . .
. . . .
5. J'écris une phrase contenant ce mot en commençant par *Cette personne…* .
. . . .
6. Je complète les séries.
jeune → la jeunesse
tendre → la tendresse
vite → la . . . .
faible → la . . . .

superbe

1. Je lis le mot et j'indique sa classe grammaticale. . . . .
2. J'écris le mot à mémoriser, j'entoure la ou les lettres qui traduisent chaque son.
. . . .
3. J'entoure les mots qui ont le même sens que *superbe*.
horrible – très beau – magnifique – affreux – splendide
4. Je complète les phrases avec le mot à mémoriser. Attention, il peut être au pluriel.
Vous avez une . . . . *maison.*
Deux . . . . *chevreuils ont traversé la route.*

Jour 4

Dictées de texte et de groupes de mots

Dictée de texte

AU LOTO

L'hiver est la **saison** des lotos. Samedi dernier, Anne et sa sœur **ont gagné** un **panier** de légumes bien frais et un **magnifique tablier** brodé.

Pour faire des lots, le **boulanger** du village a donné des bons pour des pains de **campagne**.

Les deux sœurs aiment beaucoup ce pain, mais elles **ont préféré** leurs lots.

Au moment de rentrer chez elles, elles ont cherché leur **clé** pendant longtemps ! Elles ont eu peur ! Ouf !

Anne a retrouvé la clé… sous un siège de la voiture.

Dictée de l'enseignant(e)

Les élèves écrivent entièrement la première phrase.

Le grand chêne du parc a vu naitre ma grand-mère.

Maintenant, *des barrières* protègent le vieil arbre.

À côté de lui, *on peut voir une superbe fontaine.*

Mamie a de la peine en voyant *sa jeunesse* si loin !

Il faut *accepter* les petits ennuis et se *satisfaire* de ce que l'on a.

Dictée de l'élève

. . . .

Maintenant, ... protègent le vieil arbre.

À côté de lui, ...

. . . . en voyant . . . . si loin !

Il faut . . . . les petits ennuis et se . . . . de ce que l'on a.

CE2 CM1

SEMAINE 19

Jour 1

Synthèse *et*, *ou*, exercices et exercices pour réviser les mots contenant [ɲ], [e] et [ɛ]

Lire la liste de mots avec *et*.

Faire constater qu'il y a une suite de deux mots (deux verbes, deux noms, deux adjectifs).

Inventer d'autres groupes de deux mots, puis de trois mots et plus (ex.: *un crayon, une gomme et une règle*; faire remarquer qu'on ne dit pas un crayon et une gomme et une règle).

et
un musicien **et** une musicienne
haute **et** large
le lièvre **et** la tortue
vous skiez **et** vous tombez
un skieur **et** une skieuse
un tigre **et** ses petits
une lettre **et** un colis
du raisin noir **et** du raisin blanc
des bonnes **et** des mauvaises surprises
deux boulangers **et** un boucher
la longueur **et** la largeur
une personne charmante **et** intelligente

ou
ancien **ou** neuf
mort **ou** vivant
éteindre **ou** allumer
gai **ou** triste
gagner **ou** perdre
ajouter **ou** enlever
une souris **ou** un rat
avec **ou** sans vous
en forêt **ou** dans les champs

À l'oral, demander aux enfants d'énoncer une phrase en choisissant parmi ces groupes de mots.

Lire la liste de mots avec *ou*.

À l'oral, demander aux enfants d'énoncer une phrase en choisissant parmi ces groupes de mots.

Faire constater qu'il y a un choix à faire.

Inventer d'autres groupes de deux mots, puis de trois mots et plus (ex.: *une pomme, une banane ou une orange*; faire remarquer qu'on ne dit pas *une pomme ou une banane ou une orange*).

Chaque fois que cela est possible, remplacer dans les groupes de mots *et* par *ou* et inversement.

Faire remarquer que ces deux petits mots *et* et *ou* fonctionnent de la même façon mais que leur sens est différent.

Exercices

1. Écris une phrase avec les groupes de mots de chaque série remis dans l'ordre ; pense à la majuscule et au point :

une histoire | j'ai lu | drôle | cette semaine | intéressante | et

une glace | ou | tu auras | à la fraise | pour le dessert | à la vanille

....

....

2. Complète le tableau en inventant d'autres exemples avec *ou* ou bien *et*.

Fais attention : ce que tu écris doit correspondre à ce qui est dit dans le cadre.

J'aime deux couleurs	Je dois choisir quel copain j'invite	Je connais deux villes
Rouge et	Alain ou ....?	Lyon et ....
....	............................?	....
....	............................?	....
....	............................?	....

3. Complète les phrases avec les mots encadrés reliés par *et* ou par *ou* :

chaud (...) froid | dure (...) verglacée | léger (...) solide | légère (...) chaude | noire (...) blanche

Achète-toi un vélo ....

Tu prends une veste .... ?

Regarde la robe ...., *c'est ce dessert que je préfère.*

Cette neige est ....

4. Écris trois phrases avec les groupes de mots suivants ; pense aux majuscules et aux points :

et | Christophe | Nice | nous avons la même montre

Marseille | et | moi | sont des villes du sud de la France

ou | louer | il faut que je me décide | acheter

1. ....
2. ....
3. ....

5. Écris une phrase avec deux noms d'animaux en utilisant *et* :

....

6. Écris une phrase avec deux noms de jouets en utilisant *ou* :

....

Exercices pour réviser les mots contenant [ɲ], [e] et [ɛ]

Exercices

1. Écris un mot d'une liste en changeant la première lettre de chacun de ces mots :

(une) veine → ....
(la) purée → ....
baigner → ....
paitre → ....

2. Écris les mots qui se cachent derrière ces énigmes :

capter + ce → ....
(des) baisers → ....
nation + e + f → ....
sapé + i → ....
retiré + du → ....
jeunes + es → ....
ans + apy → ....
gant + nag → ....

3. Écris les mots qui répondent aux définitions :

Plante et boisson du même nom → ....
Mot qui marque la déception, la tristesse → ....
Cet arbre est le roi de nos forêts → ....
Plaire, convenir à quelqu'un → ....
Très beau ! → ....

4. Complète ces phrases avec des mots des listes :

Margot est tombée en sautant par-dessus une ....
Pendant le match, les sportifs ont fourni de gros ....
Ce chien a l'air méchant, il .... *dès qu'il voit quelqu'un.*
Il faut .... *les chèques.*

5. Écris le verbe du premier groupe de la famille de chaque nom :

le règne : ....
le témoignage : ....
un accompagnateur : ....
un peigne : ....
une installation : ....

Jour 2

Exercices pour réviser les mots contenant [ɲ], [e] et [ɛ] et synthèse sur les adverbes en *-ment*

Exercices

1. Écris les contraires de ces mots qui contiennent [ɲ] :

premier → ....

affreux → ....

ville → ....

perdre → ....

2. Retrouve les mots cachés derrière ces énigmes qui contiennent [e] :

manié + et = ...

anis + os = ...

ri + table = ...

rang + boule = ...

3. Remplis la grille avec les mots contenant [ɲ] ou [ɛ] qui répondent à ces définitions :

1 – Rétablir la santé d'une personne ou d'un animal.
2 – Que l'on aime ou qui coute beaucoup d'argent.
3 – Qui n'est pas très chaud.
4 – Sert à transporter des fruits, des légumes ou d'autres choses.
5 – Partie d'une maison sous le toit.
6 – C'est la saison la plus froide.

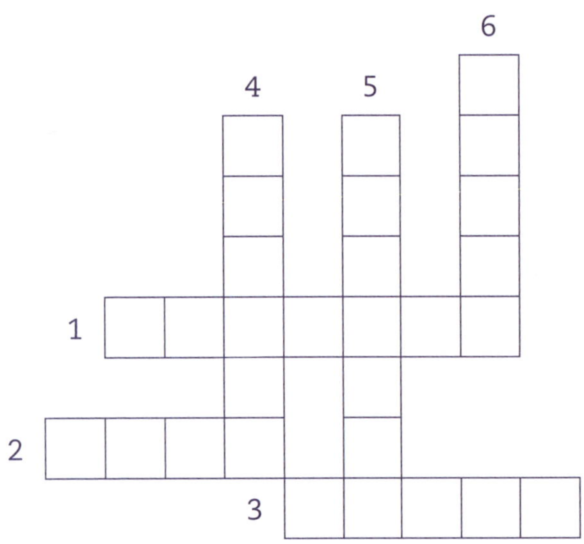

Exercices

4. Recopie chaque phrase en la complétant avec un mot contenant [ɛ] ou [ɲ] :

L'eau de cette (...) est très propre.

....

Il pleut, (...) nous sortons quand même.

....

Les vendangeurs coupent le raisin dans les (...).

....

Le vieux chêne de la (...) a plus de trois cents ans.

....

Ce terrain mesure 100 (...) de long.

....

Xavier a un pull bleu, j'ai le (...) que lui.

....

5. Retrouve quatre mots contenant [e] dans cette suite de lettres :

bérédprésseclélarsrassezeréepréférerelaspyhlégerasrripre

....

6. Classe les mots suivants dans l'ordre alphabétique :

rivière – clé – tablier – gagner – mais – assez – hiver – saison – léger – forêt

....

....

Synthèse sur les adverbes en *-ment*

long → longue, longue**ment** complet → complète, complète**ment** direct → directe, directe**ment** respectueux → respectueuse, respectueuse**ment** respectif → respective, respective**ment** horizontal → horizontale, horizontale**ment** glorieux → glorieuse, glorieuse**ment** avantageux → avantageuse, avantageuse**ment** délicieux → délicieuse, délicieuse**ment** précis → précise, précisé**ment** faux → fausse, fausse**ment** Je complète les lignes suivantes: *joyeux* → .... *spécial* → .... *cruel* → .... *actif* → .... D'autres adjectifs et adverbes:	raisonnable → raisonnable**ment** tendre → tendre**ment** paisible → paisible**ment** grave → grave**ment** énergique → énergique**ment** calme → calme**ment** Je complète les lignes suivantes: *faible* → .... *humide* → .... *facile* → .... D'autres adjectifs et adverbes:	poli → poli**ment** vrai → vrai**ment** gai → gai**ment** Je complète la ligne suivante: *joli* → .... Un autre adjectif et adverbe: ....

Faire remarquer que tous les adverbes du tableau sont constitués à partir d'adjectifs.

Faire observer la particularité des adjectifs dans les trois colonnes:

- Colonne de gauche: l'adjectif au masculin est d'abord mis au féminin puis on ajoute le suffixe *-ment*.
- Colonne du milieu: le suffixe *-ment* est ajouté directement à l'adjectif sans transformation car l'adjectif se terminant par *e* ne change pas au féminin.
- Colonne de droite: l'adverbe se termine par une voyelle, on ajoute *-ment* au masculin.

Faire conclure que les adverbes terminés par le suffixe *-ment* sont formés à partir d'adjectifs au féminin sauf si l'adjectif se termine par une voyelle. Si l'adjectif se termine déjà par un *e*, on forme l'adverbe directement.

Faire écrire les adjectifs suivants dans la partie du tableau qui convient:

ordinaire –horrible – amical – lourd – étroit – honnête – mystérieux – absolu - timide

Jour 3

Évaluation CE2 – Exercices

Consignes pour l'enseignant(e)

1. Mots à dicter :

cogner – adversaire – différent
Laisser les enfants rechercher dans le dictionnaire car on veut évaluer leur capacité à chercher dans celui-ci.

2. Dictée :

AU GRENIER
Dans la **matinée**, Enzo décide de fouiller le **grenier**. Il fait **frais** sous le toit. Le garçon fait des découvertes : de **magnifiques** déguisements, un **panier** plein de jouets, une boite de **clés**, des vieux **mètres** pliants en bois. Enzo trouve **même** des livres et reste longtemps à les feuilleter.

3. Expression écrite :

À l'oral, à partir du texte de la dictée, parler de découvertes que les enfants ont pu faire dans un grenier comme Enzo, ou dans d'autres endroits, insolites ou non.
Faire écrire le texte au présent.

Consignes pour l'élève

1. Écris les mots dictés, vérifie dans le dictionnaire et, si tu as fait des erreurs, récris-les correctement à côté :

Je n'ai plus d'argent dans ma .... → ....

Il a battu son .... → ....

Cet enfant est .... *des autres.* → ....

2. Dictée :

....
....
....
....
....
....

3. Expression écrite :

....
....
....
....
....
....
....

Exercices

1. Complète le tableau suivant selon l'exemple :

Adverbe	Adjectif féminin	Adjectif masculin
froidement	*froide*	*froid*
magnifiquement	*magnifique*	*magnifique*
entièrement	....	....
vivement	....	....
sérieusement	....	....
pleinement	....	....
facilement	....	....
hautement	....	....
humidement	....	....
fraichement	....	....
sèchement	....	....

2. Écris les adverbes en *-ment* dérivés de ces adjectifs :

curieux → ....

premier → ....

parfait → ....

sage → ....

léger → ....

ancien → ....

nul → ....

fier → ....

valable → ....

singulier → ....

courageux → ....

principal → ....

superbe → ....

gras → ....

pareil → ....

actif → ....

3. Écris plusieurs phrases pour raconter ce que font des enfants dans un parc de jeux. Tu utiliseras des adverbes en *-ment* à partir d'adjectifs comme : *calme, rapide, joyeux, dangereux, adroit, simple, habituel, complet, long, tel, vif*… ou autres. Conjugue les verbes au présent.

Jour 4

Évaluation CE2 (suite) et dictée de texte

Consignes pour l'enseignant(e)

1. Faire lire le texte.

2. Faire lire les phrases oralement.

3 et 4. Ne pas faire lire les phrases oralement.

Consignes pour l'élève

1. Recopie et complète ce texte avec c ou ç :

Emma est allée à un con . . . . . ert de son chanteur fran . . . . . ais préféré. Elle avait une pla . . . . . e au . . . . . inquième rang. Elle aime sa fa . . . . . on de faire parti . . . . . iper le public. De plus, il est si beau qu'il pourrait faire du . . . . . inéma ! Emma n'a pas été dé . . . . . ue de sa soirée.

. . . .

. . . .

. . . .

2. Récris chaque phrase en remplaçant le mot en gras par les mots entre parenthèses ; fais les changements nécessaires :

Mon frère a envie d'aller à la ***plage****.*

(parc) → . . . .

(escargots) → . . . .

Ils ont perdu au ***saut****.*

(course) → . . . .

(barres parallèles) → . . . .

Tu feras attention aux ***meubles****.*

(l'armoire) → . . . .

(fauteuil) → . . . .

3. Recopie les phrases en ajoutant *é* ou *è* :

Ma m . . . . .re a d . . . . .cid . . . . . de donner une cl . . . . . de la porte d'entr . . . . .e à mon fr . . . . .re.

. . . .

Ce chemin m . . . . .ne à la rivi . . . . .re.

. . . .

L' . . . . .pici . . . . .re a install . . . . . des paquets de caf . . . . . sur les . . . . .tag . . . . .res.

. . . .

4. Écris un mot de la même famille pour chaque mot :

la vigne → .... *la forêt* → ....

frais → .... *léger* → ....

gagner → .... *l'hiver* → ....

5. Recopie chaque phrase en la complétant avec soit *et* soit *ou* :

Vous prenez un manteau (...) une veste ?

....

Au marché, on achètera des tomates, un melon (...) des cerises.

....

En vacances, tu écriras à ta tante (...) à tes grands-parents.

....

Je ne me souviens plus si la salle est petite (...) grande.

....

Je fais le bilan de mes connaissances

- ☐ Je connais la différence entre *c* et *ç*.
- ☐ Je sais utiliser *à*, *au*, *aux*.
- ☐ Je sais trouver un mot dans le dictionnaire.
- ☐ Je ne confonds pas *é* et *è*.
- ☐ Je sais trouver des mots de la même famille.
- ☐ Je sais utiliser *et*, *ou*.
- ☐ Je sais réviser ma dictée.
- ☐ Je sais corriger ma dictée en utilisant le codage.

- ☐ Je ne connais pas la différence entre *c* et *ç*.
- ☐ Je ne sais pas utiliser *à*, *au*, *aux*.
- ☐ Je ne sais pas trouver un mot dans le dictionnaire.
- ☐ Je confonds *é* et *è*.
- ☐ Je ne sais pas trouver des mots de la même famille.
- ☐ Je ne sais pas utiliser *et*, *ou*.
- ☐ Je ne sais pas réviser ma dictée.
- ☐ Je ne sais pas corriger ma dictée en utilisant le codage.

Dictée de texte

AU THÉÂTRE

Sarah accompagne sa tante au théâtre. Elle est heureuse. Elle entre dans une superbe salle.
Elle s'installe à sa place. Elle admire un grand garçon qui joue un personnage malheureux.
Elle passe une belle soirée. Le spectacle dure plus de deux heures.
En rentrant à la maison, elle tombe de sommeil.

SEMAINE 20

Jour 1

Les graphèmes du phonème [j] et exercices

Phase orale

Lire le texte suivant aux élèves :

> Dans le ciel, il y a un avion.
> Dans l'avion, il y a des voyageurs.
> Parmi ces voyageurs, il y a une gentille fillette
> qui a quitté son fauteuil
> et qui sautille sur un pied dans l'allée.
> Elle tient un merveilleux coquillage brillant.
> Et dans le coquillage, si on le met à l'oreille,
> on entend la mer !

Faire trouver le phonème entendu le plus souvent : [j].

Dire les mots suivants aux élèves et leur demander de lever la main lorsqu'ils entendent le phonème [j] :

un pied – la vigne – une bataille – le fauteuil – gagner – la campagne – un papillon – combien – tranquille – un coquillage – mille – un métier – un montagnard

Dire les mots suivants aux élèves et leur demander de montrer sur leur règle si le phonème [j] se situe au début, à l'intérieur ou à la fin du mot :

cueillir – une oreille – un yaourt – un gardien – un orteil – le yoga – vieux – une grille – joyeux – le piano – un travail – un tablier – un yacht – un noyau – une maille

Demander aux élèves de trouver d'autres mots contenant le phonème [j] :

– Au début (ex. : *les yeux*).
– À l'intérieur (ex. : *violet*).
– À la fin (ex. : *une feuille*).

Phase écrite

Lire le texte écrit ou projeté au tableau.

Faire écrire les mots contenant le phonème [j] et les classer suivant la manière dont est écrit [j]. Dégager les différents graphèmes : *i, ill, ll, il, y*.
Dans le texte, sur le cahier, colorier chaque graphème différent d'une couleur différente.
Lire le tableau des mots du phonème [j] dans le cahier de l'élève.
Dans la rubrique « Les différentes graphies des phonèmes » du cahier de l'élève, lire les mots correspondant au phonème [j] et faire remarquer les graphèmes les plus fréquents : *i, ill*.

Exercices

1. Recopie les mots dans lesquels tu entends [j] :

un gardien – merveilleux – un papier – mille – la famille – une ville – un rayon – oublier – tranquille – violet – une collection – un conseil – l'intelligence

....

2. Écris le nom de ce qui est représenté sur chaque étiquette :

....

3. Barre l'intrus dans chaque colonne :

une bille, une ville, la vanille, une quille
un musicien, un signe, le pâtissier, le milieu
le voyage, un rayon, le pays, balayer

4. Change la première lettre de chaque mot et écris un autre mot :

une maille → .... *mieux* → ....
le loyer → .... *bien* → ....
une bille → .... *le ciel* → ....

5. Écris la réponse de chaque devinette :

La Terre tourne autour de lui. → ....
La chenille se transforme en… → ....
C'est le mélange du rouge et du bleu. → ....
On les ramasse sur la plage. → ....
La fée de Cendrillon la transforme en carrosse. → ....

6. Recopie chaque nom sur la ligne qui convient.

coquille, corbeille, sommeil, fenouil, soleil, maille, rail, pastille, bétail, citrouille

masculin : ....
féminin : ....
Que remarques-tu ? ....

7. Lis le tableau du phonème [j] dans la rubrique « Les différentes graphies des phonèmes » du cahier pour écrire les réponses aux devinettes :

C'est un mois de l'année → ....
On y range l'argent et les papiers d'identité → *le* ....
On me descend et on me monte à pied → *l'* ....
Il se trouve au cœur de certains fruits → *le* ....
C'est une couleur de l'arc-en-ciel → ....

Exercices

8. À partir de chaque verbe, écris le nom appartenant à la même famille :

conseiller → un ....

veiller → la ....

travailler → le ....

émailler → de l' ....

rouiller → la ....

batailler → une ....

fouiller → une ....

s'émerveiller → une ....

9. Complète chaque phrase avec un mot contenant [j] :

Je replie ma .... *de table à chaque repas.*

On dit que les ours sont gourmands de .... *.*

Louise s'est fait piquer par une .... *.*

Papi s'est endormi dans son .... *.*

L'enfant a renversé la .... *de jus de fruits.*

10. Classe les mots suivants dans l'ordre alphabétique :

gardien – paille – envoyer – noyau – brillant – grenouille – violet – pied – rien

Jours 2 et 3

Mémorisation de mots

Mémorisation avec l'enseignant(e)

OUBLIER (verbe)
(Mamie oubliera) ses lunettes. – (Les personnes âgées) oublient (les noms des gens). – oublier ses soucis – un oubli, inoubliable

VIOLET (adjectif et nom)
une robe violette, des tissus violets – des lunettes violettes – (Le mélange de bleu et de rouge donne) du violet. – une violette

CRAYON (nom)
des crayons et des stylos – (Elle a perdu) son crayon. - (Il prêtera) ses crayons. – crayon, crayonner, un taille-crayon

VOYAGER (verbe)
Ils voyageront (dans le monde entier). – un voyage, des voyages inoubliables, un(e) voyageur(euse) comme soigneur(euse)

BIENTÔT (mot invariable)
Le jour apparaitra bientôt. – Au revoir et à bientôt ! – bien, tôt

BILLE (nom)
(Les enfants joueront) aux billes. – (Julien prend soin de) ses billes. – Sa bille préférée est la plus grosse.

BATAILLE (nom)
une bataille (de boules de neige) – (avoir les cheveux) en bataille – batailler, un bataillon, un(e) batailleur(euse) comme voyageur(euse) – une bataille comme paille, maille, volaille, caille

ŒIL/YEUX (nom)
son œil, ses yeux – un œil au beurre noir – un clin d'œil – (Elle a) les yeux bleus. – avoir les yeux plus gros que le ventre – faire les gros yeux

Mémorisation en autonomie

conseil

1. Je lis le mot et j'indique sa classe grammaticale et son genre. ....

2. J'écris le mot à mémoriser et j'entoure la ou les lettres qui traduisent chaque son.

....

3. J'écris le verbe du premier groupe de la famille du mot à mémoriser. (Il s'écrit avec deux l)

....

Je conjugue ce verbe avec *je* :

....

4. Je complète la liste.

l'usage, un usager, une usagère

un conseil, un ...., une ....

meilleur

1. Je lis le mot et j'indique sa nature.

2. J'écris le mot à mémoriser, j'entoure la ou les lettres qui traduisent chaque son.

....

3. Je recopie les phrases en les complétant avec l'adjectif à mémoriser. Il s'accorde avec le nom.

La (...) tarte est celle de Mamie.

....

Les (...) tartes sont celles de Mamie.

....

Jules est le (...) copain de Karim.

....

Jules et Alex sont les (...) copains de Karim.

....

frayeur

1. Je lis le mot et j'indique sa classe grammaticale. ....

2. J'écris le mot à mémoriser et j'entoure la lettre qui sert à transcrire deux sons.

....

3. Je recopie la phrase en remplaçant le mot en gras par le mot à mémoriser qui a le même sens.

Elle a poussé un cri de ***terreur*** ....

4. J'écris une phrase contenant le mot à mémoriser et le verbe *avoir* : *a*

....

vérifier

1. Je lis le mot et j'indique sa classe grammaticale. ....

2. J'écris le mot à mémoriser et j'entoure la ou les lettres qui traduisent chaque son.

....

3. J'écris les lettres qui montrent que le verbe est à l'infinitif et que c'est un verbe du premier groupe.

4. Je complète les phrases en employant le verbe au présent.

Nous .... *les comptes de la coopérative scolaire.*

Vous .... *les freins de la voiture.*

5. J'entoure la partie commune de chaque mot de cette famille :

vérifier – vérifiable – une vérification

6. Je complète la phrase en employant le mot à mémoriser.

Les élèves font un exercice de mathématiques. Ils s'appliquent. Ces élèves ....

caillou

1. Je lis le mot et j'indique sa classe grammaticale et son genre. ....

2. J'écris le mot à mémoriser et j'entoure la ou les lettres qui traduisent chaque son.

....

3. Je complète la série :

un pou, des poux ; un chou, des choux ; un hibou, des hiboux ; un joujou, des joujoux

un caillou, ...

un genou, ...

un bijou, ...

J'écris la lettre qui marque le pluriel de ces 7 mots : ....

4. Je complète la série :

un fou, des fous ; un clou, des clous ; un cou, des cous

un kangourou, ...

un matou, ...

un toutou, ...

J'écris la lettre qui marque le pluriel de ces mots : ....

billet

1. Je lis le mot et j'indique sa classe grammaticale. ....

2. J'écris le mot à mémoriser et j'entoure la ou les lettres qui traduisent chaque son et la lettre muette d'une autre couleur. ....

3. Je cherche le mot dans le dictionnaire. Je récris le groupe nominal en remplaçant le mot par son synonyme.

un ticket de tombola : ....

Je recopie le mot à mémoriser, le mot de la même famille et j'entoure la partie commune.

....

4. J'écris une phrase contenant *ce billet.*

....

noyau

1. Je lis le mot et j'indique sa classe grammaticale. ....

2. J'écris le mot à mémoriser et j'entoure la lettre qui sert à transcrire deux sons.

....

3. Je complète la série :

un préau, des préaux ; un tuyau, des tuyaux

un esquimau, ...

un noyau, ...

J'écris la lettre qui marque le pluriel de ces mots : ....

employer

1. Je lis le mot et j'indique sa classe grammaticale. ....

2. J'écris le mot à mémoriser et j'entoure la lettre qui sert à transcrire deux sons.

....

3. J'écris les lettres qui montrent que le verbe est à l'infinitif et que c'est un verbe du premier groupe.

4. J'entoure la partie commune de chaque mot de cette famille :

employer – un employé – une employé(e) – un employeur

5. Je complète la liste :

coiffer, un coiffeur

sauver, un ....

grimper, un ....

employer, un ....

client

1. Je lis le mot et j'indique sa classe grammaticale. ....

2. J'écris le mot à mémoriser et j'entoure la lettre qui sert à transcrire deux sons, j'entoure la lettre muette d'une autre couleur. ....

3. J'écris le mot à mémoriser au féminin, puis j'écris les deux mots au pluriel : *un client, une* ....

....

4. Je cherche le mot dans le dictionnaire et j'écris le mot de la même famille : . ...

Dans ce mot, la lettre t est-elle toujours muette ? ....

Jour 4

Dictées de groupes de mots

Dictée de l'enseignant(e)

Des voyageurs oublient parfois des vêtements dans le train.

Dans sa trousse, Martin *a des crayons violets et des billes* !

Pendant *une bataille* de boules de neige, Yara a reçu *une boule dans un œil* et Lucas *dans les deux yeux*.

La neige sera *bientôt* fondue.

Dictée de l'élève

.... des vêtements dans le train.

Dans sa trousse, Martin .... !

Pendant .... de boules de neige, Yara a reçu ....

.... et Lucas ....

.... sera .... fondue.

Dictée de l'enseignant(e)

Les élèves écrivent entièrement la première phrase.

L'employé du magasin vérifie les billets d'une cliente.

Hugo s'est fait *une grande frayeur* en avalant *un noyau*.

Les enfants aiment lancer *des cailloux* dans l'eau.

Ton conseil est le meilleur que j'ai entendu depuis longtemps.

Dictée de l'élève

....

Hugo s'est fait .... en avalant ....

Les enfants aiment lancer .... dans l'eau.

.... que j'ai entendu depuis longtemps.

CE2 CM1

SEMAINE 21

Jour 1

Les graphèmes du phonème [Ø].

Exercices et mémorisation de mots

Phase orale

Lire le texte suivant aux élèves :

– Fais un vœu, disent les deux fées Eutrope et Euphrasie à leur neveu Mathieu.
– Je voudrais des cheveux bleus, cela ira bien avec mes yeux !
– Comme c'est curieux ! dit Eutrope.
– Ce n'est pas sérieux ! dit Euphrasie.
– Mais si cela peut te rendre heureux,
voici ce que tu veux, disent-elles toutes les deux.
Et maintenant, adieu !
C'est pour cela qu'on peut voir Mathieu
avec des cheveux bleus comme ses yeux !

Faire trouver le phonème entendu le plus souvent : [ø]

Dire les mots suivants aux élèves et leur demander de lever la main lorsqu'ils entendent le phonème [ø] :
un nœud – un jeu – du beurre – neuf – jeudi – un feu – la peur – je veux – il peut – un euro – un moteur – un œil – une tondeuse – la chaleur – malheureux – un lieu

Dire les mots suivants aux élèves et leur demander de montrer sur leur règle si le phonème [ø] se situe au début, à l'intérieur ou à la fin du mot :
heureux – affreux – un creux – déjeuner – eurêka – creuser – délicieuse – deux – un eucalyptus – la jeunesse – nerveux – euphorique – peut-être – curieux

Demander aux élèves de trouver d'autres mots contenant le phonème [ø] :
– Au début (ex. : *un euro*).
– À l'intérieur (ex. : *demeurer*).
– À la fin (ex. : *un pneu*).
– Deux fois dans le mot (ex. : *heureux, peureux*…).

Phase écrite

Lire le texte écrit ou projeté au tableau.

Faire écrire les mots contenant le phonème [ø] et les classer suivant la manière dont est écrit [ø]. Dégager les différents graphèmes : *eu* et *œu*.
Dans le texte, sur le cahier, colorier chaque graphème différent d'une couleur différente.
Lire le tableau des mots du phonème [ø] dans le cahier de l'élève.
Dans la rubrique « Les différentes graphies des phonèmes » du cahier de l'élève, lire les mots correspondant au phonème [ø] et faire remarquer le graphème le plus fréquent : *eu*.

Exercices

1. Classe les mots suivants dans le tableau :

une couleur – joyeux – les yeux – ma sœur – un bœuf – la queue – une heure – un vœu

J'entends [ø]	J'entends [œ]
....	....
....	....
....	....
....	....

2. Écris les groupes de mots formés en reliant les mots des deux colonnes :

un homme •	• peureuse	1. ....
un enfant •	• bleu	2. ....
une fille •	• affreuse	3. ....
un ciel •	• vieux	4. ....
une sorcière •	• capricieux	5. ....
un tronc •	• creux	6. ....

3. Écris l'adjectif au masculin ou au féminin :

un garçon joyeux → une fille ....

une chienne peureuse → un chien ....

un rocher creux → une pierre ....

une femme courageuse → un homme ....

4. Réponds aux devinettes ; les mots à trouver contiennent le phonème [ø] :

Je brule, chauffe et éclaire, je suis ....

Je suis une couleur, celle du ciel en été, je suis ....

Ils sont blancs dehors et jaunes dedans, ce sont ....

Je suis le double de 21, je suis le nombre ....

Vérifie l'orthographe des mots que tu as écrits à la rubrique « Les différentes graphies des phonèmes » du cahier de l'élève ou dans le dictionnaire si tu ne les trouves pas.

Mémorisation avec l'enseignant(e)

MALHEUREUX (adjectif)
un animal malheureux, une chienne malheureuse, des chats malheureux – le malheur – malheureusement comme complètement, heureux

MYSTÉRIEUX (adjectif)
un mot mystérieux, une ile mystérieuse – un mystère – mystérieusement comme malheureusement

SÉRIEUX (adjectif et nom)
un visage sérieux, une élève sérieuse – (faire preuve) de sérieux – (garder) son sérieux – (prendre une chose) au sérieux – sérieusement

Jour 2

Mémorisation de mots

Mémorisation avec l'enseignant(e)

MIEUX (mot invariable, nom et adjectif)
(Le blessé ira) mieux. – (Tu peux faire) mieux ! – (faire de) son mieux – (faire pour) le mieux – Elle sera mieux (avec ses cheveux courts).

PEU (mot invariable)
(Nous mangerons) peu. – un peu de temps – Il est peu aimable. – Peu à peu

DÉJEUNER (verbe et nom)
Ils déjeuneront au restaurant. – un déjeuner, des déjeuners copieux – jeuner

CREUX (adjectif et nom)
un chemin creux, des plats creux, une assiette creuse, des heures creuses – avoir un petit creux – (parler dans) le creux de l'oreille – le creux de la main – creuser

Mémorisation en autonomie

délicieux

1. Je lis le mot et j'indique sa classe grammaticale. ....
2. J'écris le mot à mémoriser, j'entoure la ou les lettres qui traduisent chaque son et la lettre muette d'une autre couleur. ....
3. Je cherche le mot dans le dictionnaire et j'écris le mot à partir duquel il est formé :
....
4. Je complète la liste :
malheureux, malheureuse
curieux, ...
délicieux, ...
peureux, ...
5. J'emploie le mot dans une phrase avec le verbe *être* au présent.
....

paresseux (adjectif et nom)

1. Je lis le mot.
2. J'écris le mot à mémoriser, j'entoure la ou les lettres qui traduisent chaque son.
....
3. J'écris le mot à partir duquel il est formé : la ....
4. J'écris le mot au féminin : ....
5. J'emploie le mot dans une phrase avec le verbe *être* au présent.
....

creuser

1. Je lis le mot et j'indique sa classe grammaticale. ....

2. J'écris le mot à mémoriser et j'entoure la ou les lettres qui traduisent chaque son.

....

3. J'écris les lettres qui montrent que le verbe est à l'infinitif et que c'est un verbe du premier groupe.

....

4. J'entoure la partie commune de ces mots :

un creux – creuser

neveu

1. Je lis le mot, j'indique sa classe grammaticale et son genre. ....

2. J'écris le mot à mémoriser et j'entoure la ou les lettres qui traduisent chaque son.

....

3. Je cherche le mot dans le dictionnaire. Puis je complète la phrase.

Jules est le fils de mon grand frère, c'est mon ....

Zoé est la fille de mon grand frère, c'est ma ....

4. J'écris le mot à mémoriser au pluriel : ....

astucieux

1. Je lis le mot et j'indique sa classe grammaticale. ....

2. J'écris le mot à mémoriser, j'entoure la ou les lettres qui traduisent chaque son.

....

3. J'écris le mot à partir duquel il est formé : une ....

4. J'écris le mot au féminin : ....

5. Entoure les mots qui ont le même sens que *astucieux* :

malin – méchant – ingénieux – drôle – bête

6. J'emploie le mot dans une phrase avec le verbe *être* au présent.

....

vœu

1. Je lis le mot, j'indique sa classe grammaticale et son genre. ....

2. J'écris le mot à mémoriser et j'entoure la ou les lettres qui traduisent chaque son.

....

3. J'écris le mot au pluriel (la marque du pluriel est x.)

....

4. Je complète les phrases avec le mot à mémoriser.

Quand on voit une étoile filante, il faut faire un ....

Quand une nouvelle année commence, on envoie ses .... *à ses amis.*

Jour 3

Mémorisation de mots et évaluation CM1

Mémorisation avec l'enseignant(e)

LIEU (nom)
le lieu du rendez-vous – (Les journalistes seront sur) les lieux de l'explosion. – le milieu
Hier, les pêcheurs ont rapporté des lieus. (poissons)

EUX (pronom)
(Des amis nous invitent) chez eux. – c'est à eux (de décider).
On mange des œufs.

HEUREUX (adjectif)
un homme heureux, des gens heureux, une vie heureuse, des fillettes heureuses – heureusement comme fraichement – malheureux, malheureuse(s) – un malheur

(LES) ŒUFS (nom)
(La poule a pondu) deux œufs. – des œufs durs – marcher sur des œufs – un œuf à la coque

■ CE2 ■ CM1

Évaluation CM1

Consignes pour l'élève

1. Récris les mots avec les graphies du phonème [e] qui conviennent:

le cin. . . . ma – . . . . fficace – b. . . . sser – une . . . . toile – d. . . . scendre – un foss. . . . – s. . . . sir – f. . . . roce – p. . . . er – une . . . . guille – un poiri. . . . r – une h. . . . lice

. . . .

. . . .

2. Récris les mots avec les graphies du phonème [ɛ] qui conviennent:

v. . . . rser – un probl. . . . me – une ant. . . . nne – une f. . . . te – une c. . . . sse – du v. . . . rre – la n. . . . ge – une adr. . . . sse – une fl. . . . che – une ch. . . . se – la t. . . . te – une pi. . . . ce

. . . .

. . . .

3. Récris les mots avec les graphies du phonème [j] qui conviennent:

une boute. . . . – du m. . . . el – un fauteu. . . . – un méda. . . . on – un papi. . . . on – un cra. . . . on – du brou. . . . ard – de la pa. . . . – une grenou. . . .

. . . .

. . . .

Vérifie l'orthographe des mots que tu as écrits dans le dictionnaire.

4. Pour chaque mot, écris un mot de la même famille.

installer: . . . . *client:* . . . .

barrière: . . . . *creux:* . . . .

accepter: . . . . *cigogne:* . . . .

jeunesse: . . . . *malheureux:* . . . .

5. Complète chaque phrase avec un adverbe terminé par -*ment*.

*La voiture est **rapide**, elle double . . . .*

*L'exercice est **facile**, je le fais . . . .*

*Le ballon est **léger**, il s'envole . . . .*

*Le garçon est **joyeux**, il regarde . . . . sa sœur.*

Jour 4

Exercices et évaluation CM1 (suite)

Exercices

1. Entoure les mots dans lesquels tu entends [e] :

préparer – le ciel – une allée – la poupée – une corbeille – une journée – avec – un tablier – rapporter – une hirondelle – la fenêtre – du café – la terre – des légumes

2. Barre l'intrus dans chaque colonne :

médecin	*zéro*	*père*	*étranger*
marcher	*ranger*	*hiver*	*verser*
aile	*aimer*	*aiguille*	*aigu*

3. Recopie les mots suivants dans le tableau :

le boulanger – la tête – le fossé – le pied – treize – le nez – une haie – une hélice – un vêtement – un gouter – la mer

J'entends [ɛ]	J'entends [e]
....	....
....	....
....	....
....	....

4. Change la première lettre de chaque mot et écris le nouveau mot :

ma mère → *mon* .... *une bête* → *une* ....

une paire → *un* .... *la peine* → *la* ....

Évaluation CM1 (suite)

Consignes pour l'enseignant(e)

6. Dictée :

Ce matin, Louna, son père et son frère partent à la campagne. Sur la place d'un village, près d'une fontaine et d'un superbe chêne, ils voient une table et un banc.
Ils s'installent et commencent à manger le pain avec le jambon. Ils entendent les claquements de bec des cigognes sur les toits.
Hélas ! Des gouttes de pluie tombent. Ils regagnent rapidement la voiture. Ils sont à peine repartis que le soleil brille à nouveau.

7. Expression écrite :

À l'oral, à partir du texte de la dictée, raconter une sortie à la campagne.
Utiliser le présent ou le passé composé.

Consignes pour l'élève

6. Dictée :

....
....
....
....
....
....
....

7. Expression écrite :

....
....
....
....
....
....

Je fais le bilan de mes connaissances

- ☐ Je connais les graphies du phonème [e].
- ☐ Je connais les graphies du phonème [ɛ].
- ☐ Je connais les graphies du phonème [j].
- ☐ Je sais trouver un mot dans le dictionnaire.
- ☐ Je sais trouver des mots de la même famille.
- ☐ Je sais réviser ma dictée.
- ☐ Je sais corriger mon texte en utilisant le codage.

- ☐ Je ne connais pas les graphies du phonème [e].
- ☐ Je ne connais pas les graphies du phonème [ɛ].
- ☐ Je ne connais pas les graphies du phonème [j].
- ☐ Je ne sais pas trouver un mot dans le dictionnaire.
- ☐ Je ne sais pas trouver des mots de la même famille.
- ☐ Je ne sais pas réviser ma dictée.
- ☐ Je ne sais pas corriger mon texte en utilisant le codage.

PÉRIODE

4

SEMAINE 22

Jour 1

Le phonème [œ] et ses graphies.

Exercices et mémorisation de mots

Phase orale

Lire le texte suivant aux élèves :

> De bonne humeur, seule,
> une jeune couleuvre nage dans le fleuve,
> Dans un tilleul, de peur de la chaleur,
> un écureuil grignote plusieurs noisettes.
> Derrière de grandes fleurs jaunes,
> un chevreuil se cache du chasseur.
> Dans un pré, à l'heure du déjeuner,
> un bœuf broute de bon cœur.

Trouver le phonème entendu le plus souvent : [œ].

Dire les mots suivants aux élèves et leur demander de lever la main lorsqu'ils entendent le phonème [œ] :

nombreux – neuf – une erreur – bleu – la peur – une valeur – curieux – un neveu – une lueur – heureux – jeune – jeudi – la valeur – la sueur – un euro – un œuf

Dire les mots suivants aux élèves et leur demander de montrer sur leur règle si le phonème [œ] se situe au début, à l'intérieur ou à la fin du mot :

un bœuf – la chaleur – seulement – une couleuvre – un œil – l'intérieur – un écureuil – une œuvre – un meuble – une épreuve – heurter – un directeur

Demander aux élèves de trouver d'autres mots contenant le phonème [œ] :

– Au début (ex. : *une heure*).
– À l'intérieur (ex. : *un meuble*).
– Des noms de métiers (ex. : *un chanteur, un dessinateur*).

Constater que le phonème [œ] ne se trouve jamais en fin de mot.

Phase écrite

Lire le texte écrit ou projeté au tableau.

Faire écrire les mots contenant le phonème [œ] et les classer suivant la manière dont est écrit [œ]. Dégager les deux graphèmes : *eu* et *œu*.
Dans le texte, sur le cahier, colorier chaque graphème différent d'une couleur différente.
Lire le tableau des mots du phonème [œ] dans le cahier de l'élève.

CE2 CM1

Dans la rubrique « Les différentes graphies des phonèmes » du cahier de l'élève, lire les mots correspondant au phonème [œ] et faire remarquer le graphème le plus fréquent : *eu*.

Exercices

1. Classe les mots suivants dans le tableau :

chaleur – bonheur – skieur – longueur – douleur – malheur – peur – docteur – largeur – acteur – sueur

Noms masculins	Noms féminins
....	....
....	....
....	....
....	....

2. Comment appelle-t-on :

celui qui voyage ? → un ....

celui qui lit ? → un ....

celui qui triche ? → un ....

celui qui vend ? → un ....

celui qui ment ? → un ....

celui qui dirige ? → un ....

celui qui chasse ? → un ....

celui qui joue ? → un ....

3. Barre l'intrus dans chaque série, puis explique ton choix :

la lenteur – la douceur – un tracteur – un vœu → ....

un neveu – le feu – neuf – mieux → ....

un nœud – une sœur – le cœur – un bœuf → ....

4. Écris le nom au masculin ou au féminin :

le chanteur → la ....

la danseuse → le ....

la vendeuse → le ....

le nageur → la ....

le chercheur → la ....

l'acheteuse → l' ....

Mémorisation avec l'enseignant(e)

AUTEUR (nom)
(Jean de La Fontaine est) un auteur célèbre. – des auteurs, une autrice ou une auteure

ŒUVRE (nom)
une œuvre, ces œuvres d'art (sont belles) – l'œuvre (d'une vie) – (mettre) en œuvre – manœuvrer – un chef-d'œuvre – la main-d'œuvre

ERREUR (nom)
une erreur – (commettre des erreurs) – (Tom corrige) ses erreurs.

Jours 2 et 3

Mémorisation de mots

Mémorisation avec l'enseignant(e)

BEURRE (nom)
du beurre (frais) – (Nous prendrons) du beurre ou de la margarine. – (un croissant) au beurre – beurrer

FLEUVE (nom)
Le Rhône est un fleuve français. – Des fleuves (ont débordé). – Le fleuve et ses affluents

CŒUR (nom)
le cœur – avoir bon cœur, avoir mal au cœur, apprendre par cœur, le cœur d'une ville
Chanter en chœur

FACTEUR (nom)
le facteur, une factrice comme une décoratrice – (Les facteurs se déplacent) à vélo ou en voiture.

FAUTEUIL (nom)
un fauteuil – un fauteuil roulant – des fauteuils en cuir – fauteuil comme chevreuil, cerfeuil

BŒUF (nom)
un bœuf, des bœufs – un bovin

SEUL (adjectif)
un enfant seul, une personne seule, des gens seuls, des femmes seules – (Le jeune Thomas veut manger) tout seul. – seulement comme heureusement

PLUSIEURS (mot invariable)
Plusieurs voitures sont devant la maison. – (Elle est au Maroc) depuis plusieurs années.

Mémorisation en autonomie

demeurer

1. Je lis le mot et j'indique sa classe grammaticale. ....

2. J'écris le mot à mémoriser et j'entoure la ou les lettres qui traduisent chaque son.

....

3. J'écris les lettres qui montrent que le verbe est à l'infinitif et que c'est un verbe du premier groupe.

....

4. Je remplace chaque verbe en gras par le mot à mémoriser de même sens conjugué au présent:

Vous ***habitez*** *dans une belle maison.* ....

Tu ***résides*** *dans un château.* ....

Je ***reste*** *immobile tellement j'ai peur.* ....

CE2 CM1

moteur (le)

1. Je lis le mot, j'indique sa classe grammaticale et son genre. ....

2. J'écris le mot à mémoriser et j'entoure la ou les lettres qui traduisent chaque son.

....

3. J'écris comment s'appelle un vélo qui a un moteur : ....

4. Je complète avec l'adjectif *moteur* au féminin :

Les voiliers utilisent la force .... *du vent pour avancer.*

5. J'écris une phrase avec *son moteur*.

....

peuple

1. Je lis le mot, j'indique sa classe grammaticale et son genre. ....

2. J'écris le mot à mémoriser et j'entoure la ou les lettres qui traduisent chaque son.

....

3. Je cherche le mot dans le dictionnaire et j'écris des mots de la même famille :

....

....

4. J'écris le mot de la même famille qui correspond à la définition.

avoir moins d'habitants : ....

avoir plus d'habitants : ....

5. J'écris une phrase avec *ce peuple*.

....

chaleur

1. Je lis le mot, j'indique sa classe grammaticale et son genre. ....

2. J'écris le mot à mémoriser et j'entoure la ou les lettres qui traduisent chaque son.

....

3. Je cherche le mot dans le dictionnaire et j'écris des mots de la même famille :

....

....

J'écris le contraire du mot *chaleur* : ....

4. J'écris une phrase avec *cette chaleur*.

....

vapeur

1. Je lis le mot, j'indique sa classe grammaticale et son genre. ....

2. J'écris le mot à mémoriser et j'entoure la ou les lettres qui traduisent chaque son.

....

3. Recopie les phrases en les complétant avec le mot à mémoriser. Il peut être au pluriel.

Autrefois, il y avait des locomotives à (...) .

....

On cuit des légumes à la (...) .

....

Il y a des (...) d'essence dans l'air.

....

De la (...) s'échappe de la casserole d'eau bouillante.

....

odeur

1. Je lis le mot, j'indique sa classe grammaticale et son genre. ....

2. J'écris le mot à mémoriser et j'entoure la ou les lettres qui traduisent chaque son.

....

3. Je recopie le groupe nominal avec *le*, *la* ou *l'*.

.... *peuple* : ....

.... *odeur* : ....

.... *moteur* : ....

4. Je complète les mots.

un mot. . . . , un moteur

un aut. . . . , un ....

une err. . . . , une ....

une od. . . . , une ....

la chal. . . . , la ....

5. J'écris une phrase avec *cette odeur*.

....

Jour 4

Dictées de groupes de mots

Dictée de l'enseignant(e)

Notre facteur a été remplacé.

J'ai mangé une tomate appelée «*cœur de bœuf*».

Le pêcheur, *seul*, a installé *son fauteuil* au bord *du fleuve*. Il a déjà pris *plusieurs poissons*.

Il va manger *son* sandwich *jambon-beurre*.

Dictée de l'élève

.... a été remplacé.

.... appelée «...........................».

Le pêcheur, ..., a installé .... au bord ....

Il a déjà pris ....

.... manger .... sandwich ....

Dictée de l'enseignant(e)

Les élèves écrivent entièrement la première phrase.

J'ai fait une erreur au mot vapeur dans la dictée ce matin.

Avec la chaleur, le moteur de mon drone dégage *une odeur* bizarre.

L'auteur de l'œuvre demeure à Paris.

Le peuple anglais *admire la reine.*

Dictée de l'élève

....

......................................, ... de mon drone dégage ....

bizarre.

....

.... anglais ....

SEMAINE 23

Jour 1

Synthèse *son, sa, ses* et exercices

Lire les groupes nominaux suivants.

sa chaussure	**ses** chaussures
son argent	**ses** lunettes
son addition	**ses** additions
son œil	**ses** yeux
sa clé	**ses** clés
son crayon	**ses** crayons
sa bille	**ses** billes
son plongeon	**ses** plongeons
son erreur	**ses** erreurs
son examen	**ses** examens

Faire constater:

– Qu'il y a une colonne au singulier et une colonne au pluriel.
– Que dans la colonne du singulier, on voit *son* et *sa*, et que dans la colonne du pluriel, on ne voit que *ses*.

Faire donner la nature des mots de la liste (déterminant possessif, nom commun) et dire les groupes nominaux en variant le déterminant possessif: *mon, ta, les, mes...*

Faire alors remarquer que *son* n'est pas toujours associé à un nom masculin, comme dans *son addition, son erreur*. Donner d'autres exemples aux élèves comme *son aile, son idée, son oreille* pour leur faire trouver l'explication: tous ces noms féminins commencent par une voyelle.

Faire préciser le sens de *son, sa, ses*: ils expriment la possession comme *mon, ton, ma, ta, mes, tes...*

Sur la page de cahier, colorier les déterminants de trois couleurs différentes et faire écrire à la suite que:

– *son* est un déterminant possessif, il accompagne le plus souvent un nom masculin singulier.
– *sa* est un déterminant possessif, il accompagne un nom féminin singulier.
– *ses* est un déterminant possessif, il accompagne un nom masculin ou féminin pluriel.

CE2 CM1

Exercices

1. Récris chaque groupe nominal avec le déterminant *son*, *sa* ou *ses*.

la voiture → ....
mon chat → ....
un exercice → ....
les chiens → ....
des habits → ....
une image → ....
le cahier → ....
ta maison → ....

2. Écris au singulier.

ses livres → ....
ses gants → ....
ses outils → ....
ses bottes → ....
ses pensées → ....
ses élèves → ....
ses fleurs → ....
ses frères → ....

3. Complète les phrases suivantes en utilisant *son* ou *ses*.

Ex. : J'ai donné des billes à Louis : maintenant ce sont ses billes.

J'ai acheté un drone à Nathan : maintenant c'est ....
J'ai donné des images à Héloïse : maintenant ce sont ....
Je lui ai offert un maillot : maintenant c'est ....
Je lui ai donné un téléphone : maintenant c'est ....
Je lui ai apporté des feutres : maintenant ce sont ....
Je lui ai apporté un hamster : maintenant c'est ....
Je lui ai offert un ordinateur : maintenant c'est ....

4. Recopie le texte en le complétant avec *son*, *sa* ou *ses* :

Comme d'habitude, Julie met d'abord .... chemise. Puis elle enfile .... jogging, ... chaussettes, lace .... baskets. Est-elle prête pour l'école ? Non, elle a oublié .... cartable, ... paire de lunettes, ... gâteaux pour le gouter et .... serviette de table.

....
....
....

Quand Julie arrive à l'école avec .... sac sur .... dos, elle aperçoit .... camarade Samia. Elle a .... mains dans .... manteau car il fait froid. Elle a .... bonnet enfoncé sur .... oreilles. Elle a mis .... bottes fourrées et .... écharpe de laine. Samia n'a pas .... cartable. Elle l'a oublié chez elle, alors elle n'a pas .... affaires.

....
....
....

Jours 2 et 3

Mémorisation de mots

Mémorisation avec l'enseignant(e)

MÉTIER (nom)
son métier – des métiers difficiles – un métier à tisser

CANAL (nom)
(Des péniches navigueront) sur ce canal. – les canaux – canaliser, une canalisation comme installation

MONTRER (verbe)
Léa montrera ses photos. – montrer (le chemin à suivre)

COURT (adjectif)
un pantalon court, une jupe courte, des cheveux courts, des histoires courtes – écourter, raccourcir, un raccourci
un court de tennis
la cour de l'école
un cours d'histoire

LENDEMAIN (nom)
Ils arriveront le lendemain du mariage. – du jour au lendemain – demain, après-demain, le surlendemain

SOUHAITER (verbe)
Tu souhaiteras (un bon anniversaire à ton frère). – Il a souhaité (nous revoir bientôt). – un souhait, souhaitable

SAUVAGE (adjectif et nom)
un animal sauvage, une bête sauvage, des fleurs sauvages – un sauvage, des sauvages – sauvagement comme seulement, la sauvagerie comme la drôlerie

CHÈVRE (nom)
la chèvre de Monsieur Seguin, du fromage de chèvre, des chèvres blanches – un chevreau, un chevreuil, chevrotant(e) (une voix chevrotante)

Mémorisation en autonomie

assister

1. Je lis le mot et j'indique sa classe grammaticale. ....

2. J'écris le mot à mémoriser et j'entoure la ou les lettres qui traduisent chaque son.

....

3. J'écris les lettres qui montrent que le verbe est à l'infinitif et que c'est un verbe du premier groupe.

....

4. Je recopie les phrases en conjuguant le verbe *assister* au présent :

Vous (...) à un spectacle de danse.

....

Plusieurs infirmières (...) le chirurgien quand il opère.

....

5. Je complète avec un mot de la même famille.

résister : la résistance

assister : l' ....

ignorer : l' ....

confier : la ....

souffrir : la ....

détail

1. Je lis le mot et j'indique sa classe grammaticale. ....

2. J'écris le mot à mémoriser et j'entoure la ou les lettres qui traduisent chaque son.

....

3. J'écris le verbe du premier groupe formé à partir de ce nom.

....

4. J'écris le mot au pluriel : ....

5. J'écris une phrase contenant *ces détails*.

....

craquer

1. Je lis le mot et j'indique sa classe grammaticale. ....

2. J'écris le mot à mémoriser et j'entoure la ou les lettres qui traduisent chaque son.

....

3. J'écris les lettres qui montrent que le verbe est à l'infinitif et que c'est un verbe du premier groupe.

....

4. J'écris le mot à mémoriser au présent avec *les parquets* : ....

5. Je complète la série.

gouverner : un gouvernement

craquer : un ....

hurler : un ....

siffler : un ....

gronder : un ....

trou

1. Je lis le mot et j'indique sa classe grammaticale et son genre. ....

2. J'écris le mot à mémoriser et j'entoure la ou les lettres qui traduisent chaque son.

....

3. J'écris le mot au pluriel : ....

4. J'écris le verbe du premier groupe formé à partir de ce nom.

....

5. J'écris une phrase en employant *son*.

....

rideau

1. Je lis le mot et j'indique sa classe grammaticale. ....

2. J'écris le mot à mémoriser et j'entoure la ou les lettres qui traduisent chaque son.

....

3. Je complète la série.

un bateau, des bateaux

un rideau, des ....

un chapeau, des ....

un château, des ....

4. Je complète les phrases avec le mot *rideau*. Attention il peut être au pluriel.

Le spectacle va commencer, le .... *se lève.*

Les .... *de la cuisine sont blancs.*

5. J'écris une phrase avec *ces rideaux*.

....

avis

1. Je lis le mot et j'indique sa classe grammaticale. ....

2. J'écris le mot à mémoriser et j'entoure la ou les lettres qui traduisent chaque son et la lettre muette d'une autre couleur. ....

3. J'écris le mot à mémoriser avec un article indéfini (*un/une*) puis avec un article défini (*le/la/l'*) :

....

4. Je cherche le mot dans le dictionnaire et j'écris le verbe de la même famille :

....

Dans ce mot, la lettre s est-elle toujours muette ? ....

abriter

1. Je lis le mot et j'indique sa classe grammaticale. ....

2. J'écris le mot à mémoriser et j'entoure la ou les lettres qui traduisent chaque son.

....

3. J'écris les lettres qui montrent que le verbe est à l'infinitif et que c'est un verbe du premier groupe.

....

4. Je complète la phrase avec le verbe à mémoriser conjugué au présent :

Vous .... *Lilou sous votre parapluie.*

métal

1. Je lis le mot et j'indique sa classe grammaticale et son genre. ....

2. J'écris le mot à mémoriser et j'entoure la ou les lettres qui traduisent chaque son.

....

3. Je complète la série.

un animal, des animaux

un métal, des ....

un journal, des ....

un hôpital, des ....

un cheval, des ....

un canal, des ....

un signal, des ....

J'écris les lettres qui marquent le pluriel de ces mots : ....

4. Je complète la série.

un festival, des festivals

un bal, des ....

un carnaval, des ....

un chacal, des ....

J'écris la lettre qui marque le pluriel de ces mots : ....

nul (adjectif)

1. Je lis le mot.

2. J'écris le mot à mémoriser, j'entoure la ou les lettres qui traduisent chaque son.

....

3. Je cherche le mot dans le dictionnaire et j'écris des mots de la même famille :

....

4. Je complète les groupes nominaux avec le mot à mémoriser. Attention, il peut être au féminin.
   Dans ce cas, il s'écrit avec *ll*.

un match .... *; une plaisanterie* .... *;*

des matchs .... *; des plaisanteries* ....

Jour 4

Dictées de groupes de mots

Dictée de l'enseignant(e)

Les élèves écrivent entièrement la dernière phrase.

Sur les canaux, les guides *montreront* les écluses aux touristes.
Nous souhaitons que votre fille *trouve un métier* qui lui plaise.
Regardez *les chèvres sauvages* !
On jouera au tennis dimanche. *Le lendemain, on retournera sur le même court.*

Dictée de l'élève

..................................., les guides .... les écluses aux touristes.
.... que votre fille .... qui lui plaise.
Regardez ....!
.... au tennis dimanche.
....

Dictée de l'enseignant(e)

Les ouvriers *ont abrité* le matériel derrière *des rideaux métalliques.*
Le comédien *a craqué sur scène : il a eu des trous de mémoire.*
Voici *son avis* : cette idée est *nulle.* Si on regarde *les détails*, on trouve beaucoup *d'erreurs.*

Dictée de l'élève

Les ouvriers .... le matériel derrière ....
Le comédien .... : ....
Voici ....: cette idée est ....
Si on regarde ...., on trouve beaucoup ....

SEMAINE 24

Jours 1 et 2

Synthèse sur le féminin des noms et exercices

Lire la page de cahier « Le féminin des noms » puis donner aux élèves les tableaux suivants.

un ami une amie un étourdi une étourdie un mort une morte un client une cliente un renard une renarde un marchand une marchande	un musicien une musicienne un pigeon une pigeonne un paysan une paysanne un chat une chatte	un boulanger une boulangère un étranger une étrangère un fermier une fermière un aventurier une aventurière un vendeur une vendeuse un coiffeur une coiffeuse un chameau une chamelle un conducteur une conductrice un directeur une directrice un tigre une tigresse un maitre une maitresse	un camarade une camarade un urgentiste une urgentiste

Faire remarquer que les noms sont classés en plusieurs colonnes, qu'il y a des noms masculins et des noms féminins.

Faire trouver comment le féminin de chaque nom est marqué :

– Au féminin, le nom prend un *e*.
– Au féminin, la consonne finale du nom masculin est doublée.
– Au féminin, la fin du nom change totalement.
– Au féminin, le nom ne change pas.

Faire écrire les noms suivants au masculin dans la colonne qui convient : *chanteur, chien, élève, lecteur, enfant, pâtissier, cochon, prince, voisin, un peintre*

Garder la trace écrite suivante :

– Le féminin des noms se forme en général en ajoutant un *e* au nom masculin.
un ami → une ami**e**
– Dans certains noms, la consonne finale du nom masculin est doublée au féminin.
un musicie**n** → une musicie**nne**
un chat → une cha**tte**
– La fin de certains noms masculins se transforme au féminin.
un coiff**eur** → une coiff**euse**
un conduct**eur** → une conduc**trice**
un boulang**er** → une boulang**ère**
un vend**eur** → une vend**euse**
un tigre → une tigr**esse**
– D'autres noms ne changent pas du masculin au féminin.
un camarade → une camarade

Exercices

1. Écris le féminin des noms suivants :

un client → ....
un chien → ....
un voisin → ....
un fermier → ....
un vendeur → ....
un pianiste → ....

2. Écris le masculin des noms suivants :

une aviatrice → ....
une danseuse → ....
une cavalière → ....
une moyenne → ....
une nerveuse → ....
une bergère → ....

3. Écris le féminin des noms suivants :

l'ouvrier → ....
un invité → ....
le serveur → ....
un caissier → ....
un acteur → ....
un journaliste → ....
un candidat → ....
un magicien → ....
un employé → ....
un poulet → ....

4. Récris les phrases suivantes en mettant les mots en gras au féminin quand ils sont au masculin et inversement :

Le ***directeur*** *a convoqué un* ***élève****.*

....

Le jeune ***spectateur*** *a eu peur du* ***lion*** *et du* ***tigre****.*

....

Une ***Italienne****, un* ***Anglais*** *et une* ***Belge*** *ont gagné le 400 m.*

....

5. Écris le féminin de chaque nom :

un prisonnier → ....
un parfumeur → ....
un Breton → ....
l'agriculteur → ....
un hôte → ....
un lion → ....
le pianiste → ....
un voleur → ....
un fromager → ....

Exercices

6. Mets chaque nom au féminin puis écris-le dans la colonne qui convient :

Exemple : un conteur

un champion, un fleuriste, un jongleur, un marchand, un président, un malade, un ogre, un sorcier, un éléphant, un pilote, un renard

On ajoute un *e*	La fin du nom change	Le nom ne change pas
....	une conteuse	....
....	....	....
....	....	....
....	....	....
....	....	....

7. Écris chaque nom dans la colonne qui convient, en le mettant au féminin :

un spectateur, un menteur, un flatteur, un décorateur, un éditeur, un dompteur, un électeur, un rapporteur, un visiteur

Féminin en *-euse*	Féminin en *-rice*
....	....
....	....
....	....
....	....
....	....

8. Barre l'intrus de chaque série de noms puis explique ton choix (pour cela, cherche les féminins) :

inspecteur, directeur, chanteur, aviateur, acteur

....

boulanger, avocat, messager, écolier, ouvrier

....

gardien, gamin, pigeon, espion, paysan

....

9. Récris les phrases en changeant le genre (masculin/féminin) des noms en gras :

*Le **coiffeur** a terminé de préparer la **mariée**.*

....

*L'**inspectrice** fait passer le permis à ce **conducteur** encore **lycéen**.*

....

*Cette **vendeuse** présente différents cahiers à l'**écolier**.*

....

*Mon **voisin** est **dentiste**.*

....

10. Écris un récit de ton choix avec les noms *vétérinaire, éléphant, tigre, lion* écrits au féminin. Conjugue les verbes au temps que tu apprends en ce moment dans ta classe.

Jours 3 et 4

Féminin des adjectifs et exercices

Lire la page de cahier « Le féminin des adjectifs » puis donner aux élèves les listes suivantes.

égal, égale gai, gaie tigré, tigrée amusant, amusante fin, fine gourmand, gourmande prochain, prochaine vilain, vilaine	ancien, ancienne mignon, mignonne violet, violette épais, épaisse	dernier, dernière complet, complète inquiet, inquiète doux, douce roux, rousse faux, fausse neuf, neuve admiratif, admirative creux, creuse heureux, heureuse mystérieux, mystérieuse beau, belle nouveau, nouvelle vieux, vieille blanc, blanche frais, fraiche sec, sèche fou, folle	facile, facile magnifique, magnifique immense, immense grave, grave

Faire remarquer que les adjectifs sont classés en plusieurs colonnes, qu'il y a des adjectifs au masculin, des adjectifs au féminin.

Faire trouver comment le féminin de chaque adjectif est marqué :

– Au féminin, l'adjectif prend un *e* ; la prononciation de l'adjectif au masculin et au féminin peut être la même.
– Au féminin, la consonne finale de l'adjectif au masculin est doublée.
– Au féminin, la fin de l'adjectif change totalement.
– Au féminin, l'adjectif ne change pas.

Faire écrire les adjectifs suivants au masculin dans la colonne qui convient : *fort, mince, gras, grand, poli, riche, peureux, franc, audacieux*

Garder la trace écrite suivante :

– Le féminin des adjectifs se forme en général en ajoutant un *e* à l'adjectif au masculin.
un drap fin → une toile fin**e**
– Dans certains noms, la consonne finale de l'adjectif masculin est doublée au féminin.
un objet ancie**n** → une voiture ancie**nne**
un pull viole**t** → une fleur viole**tte**
– La fin de certains adjectifs masculins se transforme au féminin.
le jour dernie**r** → la nuit derni**ère**
un vélo neu**f** → une moto neu**ve**
un hiver dou**x** → une couverture dou**ce**
un garçon heur**eux** → une fille heur**euse**
un nouv**eau** livre → une nouv**elle** histoire
un œuf frai**s** → une viande frai**che**

Exercices

1. Écris l'adjectif en gras au féminin :

un bruit **sourd** → une personne ....
un rat **gris** → une souris ....
un œil **ouvert** → une fenêtre ....
un garçon **têtu** → une fille ....
un geste **amical** → une parole ....
un spectacle **formidable** → une fête ....
un mois **pluvieux** → une journée ....

2. Écris l'adjectif en gras au masculin :

une histoire **émouvante** → un livre ....
une ville **merveilleuse** → un conte ....
une personne **originale** → un tableau ....
une **mauvaise** note → un .... film
une ligne **régulière** → un trait ....
une fillette **sensible** → un garçon ....
une galette **sucrée** → un café ....

3. Écris l'adjectif au féminin :

un **beau** vélo → une .... trottinette
un air **vif** → une eau ....
un linge **sec** → une éponge ....
un regard **doux** → une voix ....
un costume **neuf** → une veste ....

4. Souligne en bleu les adjectifs qui sont au masculin et en vert ceux qui sont au féminin :

coléreux – nulle – personnel – singulière – régionale – prudent – noire – blonde – secret – sèche – blanche – ouvert – naturel – légère – curieuse – plaisant – sourde

5. Récris chaque adjectif au féminin :

froid → ....
amical → ....
entier → ....
orageux → ....
muet → ....
étroit → ....
sage → ....
courageux → ....
pareil → ....
premier → ....

6. Complète chaque phrase par l'adjectif de la liste qui convient :

noir, noire – amer, amère – vrai, vraie – têtu, têtue

Éric raconte une nouvelle histoire ....
Sarah a un vélo ....
Ton frère est un garçon .... !
Cette boisson a un gout ....

7. Récris les groupes nominaux en mettant l'adjectif au féminin ou au masculin selon le cas :

un jeu amusant → une lecture ....
un enfant plaisant → une fillette ....
une porte étroite → un couloir ....
une personne fière → un homme ....
une gentille sorcière → un .... sorcier
une journée pluvieuse → un été ....
une branche tordue → un arbre ....
une jeune chienne → un .... chien
un livre neuf → une chemise ....
une pâte molle → un caramel ....

Exercices

8. Complète chaque phrase avec l'adjectif qui convient, écrit au féminin :

roux – discret – frais – naturel – rocheux

Je préfère boire de l'eau ....

La côte .... est très découpée.

Cette femme est toujours ....

Elle a une magnifique chevelure ....

Ton foulard en soie .... est très élégant.

9. Écris plusieurs phrases pour décrire une dame qui se rend à une cérémonie. Utilise les groupes nominaux suivants : *une robe (décoré), une veste (blanc), une chevelure (blond), des fleurs (rouge) à la main, des chaussures (neufs)*... et d'autres. Tu utiliseras les adjectifs au féminin. Conjugue les verbes au passé composé.

SEMAINE 25

Jours 1 et 2

Synthèse sur le pluriel des noms et exercices

Lire la page de cahier « Le pluriel des noms » puis donner aux élèves les tableaux suivants.

un flocon, des flocons un banc, des bancs un musicien, des musiciens un médecin, des médecins une chaussure, des chaussures un bleu, des bleus un pneu, des pneus	un château, des châteaux un rideau, des rideaux un préau, des préaux un tuyau, des tuyaux un lieu, des lieux un cheveu, des cheveux le feu, les feux un jeu, des jeux un adieu, des adieux un aveu, des aveux		un pays, des pays une souris, des souris un prix, des prix un nez, des nez
un bal, des bals un carnaval, des carnavals un détail, des détails un rail, des rails		un canal, des canaux un cheval, des chevaux un journal, des journaux un travail, des travaux un vitrail, des vitraux	
un trou, des trous un fou, des fous	un bijou, des bijoux un caillou, des cailloux un chou, des choux un genou, des genoux un hibou, des hiboux un joujou, des joujoux un pou, des poux		

Faire remarquer que les noms sont classés en plusieurs colonnes, qu'il y a des noms au singulier et des noms au pluriel.

Faire trouver comment le pluriel de chaque nom est marqué :

- Au pluriel, le nom prend un s.
- Au pluriel, le nom prend un x.
- Au pluriel, la fin de certains noms se transforme.
- Au pluriel, le nom ne change pas.

Indiquer le pluriel particulier de *un œil* : *des yeux*.

Constater les régularités : ce sont les noms terminés par *eau*, *au* et *eu* qui prennent un x au pluriel.
Mettre en évidence les exceptions : deux noms terminés par *eu* prennent un s, sept noms terminés par *ou* prennent un x.

Faire écrire les noms suivants au pluriel dans la colonne qui convient: *une maison, le chapeau, un neveu, une tulipe, une tortue, un oiseau, un prix, un noyau, un puits, un choix, un lionceau, le corail.*

Garder la trace écrite suivante:

– Le pluriel des noms se marque en général en ajoutant un **s**.
un flocon, des flocon**s**
– Les noms terminés par *eau*, *au* et *eu*, prennent un *x* au pluriel.
un chât**eau**, des château**x**
un pré**au**, des préau**x**
un chev**eu**, des cheveu**x** (j'écris des bleu**s**, des pneu**s**)
– Sept noms terminés par *ou*, prennent un *x* au pluriel:
des bijoux, des cailloux, des choux, des genoux, des hiboux, des joujoux, des poux
– La fin de certains noms se transforme au pluriel:
un journ**al**, des journ**aux**
un trav**ail**, des trav**aux**
– Les noms terminés par s, x ou z au singulier ne changent pas au pluriel:
un pay**s**, des pay**s**
un pri**x**, des pri**x**
un ne**z**, des ne**z**

Exercices

1. Entoure les noms qui sont au pluriel:

village – chevaux – attirail – régals – vitraux – train – arbres – verrous – mérou – éventails – locaux – table – fauteuils – renard – travaux – camion

2. Recopie chaque nom dans la colonne qui convient:

une leçon – un corail – du lilas – un filou – un rail – un métal – un ours – une balle – un général – une brebis – une fleur – un mal – un repas – un festival

Prend un s au pluriel	La fin se transforme en *aux* au pluriel	Ne change pas au pluriel
....	....	....
....	....	....
....	....	....
....	....	....
....	....	....
....	....	....

3. Récris ces noms au pluriel:

une feuille – un bras – un abricot – un kangourou – un végétal – une fois – un chacal – un soupirail – un vélo – un creux – un cristal – un portail – un gaz

....
....
....

4. Écris les noms suivants au singulier (aide-toi du dictionnaire si besoin):

des signaux – des cous – des totaux – des bisous – des noix – des émaux – des desserts – des radis – des capitaux – des chandails

....
....

Exercices

5. Recopie les phrases en mettant les mots entre parenthèses au pluriel quand c'est nécessaire (aide-toi du dictionnaire si besoin) :

Les (cheval) *de ces* (cavalier) *sont bien équipés.*

....

On a vu une (baleine) *et des* (narval).

....

Mon (ami) *raconte les* (histoire) *avec beaucoup de* (détail) *!*

....

Les (gouvernail) *de ces* (navire) *sont très abimés.*

....

Les (journal) *paraissent chaque* (matin).

....

6. Réponds aux devinettes :

On en met dans les jardins pour effrayer les oiseaux. → les ....

Les gens se déguisent pour y aller. → les ....

On y soigne les personnes malades. → les ....

7. Recopie chaque nom dans la colonne qui convient :

un plateau, un colis, le portail, un ruisseau, un mois, un marteau, le corps, ton vélo, le kangourou, une voix, une histoire, le nez, un hibou, ce jeu, cette vallée.

Le nom prend un s au pluriel	Le nom prend un x au pluriel	Le nom ne change pas au pluriel
....	....	....
....	....	....
....	....	....
....	....	....
....	....	....

8. Écris les noms suivants au pluriel :

un feu → ....

un pont → ....

une cour → ....

un bocal → ....

un bal → ....

une peau → ....

un écrou → ....

un pneu → ....

un talus → ....

un choix → ....

un rail → ....

un genou → ....

Exercices

9. Barre l'intrus dans chaque série et explique ton choix :

un noyau, un esquimau, un landau, un préau, un boyau

....

un vœu, un bleu, un adieu, un lieu, un essieu

....

un bisou, un coucou, un sou, un chou, un trou

....

des émaux, des canaux, des métaux, des signaux, des cristaux

....

10. Écris les noms suivants au singulier :

des drapeaux → ....
des journaux → ....
des souris → ....
des vitraux → ....
des choux → ....
des verrous → ....
des succès → ....
des éventails → ....
des tuyaux → ....
des puits → ....

11. Récris ces phrases en mettant au pluriel les groupes nominaux en gras. Fais tous les accords nécessaires.

Ce peintre *utilise* ***un pinceau*** *et* ***un rouleau*** *pour travailler.*

....

Juliette possède ***un cheval***, ***une brebis*** *et* ***un singe***.

....

La cliente *achète* ***un manteau***, ***une jupe***, ***un chapeau*** *et* ***un bijou***.

....

Vérifie l'orthographe des mots que tu as écrits en utilisant le dictionnaire ou ton cahier d'orthographe.

12. Écris un récit avec les noms *feu, écurie, cheval, portail, ruisseau* que tu écriras au pluriel. Tu peux utiliser d'autres noms au pluriel. Conjugue les verbes au temps que tu étudies en ce moment dans ta classe.

Jours 3 et 4

Pluriel des adjectifs et exercices

Lire la page de cahier « Le pluriel des adjectifs » puis donner aux élèves les tableaux suivants.

charmant, charmants mignon, mignons complet, complets brun, bruns haut, hauts bleu, bleus	beau, beaux nouveau, nouveaux	égal, égaux musical, musicaux horizontal, horizontaux patronal, patronaux végétal, végétaux	délicieux, délicieux rocheux, rocheux roux, roux vieux, vieux gras, gras

Faire remarquer que les adjectifs sont classés en plusieurs colonnes, qu'il y a des adjectifs au singulier et des adjectifs au pluriel.

Faire trouver comment le pluriel de chaque adjectif est marqué :

– Au pluriel, l'adjectif prend un s.
– Au pluriel, l'adjectif prend un x.
– Au pluriel, la fin de certains adjectifs se transforme.
– Au pluriel, l'adjectif ne change pas.

Indiquer que :

– Les adjectifs *fatal, naval* et *natal* prennent un s au pluriel.
– Les adjectifs *glacial* et *idéal* peuvent s'écrire *glacials, glaciaux, idéals, idéaux.*

Faire écrire les adjectifs suivants au pluriel dans la colonne qui convient : *creux, amical, affreux, spécial, original, furieux*

Garder la trace écrite suivante :

– Le pluriel des adjectifs se marque en général en ajoutant un **s**.
un enfant charmant, des enfant**s** charmant**s**
– Les adjectifs terminés par *eau*, prennent un **x** au pluriel.
un b**eau** chien, de beau**x** chien**s**
– La fin de certains adjectifs se transforme au pluriel (si l'adjectif est au masculin).
Ça m'est ég**al**, des traits ég**aux**
– Les adjectifs terminés par **s** ou **x** au singulier ne changent pas au pluriel.
un poisson gra**s**, des poissons gra**s**
un fruit délicieu**x**, des fruits délicieu**x**

Exercices

1. Entoure les adjectifs qui sont au pluriel :

sonore – amicaux – bruyant – exactes – drôle – régional – inquiets – froide – brutaux – charmants – habituelle – anciens

2. Récris chaque phrase en la complétant avec l'adjectif qui convient :

Connaissez-vous le drapeau (national/nationaux) *?*

. . . .

M. Filou a découvert des objets (original/originaux).

. . . .

J'ai des crayons bien (pointu/pointus).

. . . .

Elle vient de faire des exercices (faciles/facile).

. . . .

3. Recopie chaque phrase en la complétant avec l'adjectif de la liste qui convient :

amicaux – noires – coléreux – blancs – régionaux

Elle a plusieurs vestes (...). → . . . .

Il fait souvent des gestes (...). → . . . .

Les ours (...) disparaissent. → . . . .

Elle vend des produits (...). → . . . .

Tes cousins sont des enfants (...). → . . . .

4. Recopie chaque phrase en la complétant avec l'adjectif de la liste qui convient ; pense à l'accorder :

original – court – perçant – aimable – arrondi

Il a un chien à poils (...). → . . . .

Nos voisins sont des gens (...). → . . . .

Le cheval a des sabots (...). → . . . .

L'aigle pousse des cris (...). → . . . .

Cet artiste fait des dessins (...). → . . . .

5. Recopie les groupes nominaux en accordant les adjectifs entre parenthèses comme il convient :

(étrange) → *un animal* . . . . ; *des bruits* . . . .

(spécial) → *un journal* . . . . ; *des trains* . . . .

(brillant) → *un objet* . . . . ; *des élèves* . . . .

(furieux) → *un tigre* . . . . ; *des taureaux* . . . .

6. Complète chaque groupe nominal avec un déterminant qui convient :

. . . . *chants mélodieux* . . . . *tissu gris*

. . . . *puits profond* . . . . *meubles bas*

. . . . *pays froids* . . . . *dessert délicieux*

7. Récris les groupes nominaux en accordant les adjectifs comme il convient :

des lacs (profond) → . . . . *des traits (vertical)* → . . . .

des ciels (nuageux) → . . . . *les (principal) bâtiments* → . . . .

des (nouveau) meubles → . . . .

Exercices

8. Récris chaque phrase avec l'adjectif entre parenthèses qui convient:

J'habite dans un village (éloigné – éloignés) *de l'école.*

. . . .

Je garde des souvenirs (amical – amicaux) *de votre visite.*

. . . .

Octave a acheté un (nouveau – nouveaux) *tracteur.*

. . . .

Les pompiers ont reçu des appels (urgent – urgents).

. . . .

9. Récris chaque phrase avec l'adjectif entre parenthèses qui convient (aide-toi des accords):

Nous avons assisté à un spectacle (grandioses – merveilleux).

. . . .

Henri a vendu son (vieux – nouveaux) *camion.*

. . . .

Les enfants aiment jeter des (petit – gros) *cailloux dans l'eau.*

. . . .

10. Récris chaque groupe nominal en le complétant avec *un* ou *des*:

. . . . . . *vieux vélo* – . . . . . . *jeune héros* – . . . . . . *engrais puissants* – . . . . . . *palais royal*

. . . .

. . . . . . *enfants peureux* – . . . . . . *bois sec* – . . . . . . *lilas mauves* – . . . . . . *gens heureux*

. . . .

. . . . . . *problème faux* – . . . . . . *sens interdits* – . . . . . . *pays natals* – . . . . . . *tissu épais*

. . . .

11. Récris chaque phrase en plaçant l'adjectif en (1) ou en (2). Pour t'aider, regarde s'il est au singulier ou au pluriel:

original → *Ces dessins (1) pourraient être un cadeau (2).*

. . . .

étroit → *Un pont (1) mène à plusieurs chemins (2).*

. . . .

orientaux → *Ces tissus (1) viennent d'un nouveau pays (2).*

. . . .

désert → *Dans ce village (1), les magasins sont restés (2).*

. . . .

12. Récris ce texte en mettant les groupes nominaux en gras au pluriel.

J'aime me promener dans ***l'allée*** *de ce parc. J'admire* ***le grand chêne centenaire, le petit sapin, le bassin rond, la grande pelouse*** *et* ***le magnifique massif*** *de fleurs. L'entretien est assuré, chaque jour, par* ***un jeune*** *et* ***nouveau jardinier****.*

13. Écris plusieurs phrases pour décrire un paysage d'été. Tu emploieras des groupes nominaux enrichis d'adjectifs pour parler *du ciel, des arbres, des champs, des fleurs, des cours d'eau, des enfants qui jouent*… Conjugue les verbes au temps que tu étudies en ce moment dans ta classe.

Exercices

14. Complète les groupes nominaux selon l'exemple :

Exemple : lourd → un paquet lourd ; des colis lourds ; une valise lourde ; des jambes lourdes

gras → un canard .... ; des papiers .... ; une oie .... ; les eaux ....

abimé → un fruit .... ; des abricots .... ; une tomate .... ; les pommes ....

long → un .... trajet ; de .... vacances ; une .... marche ; des cheveux ....

15. Entoure le déterminant et l'adjectif qui conviennent dans les phrases suivantes :

Mon / Mes — jeux — préféré / préférés — sont le jeu du béret et le jeu de l'épervier.

Un / Une — sportif — musclé / musclée — effectue un triple saut.

Les / La — spectatrices — ravies / ravis — applaudissent la championne.

16. Récris les phrases en remplaçant le nom en gras par le nom féminin proposé ; fais les accords nécessaires :

*Un vieux **monsieur** s'assoit près de moi.*

(dame) ....

*Le magnifique **vélo** rouge coute cher.*

(voiture) ....

*Ces **souliers** neufs me font mal aux pieds.*

(chaussures) ....

*Deux nouveaux **magasins** viennent d'ouvrir dans la ville.*

(boutiques) ....

SEMAINE 26

Jours 1, 2 et 3

Mémorisation de mots

Mémorisation avec l'enseignant(e)

APPRENDRE (verbe)
Elle apprenait ses leçons. – J'apprenais (mes poésies dans mon lit). – apprendre (une nouvelle)

ABEILLE (nom)
Une abeille (a piqué Théo). – un essaim d'abeilles – une abeille comme oreille, veille, corbeille, groseille

ARRÊTER (verbe)
Tu arrêtes (la voiture devant l'école). – arrêter (une date), arrêter (un voleur) – Elle a arrêté (de travailler pendant six mois). – un arrêt

POINTU (adjectif)
des clous pointus – une voix pointue – des aiguilles pointues – une pointe, pointer

VENDRE (verbe)
Elle vendait (des vêtements). – Le voleur a vendu (ses complices). – une vente, un(e) vendeur(euse) comme voyageur(euse)

ADRESSE (nom)
Deux mots différents :
l'adresse (d'un hôtel), des adresses (de messagerie) – adresser, s'adresser à quelqu'un –
(Ils lançaient les balles) avec adresse. – la maladresse

DOIGT (nom)
les cinq doigts (de la main), (se mordre) les doigts (après une erreur), montrer du doigt – du doigté

VOIX (nom)
(Il avait) une belle voix ! – des voix graves – (rester) sans voix, (obtenir beaucoup) de voix (lors d'une élection), entendre des voix

Mémorisation en autonomie

renard

1. Je lis le mot, j'entoure sa classe grammaticale et son genre.

adjectif – nom – verbe

2. J'entoure son genre : masculin – féminin

3. J'écris le mot à mémoriser, j'entoure la ou les lettres qui traduisent chaque son.

....

J'entoure la lettre finale muette.

4. J'écris le mot au féminin : une ....

La lettre finale est-elle toujours muette ?

5. J'écris le mot au pluriel. ....

6. Je complète la liste

un éléphant, un éléphanteau

une baleine, un baleineau

un renard, un ....

départ

1. Je lis le mot, j'entoure sa classe grammaticale.

adjectif – nom – verbe

2. J'entoure son genre : masculin – féminin

3. J'écris le mot à mémoriser, j'entoure la ou les lettres qui traduisent chaque son.

....

J'entoure la lettre finale muette.

4. Je complète les phrases avec le mot à mémoriser.

Je vais bientôt partir, c'est l'heure du ....

Les coureurs sont sur la ligne de ....

5. *le départ, partir* sont des mots de la même famille.

J'entoure leur partie commune.

partout

1. Je lis le mot. C'est un mot invariable.

2. J'écris le mot à mémoriser, j'entoure la ou les lettres qui traduisent chaque son.

....

J'entoure la lettre finale muette.

3. Je complète la phrase avec le mot à mémoriser.

Il cherche ses lunettes ....

arriver

1. Je lis le mot, j'entoure sa classe grammaticale.

adjectif – nom – verbe

2. J'écris le mot à mémoriser, j'entoure la ou les lettres qui traduisent chaque son.

....

3. J'écris les lettres qui montrent que le verbe est à l'infinitif et que c'est un verbe du premier groupe.

....

4. Je conjugue le verbe au présent.

Vous .... *Nous* .... *Tu* ....

attendre

1. Je lis le mot et j'indique sa classe grammaticale. . . . .
2. J'écris le mot à mémoriser et j'entoure la ou les lettres qui traduisent chaque son.

. . . .

3. J'écris les lettres qui montrent que le verbe est à l'infinitif et que c'est un verbe du troisième groupe comme *prendre*. . . . .
4. *attendre, l'attente, inattendu* sont des mots de la même famille.

J'entoure leur partie commune.

refuser

1. Je lis le mot et j'indique sa classe grammaticale. . . . .
2. J'écris le mot à mémoriser et j'entoure la ou les lettres qui traduisent chaque son.

. . . .

3. J'écris les lettres qui montrent que le verbe est à l'infinitif et que c'est un verbe du premier groupe.

. . . .

4. Je complète chaque phase avec le mot à mémoriser conjugué au présent :

Elle . . . . *votre aide.*

Ils . . . . *de rentrer à la maison.*

5. Un *refus* et *refuser* sont des mots de la même famille.

J'entoure leur partie commune.

carnet

1. Je lis le mot, j'indique sa classe grammaticale et son genre. . . . .
2. J'écris le mot à mémoriser et j'entoure la ou les lettres qui traduisent chaque son.

. . . .

3. Je complète les phrases avec le mot à mémoriser.

Vous avez acheter un . . . .*de timbres.*

Vous avez payé avec votre . . . . *de chèques.*

4. J'écris le mot au pluriel. . . . .
5. J'écris une phrase avec *ce carnet*.

. . . .

consulter

1. Je lis le mot et j'indique sa classe grammaticale. ....

2. J'écris le mot à mémoriser et j'entoure la ou les lettres qui traduisent chaque son.

....

3. J'écris les lettres qui montrent que le verbe est à l'infinitif et que c'est un verbe du premier groupe.

....

4. Je cherche le mot dans le dictionnaire et j'écris un mot de la même famille :

....

5. Je complète chaque phase avec le mot à mémoriser conjugué au présent :

Tu .... un médecin.

Vous .... l'horaire des trains.

6. Je complète la liste.

manifester, une manifestation

installer, une ....

consulter, une ....

informer, une ....

cercle

1. Je lis le mot, j'indique sa classe grammaticale et son genre. ....

2. J'écris le mot à mémoriser, j'entoure la ou les lettres qui traduisent chaque son.

....

3. Je cherche le mot à mémoriser dans le dictionnaire, je recopie tous les mots de la famille et j'entoure leur partie commune : ....

....

4. J'écris le mot au pluriel. ....

coiffer

1. Je lis le mot et j'indique sa classe grammaticale. ....

2. J'écris le mot à mémoriser et j'entoure la ou les lettres qui traduisent chaque son.

....

3. J'écris les lettres qui montrent que le verbe est à l'infinitif et que c'est un verbe du premier groupe.

....

4. Je complète chaque phase avec le mot à mémoriser conjugué au présent :

Nous .... la poupée.

Elles .... leurs longs cheveux.

5. Je complète la liste.

bruler, une brulure

coiffer, une ....

souder, une ....

incendie

1. Je lis le mot et j'indique sa classe grammaticale. ....
2. J'écris le mot à mémoriser et j'entoure la ou les lettres qui traduisent chaque son et la lettre muette d'une autre couleur. ....
3. J'écris le mot à mémoriser avec un article indéfini (*un/une*) puis avec un article défini (*le/la/l'*) :

....

4. J'écris le mot au pluriel. ....
5. J'écris le verbe que l'on peut former à partir du mot à mémoriser : ....
6. J'écris une phrase avec *cet incendie*.

....

faible

1. Je lis le mot et j'indique sa classe grammaticale. ....
2. J'écris le mot à mémoriser, j'entoure la ou les lettres qui traduisent chaque son.

....

3. Je complète les groupes nominaux avec le mot à mémoriser. Attention, le mot peut être au pluriel.

des personnes ....; *un malade* ....

4. Je complète la liste.

vite → la vitesse

faible → la ....

jeune → la ....

tendre → la ....

Mémorisation avec l'enseignant(e)

ÉLÉMENT (nom)
Il reste un élément à monter (et le meuble sera terminé). – Le feu est l'un des quatre éléments, avec la terre, l'air et l'eau. – être dans son élément (à l'aise) – élémentaire

PLAINE (nom)
la plaine d'Alsace – (En géographie, on étudie) les plaines. – de plain-pied – aplanir
La bouteille est pleine.

FIER (adjectif)
un garçon fier, des sportifs fiers de leur victoire, une personne fière, des personnes fières – fièrement
comme dernièrement – la fierté

RHUME (nom)
Le mois dernier, elle a attrapé un gros rhume. – Certains rhumes peuvent durer longtemps. – le rhume des foins – s'enrhumer
rhume du grec rheuma

Jour 4

Dictées de groupes de mots

Dictée de l'enseignant(e)

Avec de beaux crayons pointus, tu apprendras à dessiner *des renards et des abeilles.*

Quand *les coureurs* seront prêts, *une voix annoncera le départ. Ils arrêteront* après *la ligne d'arrivée.*

Les marchands *iront partout pour vendre* leur marchandise.

Les artistes qui peignent *avec les doigts font* preuve de *beaucoup d'adresse.*

Dictée de l'élève

...., ... à dessiner

....

Quand .... seront prêts, ...

.... après ....

Les marchands .... leur marchandise.

.... qui peignent .... preuve de

....

Dictée de l'enseignant(e)

Les élèves écrivent entièrement la dernière phrase.

La petite Zoé est de bonne humeur : elle est fière car elle a tracé son premier *cercle* avec un compas.

Pour connaitre un poids, on utilise *les kilogrammes.*

En étudiant *de nouvelles plaines,* le géographe *a noté de nombreux éléments nouveaux.*

Gabin a refusé de consulter le médecin pour un simple rhume.

Dictée de l'élève

.... : ....

car elle a tracé son premier .... avec un compas.

Pour connaitre un poids, on utilise ....

En étudiant ...., le géographe ....

....

....

CE2 CM1

SEMAINE 27

Jour 1

Synthèse sur les rôles phonologique, lexical et grammatical de la lettre *t* et exercices

Donner aux élèves le tableau ci-dessous.

t se prononce		**t ne se prononce pas (à la fin d'un mot)**	
On prononce [t]	On prononce [s]	t à la fin d'un verbe conjugué	t à la fin du nom, d'un adjectif, d'un mot invariable
poin**t**u un **t**apis visi**t**er qui**tt**er le **th**éâtre **t**ellement direc**t** une é**t**agère un **t**résor a**tt**endre une noise**tt**e une pan**th**ère	l'addi**t**ion une opéra**t**ion la récréa**t**ion atten**t**ion la pa**t**ience une inven**t**ion le diction**n**aire	ils jouent, ils voient elles sont, elles font, elles vont il peut, il fait, elle prenait j'ai fait, nous avons dit	l'argent/argenté le front/frontal le début/débuter un géant/une géante un gagnant/une gagnante le désert/désertique amusant/amusante haut/haute charmant/charmante urgent/urgente étroit/étroite important/importante partout cependant aussitôt

Faire constater que :

1. Dans la première colonne, quand on entend [t], les graphèmes sont *t*, *tt*, *th*.
2. Dans la deuxième colonne, *t* se prononce [s] : *l'addition*, *la patience*.
3. Dans la troisième colonne, t est ou fait partie de la terminaison d'un verbe.
4. Dans la quatrième colonne, *t* est la lettre finale muette de certains mots. Pour les adjectifs et les noms, on peut la retrouver en mettant le mot au féminin ou en cherchant un mot de la même famille.

Faire compléter le tableau à partir des rubriques suivantes du cahier :

– Les tableaux des graphies des phonèmes [t] et [s].
– Les lettres finales muettes.
Ils pourront également se référer à leur cahier de grammaire ou à l'affichage dans la classe.

Garder le tableau comme trace écrite.

Exercices

1. Classe les mots suivants dans le tableau :

apporter – un moment – un métier – une potion – vivant – flotter – direct – une action – une part – une tour – un fruit – l'acrobatie – le vent – une veste – fort – une initiale

La lettre t se prononce [t]	La lettre t se prononce [s]	La lettre t ne se prononce pas
....	....	....
....	....	....
....	....	....

2. Écris un mot appartenant à la famille de chacun de ces mots, en utilisant la lettre finale t :

le gout → ....
le début → ....
une dent → ....
un abricot → ....
un rapport → ....
un biscuit → ....
un aliment → ....
un écart → ....

3. Écris le mot terminé par la lettre muette t appartenant à la famille de chaque mot :

tricoter → un ....
respectueux → le ....
confortable → le ....
une ouverture → ....
accidentel → un ....
emprunter → un ....
la nougatine → du ....
ajouter → un ....
la clientèle → un ....
constater → un ....

4. Récris chaque phrase avec le pronom sujet proposé :

– *Nous allons dans la salle de sport. Nous faisons de la gymnastique.*
Elles ....
– *J'avais du temps, alors je jouais beaucoup.*
Il..
– *Tu quittes la maison tôt le matin et tu rentres tard le soir.*
Ils ....
– *Vous pouvez venir si vous voulez.*
Elle ....

5. Dans le texte suivant, colorie la lettre t en bleu quand elle apparait à la fin d'un verbe conjugué et en vert quand on la trouve toujours à la fin du mot :

LES VOLCANS

Dans le monde, des millions de personnes vivent près des volcans. Ceux-ci peuvent sommeiller pendant des milliers d'années et se réveiller à tout moment. À certains endroits, les enfants vont à l'école casqués pour se protéger des pierres éjectées qui retombent.

On trouve des volcans sur tous les continents, mais ils naissent aussi sous la mer. Ils deviennent parfois tellement hauts qu'ils forment des iles.

Jours 2 et 3

Mémorisation de mots

Mémorisation avec l'enseignant(e)

FRONT (nom)
(Marie tombe, elle a) une bosse au front. – (Les soldats étaient) sur le front. – frontal(e) comme matinal(e)

HABITER (verbe)
Francisco habitait à Rome. – Nous habitions (dans une grande maison). – un endroit habité, une maison inhabitée – un(e) habitant(e), une habitation comme une décoration, habitable comme comparable

METTRE (verbe)
On va mettre (beaucoup de temps pour venir). – mettre (de l'eau aux plantes) – mettre la table – remettre comme ressortir – se mettre en colère

CENTRE (nom)
le centre (d'un cercle), (de la Terre), des centres commerciaux – central(e) comme frontal(e) – centrer – le centre-ville

Mémorisation en autonomie

continuer

1. Je lis le mot, j'entoure sa classe grammaticale.

adjectif – nom – verbe

2. J'écris le mot à mémoriser, j'entoure la ou les lettres qui traduisent chaque son.

....

3. J'écris les lettres qui montrent que le verbe est à l'infinitif et que c'est un verbe du premier groupe.

....

4. Je conjugue le verbe au présent.

Je .... *Nous* .... *Tu* ....

début

1. Je lis le mot, j'entoure sa classe grammaticale.

adjectif – nom – verbe

2. J'entoure son genre : masculin – féminin

3. J'écris le mot à mémoriser, j'entoure la ou les lettres qui traduisent chaque son. ....

J'entoure la lettre finale muette.

4. Je complète les phrases avec le mot à mémoriser.

C'est bientôt le .... *du film.*

Les grandes vacances sont au .... *du mois de juillet.*

5. *le début, débuter* sont des mots de la même famille.

J'entoure leur partie commune.

Dans *débuter*, la lettre t est-elle muette comme dans *début* ? ....

étroit

1. Je lis le mot, j'entoure sa classe grammaticale et son genre.

adjectif – nom – verbe

2. J'écris le mot à mémoriser, j'entoure la ou les lettres qui traduisent chaque son.

....

J'entoure la lettre finale muette.

3. Je complète les groupes nominaux avec le mot à mémoriser.

un passage ....; *une porte* ....; *des passages* ....;

des portes ....

Au féminin, la lettre t finale est-elle toujours muette ? ....

4. Je complète la liste.

grand, grandement

large, largement

étroit, ...

tiroir

1. Je lis le mot, j'indique sa classe grammaticale et son genre. ....

2. J'écris le mot à mémoriser, j'entoure la ou les lettres qui traduisent chaque son.

....

3. J'entoure la partie commune de ces mots de la même famille : *tirer, une tirette, un tiroir, un tireur*

4. J'écris le mot au pluriel. ....

5. Je complète la liste.

un mir .... : un miroir

un dev .... : un devoir

un tir .... : un ....

un ras .... : un ....

un arros .... : un ....

un réserv .... : un ....

un press .... : un. ....

un entonn .... : un ....

6. Je complète la liste.

une mâch .... : une mâchoire

une f .... : une foire

une mange .... : une ....

une nage .... : une ....

une p .... : une ....

une hist .... : une ....

une balanç .... : une. ....

puissant

1. Je lis le mot et j'indique sa classe grammaticale. ....

2. J'écris le mot à mémoriser et j'entoure la ou les lettres qui traduisent chaque son et la lettre muette d'une autre couleur. ....

3. Je complète les groupes nominaux avec le mot à mémoriser.

un roi ....; *une ampoule* ....;

des muscles ....; *des voitures* ....

4. Je complète la série.

obéissant : l'obéissance

puissant : la ....

élégant : l'..........................

méfiant : la ....

résistant : la ....

CE2 CM1

beauté

1. Je lis le mot, j'indique sa classe grammaticale et son genre. ....

2. J'écris le mot à mémoriser, j'entoure la ou les lettres qui traduisent chaque son.

....

3. Je complète la liste.

sale : la saleté

beau : la ....

fier : la ....

gaie : la ....

habile : l' ....

terrible

1. Je lis le mot et j'indique sa classe grammaticale. ....

2. J'écris le mot à mémoriser, j'entoure la ou les lettres qui traduisent chaque son.

....

3. Je cherche le mot dans le dictionnaire et j'écris le mot de la même famille :

....

4. Je complète les groupes nominaux avec le mot à mémoriser.

un incendie ....; *des enfants* ....; *une chaleur* ....

5. Écris les adverbes terminés par *-ment* à partir des adjectifs suivants :

calme, terrible, paisible, grave, agile, raisonnable, superbe

....

....

Mémorisation avec l'enseignant(e)

DÉSERT (adjectif et nom)
un lieu désert, des endroits déserts, une ile déserte, des rues désertes – un désert – parler « dans le désert » – désertique

SECRET (nom et adjectif)
un passage secret, une personne secrète, des documents secrets, des formules secrètes – C'est un secret (ne dites rien). – (mettre quelqu'un dans) le secret – (faire quelque chose) en secret – secrètement comme complètement

SOURIANT (adjectif)
un garçon souriant, une fille souriante, des gens souriants, des vendeuses souriantes – sourire, un sourire – rire

Jour 4

Dictées de texte et de groupes de mots

Dictée de texte

EN ROUTE POUR LE CENTRE COMMERCIAL

Léa **habite** une petite ville. Ce matin, elle décide d'aller au **centre** commercial à pied. Elle emporte un sac pour **mettre** ses courses. Au **début**, elle prend un passage **étroit** puis elle **continue** dans une grande rue. Devant le centre, elle voit un jeune enfant qui tombe sur le **front**.

Dictée de l'enseignant(e)

Les élèves écrivent entièrement les deux premières phrases.

Ce désert chaud est d'une grande beauté.

Des enfants souriants montent dans une voiture puissante.

Ce vieux tiroir contient de terribles secrets.

Dictée de l'élève

....

....

.... contient ....

■ CE2 ■ CM1

SEMAINE 28

Jour 1

Exercices pour réviser les mots contenant [j], [Ø] et [œ]

Exercices

1. Écris le contraire des mots en gras ; chaque mot contient le phonème [ø] :

*Il est **malheureux**.* → . . . .

*une assiette **plate*** → . . . .

*Tu manges **beaucoup**.* → . . . .

*Elle va **plus mal.*** → . . . .

2. Écris les mots qui se cachent derrière ces énigmes ; si c'est un nom, ajoute un déterminant :

boulier → . . . .

lues → . . . .

facture → . . . .

boue + f → . . . .

bille + a + ta → . . . .

toile + v → . . . .

yoga + ver → . . . .

mure + e + de → . . . .

3. Remplis cette grille de mots croisés ; les mots contiennent le phonème [œ] :

1. Quand il y a plus d'une personne, plus d'un animal ou plus d'une chose.
2. Se met sur des tartines.
3. Cours d'eau qui se jette dans la mer.
4. Siège confortable pour se reposer.
5. C'est l'organe qui nous fait vivre.

Exercices

4. Recopie chaque phrase en la complétant avec un mot qui contient le phonème [j]:

Brosse-toi les dents, il est . . . . . . l'heure de te coucher.

. . . .

Julien a reçu un caillou dans l' . . . . . .

. . . .

Dans la cour, certains enfants jouent aux . . . . . .

. . . .

Je préfère colorier aux . . . . . . de couleur plutôt qu'aux feutres.

. . . .

5. Écris les mots qui répondent à ces définitions; ils contiennent le phonème [ø]:

Ils peuvent être cuits durs ou à la coque. → . . . .

C'est le synonyme du nom «endroit». → . . . .

C'est le repas du matin. → . . . .

C'est un pronom qui désigne plusieurs personnes. → . . . .

1. Écris les mots mémorisés contenant [œ] qui correspondent à ces définitions:

Ensemble de personnes habitant le même pays: le . . . .

Appareil qui fait fonctionner une machine: un . . . .

Action de se tromper: une . . . .

Celui qui écrit un roman: l'. . . . .

2. Écris les mots mémorisés contenant [œ] qui se cachent derrière ces énigmes; si c'est un nom, ajoute un déterminant:

pauvre: . . . .

douer: . . . .

recula + h: . . . .

revue + o: . . . .

3. Écris les mots mémorisés contenant [ø] qui se cachent derrière ces énigmes; si c'est un nom, ajoute un déterminant:

vue + o: . . . .

neuve: . . . .

recrues: . . . .

rusée + ix: . . . .

4. Écris les adjectifs contenant [ø] formés à partir des mots suivants:

la paresse: . . . .

un délice: . . . .

une astuce: . . . .

un mystère: . . . .

un malheur: . . . .

5. Recopie les mots mémorisés contenant [j] dans l'ordre alphabétique.

. . . .

. . . .

. . . .

Jour 2

Exercices pour réviser les mots appris

Exercices

1. Relire l'ensemble des mots mémorisés.

un métier, un canal, montrer, court, lendemain, souhaiter, sauvage, une chèvre, une abeille, apprendre, arrêter, pointu, vendre, l'adresse, un doigt, une voix, un renard, le départ, partout, arriver, continuer, le début, étroit, mettre, le centre, habiter

2. Écris au singulier.

des canaux, des doigts, des voix, des métiers

....

3. Recopie les quatre adjectifs de la liste.

....

4. Écris le verbe appartenant à la famille de chaque nom.

un souhait, un arrêt, la vente

....

5. Recopie les trois noms d'animaux.

....

6. Complète chaque phrase avec un mot des listes. Le mot peut être au pluriel.

La boite de clous s'est renversée, il y en a ....

Tu peux me .... tes photos de vacances ?

Fais un gros point noir au .... de la feuille.

Quand il fait froid, il faut .... des gants.

7. Écris le mot mémorisé de la famille de :

partir : le ....

débuter : le ....

demain : le ....

adresser : l'.........................

prendre : ....

8. Écris l'infinitif des verbes conjugués.

Vous habitez dans un immeuble. ....

Nous arrivons bientôt. ....

Tu continues ton travail. ....

Exercices

1. Relis l'ensemble des mots mémorisés.

détail, craquer, trou, rideau, avis, abriter, métal, nul, assister, attendre, refuser, carnet, consulter, cercle, coiffer, incendie, faible, fier, rhume, élément, plaine, tiroir, beauté, terrible, désert, secret, puissant, souriant

2. Écris un mot appartenant à la même famille que chacun de ces mots :

enrhumé → *un* ....

désertique → *un* ....

tirer → *un* ....

un sourire → ....

encercler → *un* ....

fièrement → ....

élémentaire → *un* ....

un refus → *un* ....

beau → *la* ....

la puissance → ....

faiblement → ....

secrètement → *un* ....

3. Écris les mots cachés derrière ces énigmes :

arbitre → ....

lus + conter → ....

lapine → ....

il + b + terre → ....

4. Écris le verbe mémorisé appartenant à la famille de chaque nom.

un craquement, la coiffure, l'attente, l'assistance

....

....

5. Complète chaque phrase avec un mot des listes. Le mot peut être au pluriel.

Le fer est un : ....

Il écrit des mots sur son ....

Vous avez changé les .... *de la cuisine.*

Les deux équipes ont fait match ....

6. Écris le nom mémorisé appartenant à la famille de chaque verbe.

détailler, trouer, aviser, incendier

....

Jour 3

Dictées de textes

Dictées de textes

PLUS TARD

Enzo est **heureux** dans son **métier**. Il dessine dans des journaux et des livres pour les enfants avec des **crayons** de toutes les couleurs. Les livres parlent de **voyages**, de **fleuves**, de **renards sauvages** et même de **batailles** au temps des chevaliers. Enzo colorie ses dessins sans rien **oublier**.

À LA GARE

À la gare, des voyageurs **sérieux attendaient** leur train. Ils **consultaient** souvent leur montre. Le train avait du retard. Pour passer le temps, une fillette **coiffait** sa poupée, des gens regardaient les **avis** sur les murs, d'autres mangeaient. Malgré la chaleur, ils **demeuraient souriants**.

Le train est enfin arrivé. Le moteur de la **puissante** motrice faisait un bruit **terrible**. Et pourtant il n'était pas à **vapeur**.

Jour 4

Évaluation CE2

Consignes pour l'enseignant(e)

1 à 5. Faire lire oralement les mots, groupes de mots et phrases.

6. Mots à dicter : *un voyagiste – l'apprentissage – une habitation.*
Laisser les élèves rechercher dans le dictionnaire car on veut évaluer leur capacité à chercher dans celui-ci.

7. Dictée : la dicter à un temps étudié par la classe.

UN RÉVEIL DIFFICILE

Comme tous les matins, quand le réveil sonne, Mireille garde les **yeux** fermés ; elle se **glisse** sous la couette et **oublie** de se lever. Papa **arrive** et la secoue. Mireille quitte alors son lit, elle va dans la cuisine et elle **déjeune**. C'est **bientôt** le **départ** pour l'école.

8. Expression écrite :
À l'oral, à partir du texte de la dictée, imaginer la suite et la faire écrire.

Consignes pour l'élève

1. Recopie chaque mot avec la graphie du phonème [j] qui convient :

des . . . . . eux ; b. . . . . entôt ; v. . . . . olet ; une abe. . . . . e ; une bata. . . . . e

. . . .

. . . .

2. Entoure l'intrus dans chaque série, puis explique ton choix :

oublier – violet – des yeux – bientôt → . . . .

peu – un creux – un lieu – des œufs → . . . .

mieux – un bœuf – seul – un facteur → . . . .

3. Récris les phrases avec le sujet et le verbe indiqués :

Ils ont mis leurs bottes, leur blouson et leur casquette.

Il a mis . . . .

Elles apporteront leur trousse, leurs feutres et leur classeur.

Elle apportera . . . .

Les peintres prennent leur chevalet, leur palette et leurs pinceaux.

Le peintre prend . . . .

4. Récris chaque groupe nominal en changeant le genre ou le nombre ; fais les accords nécessaires :

un lion cruel et dangereux → *une* ....

ma chienne douce et obéissante → *mon* ....

des beaux bocaux décorés → *un* ....

un canal profond → *des* ....

ta fille fière et courageuse → *ton* ....

un jeune chevreau → *des* ....

5. Écris un nom de la même famille de chacun de ces mots :

crayonner → ....

creuser → ....

partir → ....

voyager → ....

adresser → ....

frontal → ....

6. Écris les mots dictés, vérifie dans le dictionnaire et, si tu as fait des erreurs, récris-les correctement à côté :

.... → ....

.... → ....

.... → ....

7. Dictée :

....

....

....

....

....

....

....

8. Expression écrite :

....

....

....

....

....

....

....

Je fais le bilan de mes connaissances

- ☐ Je connais les graphies du phonème [j].
- ☐ Je sais utiliser *son, sa, ses*.
- ☐ Je sais faire les accords en genre.
- ☐ Je sais faire les accords en nombre.
- ☐ Je sais trouver des mots de la même famille.
- ☐ Je sais trouver un mot dans le dictionnaire.
- ☐ Je sais réviser ma dictée.
- ☐ Je sais corriger ma dictée en utilisant le codage.

- ☐ Je ne connais pas les graphies du phonème [j].
- ☐ Je ne sais pas utiliser *son, sa, ses*.
- ☐ Je ne sais pas faire les accords en genre.
- ☐ Je ne sais pas faire les accords en nombre.
- ☐ Je ne sais pas trouver des mots de la même famille.
- ☐ Je ne sais pas trouver un mot dans le dictionnaire.
- ☐ Je ne sais pas réviser ma dictée.
- ☐ Je ne sais pas corriger ma dictée en utilisant le codage.

CE2 CM1

Évaluation CM1

Consignes pour l'enseignant(e)

1. Mots à dicter : *un créateur – chaleureux – odorant.*

2, 3 et 4. Faire lire les phrases et groupes de mots oralement.

5. Dictée :

DANS LE DÉSERT

Dans son roman, l'**auteur** parle d'un **désert**. Il n'y a pas que du sable et des **cailloux**. Il décrit plusieurs paysages d'une grande **beauté** : de vastes **plaines** sableuses, mais aussi de **profondes vallées** rocheuses. Son **personnage** le plus **important**, sous la **chaleur**, **traverse** une **superbe** forêt de cactus **géants accompagné** par un **guide**.

6. Expression écrite :

À l'oral, imaginer la suite du texte de la dictée. Faire écrire quelques phrases. Utiliser des groupes nominaux enrichis d'adjectifs. Écrire le texte au passé composé.

Consignes pour l'élève

1. Écris les mots dictés, vérifie dans le dictionnaire et, en cas d'erreur, récris-les à côté :

.... → ....

.... → ....

.... → ....

2. Récris les groupes nominaux au féminin :

un infirmier courageux et compétent → ....

un jeune musicien heureux → ....

un nouveau maitre très patient → ....

un acteur étranger célèbre → ....

3. Récris les phrases en mettant les groupes nominaux en gras au pluriel :

Ces ouvriers travaillent ***un précieux métal pur****.*

....

Vous regardez ***le journal télévisé régional****.*

....

Les chevaux sont tombés dans ***un trou profond et humide****.*

....

Ce pays a eu ***la meilleure équipe gouvernementale****.*

....

Un vitrier a réinstallé à l'église ***un nouveau vitrail superbe****.*

....

4. Écris un mot mémorisé de la famille de chaque mot.

la fierté : . . . .

détailler : un . . . .

l'attente : . . . .

une coiffure : . . . .

incendier : un . . . .

5. Dictée :

. . . .

6. Expression écrite :

. . . .

Je fais le bilan de mes connaissances

- ☐ Je sais trouver un mot dans le dictionnaire.
- ☐ Je sais faire les accords en genre.
- ☐ Je sais faire les accords en nombre.
- ☐ Je sais réviser ma dictée.
- ☐ Je sais corriger mon texte en utilisant le codage.
- ☐ Je ne sais pas trouver un mot dans le dictionnaire.
- ☐ Je ne sais pas faire les accords en genre.
- ☐ Je ne sais pas faire les accords en nombre.
- ☐ Je ne sais pas réviser ma dictée.
- ☐ Je ne sais pas corriger mon texte en utilisant le codage.

PÉRIODE

5

SEMAINE 29

Jours 1 et 2

Mémorisation de mots

Mémorisation avec l'enseignant(e)

FOIS (nom)
– Il était une fois… – Trois fois six (font dix-huit). – (parler tous) à la fois – parfois, quelquefois, autrefois
– le foie : il a mal au foie.

PAYS (nom)
un pays (étranger) – (La France et l'Italie sont) des pays européens. – un paysage, un paysagiste comme urgentiste, un paysan, une paysanne

GRAINE (nom)
des graines (de tournesol), en prendre de la graine – un grain, granuleux – une graineterie comme imprimerie

BOISSON (nom)
une boisson (gazeuse), des boissons fraiches – boire, un(e) buveur(euse), buvable comme comparable, imbuvable comme impossible, une buvette, un pourboire

FERMIER (nom)
un fermier, une fermière, de nouveaux fermiers – un produit fermier – une ferme

FRAISE (nom)
– des fraises au sucre – un fraisier
– la fraise du dentiste

ROUE (nom)
une roue (de secours), des roues (de vélo) – faire la roue, (monter) dans une grande roue – rouler, un roulement comme glissement, un rouleau, un deux-roues

NOUVEAU (nom)
un nouveau patron, un nouvel ami, une nouvelle école, des nouveaux candidats, des nouvelles usines – la nouveauté comme la beauté

CE2 CM1

Mémorisation en autonomie

divers

1. Je lis le mot.
2. J'écris le mot à mémoriser et j'entoure la ou les lettres qui traduisent chaque son et la lettre muette d'une autre couleur. ....
3. Je cherche le mot dans le dictionnaire et j'écris les deux classes grammaticales auxquelles il appartient.

....

Je recopie les mots de la même famille.

....

....

escalader

1. Je lis le mot et j'indique sa classe grammaticale. ....
2. J'écris le mot à mémoriser et j'entoure la ou les lettres qui traduisent chaque son.

....

3. J'écris les lettres qui montrent que le verbe est à l'infinitif et que c'est un verbe du premier groupe.

....

4. Je complète chaque phase avec le mot à mémoriser conjugué au présent:

J'..le rocher.

Les voleurs .... le mur.

5. J'écris le verbe correspondant à chaque nom.

le regard, regarder

l'escalade: ....

le cri ....

le départ: ....

le lavage: ....

imperméable

1. Je lis le mot.
2. J'indique la classe grammaticale du mot *imperméable* dans chaque phrase.

Il pleut, il a mis son ***imperméable****:* ....

L'argile est une roche ***imperméable****:* ....

Ce sol ***imperméable*** *ne laisse pas passer l'eau:* ....

3. J'écris le mot à mémoriser et j'entoure la ou les lettres qui traduisent chaque son et la lettre muette d'une autre couleur. ....
4. J'écris le mot au pluriel: *des* ....
5. J'écris le contraire.

imprévu, prévu

imperméable, ...

impossible, ...

6. J'écris le mot mémorisé avec un déterminant démonstratif comme dans les exemples.

cet ami, cet invité, cet ours ....

expédier

1. Je lis le mot et j'indique sa classe grammaticale. ....

2. J'écris le mot à mémoriser et j'entoure la ou les lettres qui traduisent chaque son.

....

3. J'écris les lettres qui montrent que le verbe est à l'infinitif et que c'est un verbe du premier groupe.

....

4. Je complète chaque phase avec le mot à mémoriser conjugué au passé composé :

Nous......................................un colis par la poste.

Alex .... ses devoirs pour pouvoir regarder la télévision plus tôt.

5. J'entoure la partie commune dans ces mots de la même famille :

expédier – un expéditeur – expéditif – une expédition

6. Je complète la liste.

expédier, une expédition

punir, une ....

proposer, une ....

opposer, une ....

commande

1. Je lis le mot, j'indique sa classe grammaticale et son genre. ....

2. J'écris le mot à mémoriser et j'entoure la ou les lettres qui traduisent chaque son

....

3. J'écris le mot au pluriel : *des* ....

4. Je lis les mots de la même famille et j'entoure la partie commune :

commander – un commandant – le commandement – une télécommande

5. Écris des mots formés avec le préfixe *télé* :

....

....

couter

1. Je lis le mot et j'indique sa classe grammaticale. ....

2. J'écris le mot à mémoriser et j'entoure la ou les lettres qui traduisent chaque son.

....

3. J'écris les lettres qui montrent que le verbe est à l'infinitif et que c'est un verbe du premier groupe.

....

4. Je cherche le mot dans le dictionnaire et j'écris un mot de la même famille :

....

5. Je complète chaque phrase avec le mot à mémoriser conjugué au passé composé :

Ces voitures .... cher.

Cette erreur .... la vie au pilote.

6. J'entoure le mot de la famille du mot à mémoriser.

Le cout des travaux est important.

Il a pris un coup au visage.

7. Je complète la liste.

la peur, peureux

le cout, ...

le malheur, ...

sévère

1. Je lis le mot et j'indique sa classe grammaticale. ....

2. J'écris le mot à mémoriser (fais attention au sens des accents) et j'entoure la ou les lettres qui traduisent chaque son. ....

3. Je cherche le mot dans le dictionnaire et je recopie les deux mots de la même famille.

....

4. Je complète les groupes nominaux avec le mot à mémoriser.

un homme ....; *des maitresses* ....

5. Je complète la liste :

grave, la gravité

sévère, la ....

divers, la ....

nulle, la ....

6. J'écris une phrase avec le mot *sévère* et *a*.

....

penser

1. Je lis le mot et j'indique sa classe grammaticale. ....

2. J'écris le mot à mémoriser et j'entoure la ou les lettres qui traduisent chaque son.

....

3. J'écris les lettres qui montrent que le verbe est à l'infinitif et que c'est un verbe du premier groupe.

....

4. Je complète chaque phrase avec le mot à mémoriser conjugué au présent :

Ils .... *aux vacances prochaines.*

Tu .... *à ranger ta chambre.*

5. J'entoure la partie commune de ces mots de la même famille :

penser – une pensée – un penseur – pensif

6. Je complète la liste.

ranger : une rangée

penser : une ....

durer : une ....

traverser : une ....

7. Un verbe se prononce de la même façon mais s'écrit différemment, c'est le verbe *panser* dont la définition est la suivante : *soigner en faisant un pansement.*

Complète les phrases avec *panse* ou *pense*.

Il .... *au blessé.*

Elle .... *le blessé.*

Jour 3

Mémorisation de mots

Mémorisation en autonomie

prix (un)

1. Je lis le mot, j'entoure sa classe grammaticale.

adjectif – nom – verbe

2. J'entoure son genre : masculin – féminin

3. J'écris le mot à mémoriser, j'entoure la ou les lettres qui traduisent chaque son.

....

4. Je souligne la consonne finale muette.

5. Je complète les groupes nominaux avec le mot à mémoriser. Attention, il peut être au pluriel.

un .... élevé – des .... en euros

6. Je ne confonds pas ***prix*** et ***pris***. Je complète avec le mot qui convient.

Nous avons .... le train de bonne heure.

Vous regardez le .... avant d'acheter.

agréable

1. Je lis le mot, j'entoure sa classe grammaticale.

adjectif – nom – verbe

2. J'écris le mot à mémoriser, j'entoure la ou les lettres qui traduisent chaque son.

....

3. Je complète les groupes nominaux avec le mot à mémoriser. Attention, il peut être au pluriel.

un temps .... – des gens ....

une ville .... – des maisons ....

4. Je complète la liste.

magnifique → magnifiquement

égale → également

agréable → ....

parc

1. Je lis le mot, j'entoure sa classe grammaticale.

adjectif – nom – verbe

2. J'entoure son genre : masculin – féminin

3. J'écris le mot à mémoriser, j'entoure la ou les lettres qui traduisent chaque son.

....

4. Je complète les groupes nominaux avec le mot à mémoriser. Attention, il peut être au pluriel.

le .... du château – des .... de stationnement

un .... à huitres – des .... naturels.

découper

1. Je lis le mot, j'entoure sa classe grammaticale.

adjectif – nom – verbe

2. J'écris le mot à mémoriser, j'entoure la ou les lettres qui traduisent chaque son.

. . . .

3. J'écris les lettres qui montrent que le verbe est à l'infinitif et que c'est un verbe du premier groupe.

. . . .

4. Je conjugue le verbe au présent.

Tu . . . . *Vous* . . . . *Ils* . . . .

5. Je complète la liste.

laver : le lavage

monter : le montage

découper : le . . . .

essorer : l'. . . . .

Mémorisation avec l'enseignant(e)

VISER (verbe)
Le joueur a visé (la cage et marqué un but). – viser (le poste de directeur) – un rétroviseur

ÉCHAPPER (verbe)
L'animal échappe au chasseur. – Le verre lui a échappé (des mains). – Le nom de cette personne m'échappe. – échappement (le pot d'échappement d'une voiture) comme hurlement – s'échapper – réchapper

BOUT (verbe)
un bout (de pain), des bouts (de tissu) – le bout (du doigt) – être à bout (de nerfs) – voir le bout (du tunnel) – au bout de (dix minutes) – aboutir, l'aboutissement comme échappement – un embout, emboutir
marcher dans la boue

MOURIR (verbe)
Nous mourions de soif (par cette chaleur) ! – Mon chat mourra (de vieillesse). – Il meurt d'envie (d'aller en voyage). – mourir (d'ennui), mourir (de peur) – Le feu meurt (dans la cheminée). – mourant(e), la mort, mortel(elle), la mortalité, mortellement, immortel comme imperméable, l'immortalité

Jour 4

Dictées de groupes de mots

Dictée de l'enseignant(e)

Tom lit une histoire qui commence ainsi : « il était *une fois un nouveau pays* merveilleux où *les boissons à la fraise coulaient* à flots… ». *Puis, il découpe des images.*

C'est *agréable* de passer une journée *au parc mais le prix* d'entrée est *cher*.

Le fermier sèmera ses graines de colza, lorsque *les roues de son tracteur seront* réparées.

Dictée de l'élève

Tom lit une histoire qui commence ainsi : « il était ....

merveilleux où .... à flots… ».

............, ...

C'est .... de passer une journée ....

d'entrée est ....

.... de colza, lorsque ....

.... réparées.

Dictée de l'enseignant(e)

Les élèves écrivent entièrement les deux premières phrases.

La fillette prépare divers bons petits plats au géant. Au bout de plusieurs jours, ils deviennent des amis.

Cet été, impossible d'*échapper à la chaleur.* On a cru *mourir* de chaud lors de l'*escalade de la montagne.*

Je ne commanderai pas cet imperméable, il coute trop cher.

Izia *a des professeurs sévères.*

L'homme vise la boule de son adversaire, *il pense pouvoir mettre la sienne à la place.*

Dictée de l'élève

....

...., ...

Cet été, impossible d'.. On a cru ....

de chaud lors de l'.. .

...., ...

Izia ....

.... de son adversaire, ...

....

CE2 CM1

SEMAINE 30

Jour 1

Mémorisation de mots, synthèse sur les lettres finales muettes et exercices

Mémorisation en autonomie

griffe

1. Je lis le mot, j'entoure sa classe grammaticale et son genre.

adjectif – nom – verbe

2. J'entoure son genre : masculin – féminin

3. J'écris le mot à mémoriser, j'entoure la ou les lettres qui traduisent chaque son.

....

4. J'écris le mot au pluriel : *des* ....

5. J'écris le verbe du premier groupe de la famille de *griffe*.

....

6. J'écris le verbe du premier groupe (terminé par *-er*) formé à partir de chaque nom.

une griffe : ....

une pioche : ....

une bêche : ....

une scie : ....

7. J'écris une phrase avec le mot *mémorisé* et *a* (verbe *avoir*).

....

CE2 CM1

bouquet

1. Je lis le mot, j'entoure sa classe grammaticale et son genre.

adjectif – nom – verbe

2. J'entoure son genre : masculin – féminin

3. J'écris le mot à mémoriser, j'entoure la ou les lettres qui traduisent chaque son.

....

4. J'écris le mot au pluriel : *des* ....

5. J'observe les deux premiers mots puis je complète chaque mot et je le récris.

*le bouq**uet***

*le poul**et***

le duv. . . . : ....

le bonn. . . . : ....

le gobel. . . . : ....

le jou. . . . : ....

huile

1. Je lis le mot, j'entoure sa classe grammaticale et son genre.

adjectif – nom – verbe

2. J'entoure son genre : masculin – féminin

3. J'écris le mot à mémoriser, j'entoure la ou les lettres qui traduisent chaque son.

....

4. Écris la lettre du début du mot qui ne se prononce pas : ....

5. J'écris le mot avec l'article défini *le*, *la* ou *l'* : ....

6. J'écris le verbe du premier groupe de la famille de *huile*.

....

fabriquer

1. Je lis le mot, j'entoure sa classe grammaticale.

adjectif – nom – verbe

2. J'écris le mot à mémoriser, j'entoure la ou les lettres qui traduisent chaque son.

....

3. J'écris les lettres qui montrent que le verbe est à l'infinitif et que c'est un verbe du premier groupe.

....

4. Je conjugue le verbe au passé composé.

Tu .... *une voiture en lego. Nous* .... *une cabane.*

Elles .... *des meubles.*

5. Je cherche le mot dans le dictionnaire et je recopie les mots de la même famille.

....

....

J'entoure les parties communes.

Synthèse sur les lettres finales muettes

Lire la rubrique « Des lettres finales muettes » dans le cahier de l'élève.
Faire trouver dans les tableaux les différents rôles de ces lettres finales qui ne se prononcent pas :

Série 1
La lettre finale muette sert à former le féminin d'un mot (nom ou adjectif) → *charmant, charmante – le suivant, la suivante.*

Série 2
La lettre finale muette sert à écrire un ou plusieurs mots de la même famille (dérivés) dans lesquels on retrouve cette lettre → *un accord, accorder, un accordeur – un pot, une poterie, un potier.*
Faire remarquer que la lettre finale peut être doublée → *billet, billetterie.*

Série 3
La lettre finale muette sert à la fois à former le féminin et à écrire des dérivés → *profond, profonde, la profondeur – un client, une cliente, la clientèle.*
Faire remarquer que la lettre finale peut être doublée → *épais, épaisse, l'épaisseur.*

Série 4
La lettre finale ne sert ni à former un féminin, ni à former des dérivés.
Faire préciser aux élèves que ces mots sont des mots invariables.
Faire remarquer que la lettre muette la plus observée est le t.
Faire conclure que, pour trouver la lettre finale muette d'un mot, on peut le mettre au féminin (quand c'est possible) ou chercher un mot de la même famille.
Exemple : → *exqui[... ?]* → *exquise* donc *exquis* – *le respe[... ?]* → *respecter* donc *respect* – *un consta[... ?]* → *constater* donc *constat.*
Faire écrire les mots suivants dans le tableau qui convient : *confort – bavard – sabot – outil – plaisant – précis – refus – mauvais – camp.*
Lire ce dont il faut se souvenir dans la rubrique « Ce que je dois retenir » dans le cahier de l'élève.

Exercices

1. Écris le masculin de chaque adjectif ou groupe nominal :

intruse → ....
une candidate → ....
une mendiante → ....
élégante → ....
une gourmande → ....
confuse → ....
une Niçoise → ....
froide → ....

2. Trouve la lettre finale manquante de chaque mot dérivé et récris le mot à côté :

une tapisserie → *un tapi....* → ....
galoper → *le galo....* → ....
la rondeur → *ron....* → ....
porcin → *un por....* → ....
un plombier → *du plom....* → ....
abuser → *un abu....* → ....
regarder → *un regar....* → ....
fruitier → *un frui....* → ....
sanguin → *du san....* → ....
l'étroitesse → *étroi....* → ....

3. Écris le nom avec une finale muette qui permet chaque dérivé :

Exemple : une récitation → *un récit*

un combattant → ....
matelasser → ....
camper → ....
un drapier → ....
une rangée → ....
un concertiste → ....
climatique → ....
accidentel → ....
un outillage → ....
champêtre → ....

4. Écris un dérivé pour chaque mot, en utilisant la lettre finale muette :

Exemple : le bord → *une bordure ou border*

le talent → ....
le retard → ....
un rabais → ....
un départ → ....
le bois → ....
un refus → ....
un tracas → ....
un permis → ....
un début → ....
vingt → ....

5. Pour chaque mot, écris son féminin et un dérivé :

Exemple : lourd → *lourde, une lourdeur*

bavard → ....
direct → ....
un marchand → ....
ouvert → ....
friand → ....

6. Écris une histoire de ton choix en utilisant plusieurs mots de cette liste, que tu pourras mettre au féminin et au pluriel si besoin : *palais, héros, combat, esprit, géant, hasard, accord, champ, étang, puits, charmant, différent, puissant, plaisant, méchant, secret*. Tu conjugueras les verbes au futur.

Jours 2 et 3

Mémorisation de mots

Mémorisation avec l'enseignant(e)

LÀ-BAS (mot invariable)
Pars devant et attends-nous là-bas. – là, voilà, au-delà

GENOU (nom)
le genou droit – être sur les genoux de quelqu'un – les genoux comme hiboux, poux, bijoux, joujoux, cailloux, choux

MAUVAIS (adjectif et mot invariable)
un mauvais temps, de mauvais résultats, une mauvaise plaisanterie, de mauvaises nouvelles – Il faisait toujours mauvais !

INVITER (verbe)
Tu invites un ami (à ton anniversaire). – un invité, une invitée, une invitation comme une information

BESOIN (nom)
avoir besoin (d'une gomme) – (Le chien fait) ses besoins (dans le caniveau). – être dans le besoin

ESCALIER (nom)
(prendre) l'escalier (ou l'ascenseur) – (monter) l'escalier (quatre à quatre) – des escaliers (roulants) – un escalator

PANNE (nom)
(Vous étiez) en panne de voiture. – des pannes (d'électricité) – dépanner, un dépannage comme un sauvetage, un(e) dépanneur(euse) comme un(e) skieur(euse), une dépanneuse (le véhicule)

COURIR (verbe)
« (Rien ne sert de) courir, (il faut partir à point » a dit La Fontaine). – faire courir un bruit – une course, un(e) coureur(euse) comme dépanneur(euse)

Mémorisation en autonomie

végétal

1. Je lis le mot et je cherche le mot dans le dictionnaire. J'indique les deux classes grammaticales auxquelles il peut appartenir. ....

2. J'écris le mot à mémoriser, j'entoure la ou les lettres qui traduisent chaque son.

....

3. Je complète avec le mot à mémoriser et j'écris s'il s'agit du nom ou de l'adjectif.

L'arbre est un végétal. ....

L'huile d'olive est une huile végétale. ....

4. Je complète les groupes nominaux avec l'adjectif à mémoriser.

le monde .... *– une huile* ....

5. Je complète avec un mot de la famille de végétation.

La .... *est un ensemble de plantes qui poussent dans un endroit.*

Un .... *est une personne qui ne mange ni de viande ni de poisson.*

remplacer

1. Je lis le mot et j'indique sa classe grammaticale. ....

2. J'écris le mot à mémoriser et j'entoure la ou les lettres qui traduisent chaque son.

....

3. J'écris les lettres qui montrent que le verbe est à l'infinitif et que c'est un verbe du premier groupe.

....

4. Je complète chaque phase avec le mot à mémoriser conjugué au présent :

Nous .... *la vitre cassée.*

Vous .... *votre stylo par un autre.*

5. Je complète la liste.

gagner, un gagnant

remplacer, un ....

calmer, un ....

enseigner : un ....

habiter : un ....

surveiller : un ....

expérience

1. Je lis le mot, j'indique sa classe grammaticale et son genre. ....

2. J'écris le mot à mémoriser et j'entoure la ou les lettres qui traduisent chaque son

....

3. J'écris le mot avec l'article défini *le*, *la* ou *l'* : ....

4. J'écris le mot au pluriel : *des* ....

5. J'écris le nom mémorisé avec un déterminant démonstratif comme dans les exemples.

cette femme, cette maison ....

ces femmes, ces maisons ....

exister

1. Je lis le mot et j'indique sa classe grammaticale. ....

2. J'écris le mot à mémoriser et j'entoure la ou les lettres qui traduisent chaque son.

....

3. J'écris les lettres qui montrent que le verbe est à l'infinitif et que c'est un verbe du premier groupe.

4. J'écris le mot à mémoriser au présent avec *elles* : ....

5. Je cherche le mot dans le dictionnaire et je recopie les deux mots de la même famille.

....

6. Je complète la série.

exister : l'existence

exiger : l'..

résider : la..

numérique

1. Je lis le mot et j'indique sa classe grammaticale. ....

2. J'écris le mot à mémoriser, j'entoure la ou les lettres qui traduisent chaque son.

....

3. Je cherche le mot dans le dictionnaire pour comprendre ses deux sens.

4. Je complète les groupes nominaux avec le mot à mémoriser.

un appareil photo ....; *des télévisions* ....

liquide

1. Je lis le mot et je cherche le mot dans le dictionnaire. J'indique les deux classes grammaticales auxquelles il peut appartenir. ....

2. J'écris le mot à mémoriser, j'entoure la ou les lettres qui traduisent chaque son.

....

3. Je complète avec le mot à mémoriser et j'écris s'il s'agit du nom ou de l'adjectif.

Il a payé avec de l'argent ....

L'eau est un ....

4. Je complète les groupes nominaux avec l'adjectif à mémoriser.

des matières .... ; *du savon* .... ;

de la lessive ....

mémoire

1. Je lis le mot, j'indique sa classe grammaticale et son genre. ....

2. J'écris le mot à mémoriser, j'entoure la ou les lettres qui traduisent chaque son.

....

3. J'entoure la partie commune de ces mots de la même famille :

mémoire, mémoriser, mémorable

4. J'écris le mot au pluriel. ....

5. Je complète la liste.

une arm. . . . . : une armoire

une baign. . . . . : une baignoire

une balanç. . . . . : une ....

la mém. . . . . : la ....

une hist. . . . . : une ....

une vict. . . . . : une ....

une patin. . . . . : une ....

une f. . . . . : une ....

une mâch. . . . . : une ....

6. Je complète la liste.

un réserv. . . . . : un réservoir

un ras. . . . . : un rasoir

un mir. . . . . : un ....

un dev. . . . . : un ....

un tir. . . . . : un ....

un arros. . . . . : un ....

réussir

1. Je lis le mot et j'indique sa classe grammaticale. ....

2. J'écris le mot à mémoriser et j'entoure la ou les lettres qui traduisent chaque son.

....

3. J'écris les lettres qui montrent que le verbe est à l'infinitif.

4. J'écris le mot à mémoriser au présent avec *nous* : ....

Le verbe réussir est un verbe du deuxième groupe.

5. Je complète la phrase avec un mot de la famille du mot à mémoriser.

Tu as réussi ton examen. C'est une belle ....

Jour 4

Dictées de texte et de groupes de mots

Dictée de texte

Je veux inviter un ami à venir avec moi chez Mamie. Mais il a fait une mauvaise chute, il a mal à un genou. Il ne peut plus courir. Si là-bas, dans l'immeuble, l'ascenseur est en panne, il aura besoin d'aide pour monter les escaliers.

Dictée de l'enseignant(e)

Les élèves écrivent entièrement les dernières phrases.

Auparavant, les appareils photos *numériques n'existaient pas*, maintenant, *ils ont remplacé les autres.*
Nous réussissons cette expérience sur l'action d'un liquide chaud sur des végétaux. Nous gardons les résultats dans notre mémoire.

Dictée de l'élève

Auparavant, les appareils photos ...., maintenant, ...
....
....
....
....

SEMAINE 31

Jour 1

Mémorisation de mots, synthèse sur les rôles phonologique, lexical et grammatical de la lettre *x* et exercices

Mémorisation en autonomie

depuis

1. Je lis le mot. C'est un mot invariable.
2. J'écris le mot à mémoriser, j'entoure la ou les lettres qui traduisent chaque son.

. . . .

J'entoure la lettre finale muette.

3. Je complète la phrase avec le mot à mémoriser.

Il est arrivé . . . . *cinq minutes.*

Le chien a suivi les enfants . . . . *la ferme.*

idée

1. Je lis le mot, j'entoure sa classe grammaticale.

adjectif – nom – verbe

2. J'entoure son genre : masculin – féminin
3. J'écris le mot à mémoriser, j'entoure la ou les lettres qui traduisent chaque son.

. . . .

J'entoure la voyelle finale muette.

4. J'écris le mot avec un article défini (*le, la, l'*) : . . . .
5. J'écris le mot au pluriel : . . . .
6. Les mots *idée*, *idéal* sont de la même famille.

J'entoure leur partie commune.

7. Je complète les phrases avec le mot à mémoriser ou le mot de sa famille. Attention ! Le mot à mémoriser peut être au pluriel.

C'est une bonne . . . . *!*

Vous avez toujours des . . . . *bizarres.*

Voici un anorak . . . . *pour l'hiver.*

debout

1. Je lis le mot. C'est un mot invariable.
2. J'écris le mot à mémoriser, j'entoure la ou les lettres qui traduisent chaque son.

....

J'entoure la lettre finale muette.

3. Je complète la phrase avec le mot à mémoriser.

Elle a voyagé ....

À six heures, Momo est déjà ....

Vous rangez vos livres ....

poil

1. Je lis le mot, j'entoure sa classe grammaticale.

adjectif – nom – verbe

2. J'entoure son genre : masculin – féminin
3. J'écris le mot à mémoriser, j'entoure la ou les lettres qui traduisent chaque son.

....

4. J'écris le mot au pluriel : ....
5. Je complète les phrases avec le mot à mémoriser. Attention ! Le mot à mémoriser peut être au pluriel.

Le .... *des chats est doux.*

Ce chien perd ses ....

Les .... *de sa brosse à dents sont durs.*

6. Je ne confonds pas ***poêle*** et **poil**. Je complète avec le mot qui convient.

Nous cuisons les crêpes dans une ....

Le .... *de cet animal est doux.*

Synthèse sur les rôles phonologique, lexical et grammatical de la lettre x

Dire aux élèves que l'on va constituer ensemble un tableau dans lequel on notera à quoi sert la lettre x dans les mots. Donner aux élèves un tableau de mots contenant la lettre x qui transcrit différents phonèmes.

x se prononce	Au début des mots	À l'intérieur des mots	À la fin des mots
[s]		soixante	six, dix
[z]		deuxième, sixième, dixième	
[ks]		exploser, expliquer, fixer, oxyder, excuse, texte, maximum, boxeur, excellent, anxieux, vexant	réflexe, luxe, taxe, préfixe, équinoxe, larynx, lynx, thorax
[gz]	xénophobe, xylophone, xérès	exécuter, exiger, exister, examen, exercice, exhibition, exact, exorbitant, exubérant	
[-]		auxquels, auxquelles	des hiboux, des choux, des lieux des berceaux, des seaux, des émaux je peux, je veux, je vaux paix, choix, prix, faux, toux, reflux, creux sérieux, courageux, délicieux, roux, mieux

Faire lire les mots à haute voix et faire colorier les lettres qui suivent la lettre x dans la quatrième ligne.

Faire remarquer que, quand x se prononce :

– Dans la première ligne, x se prononce [s] au milieu et en fin de mot.
– Dans la deuxième ligne, x se prononce [z] à l'intérieur des mots seulement.
– Dans la troisième ligne, x se prononce [ks] au milieu et en fin de mot.
– Dans la quatrième ligne, x se prononce [gz] :
  - En début de mots (ils sont peu nombreux).
  - À l'intérieur de mots commençant par *ex-* suivi d'une voyelle ou d'un *h* muet.

Quand x ne se prononce pas, comme dans la dernière ligne :

– Soit x apparait ou disparait à l'intérieur ou en fin de mot quand il marque le pluriel et la terminaison d'un verbe.
  Remarque : *auxquels, auxquelles* sont les pluriels de *auquel* et *à laquelle*.
– Soit x est toujours à la fin de certains mots.

À partir de ces observations, faire compléter un tableau qui récapitule les différents rôles de la lettre x, dont voici un exemple :

x se prononce				**x ne se prononce pas (à la fin d'un mot)**				
x se prononce [s]	x se prononce [z]	x se prononce [ks]	x se prononce [gz]	x apparait dans la marque du pluriel	x apparait à la fin d'un verbe	x est toujours à la fin du mot		
soi**x**ante si**x** di**x**	deu**x**ième si**x**ième di**x**ième	e**x**ploser o**x**yder le bo**x**eur e**x**cellent l'équino**x**e	**x**érès **x**ylophone e**x**iger un e**x**amen un e**x**ercice e**x**act e**x**orbitant	**des** feu**x** **des** chou**x** **des** veau**x** **des** émau**x** au**x**quels au**x**quelles	avec *je* et *tu* au **présent** des verbes *pouvoir*, *vouloir*, je, tu peu**x** je, tu veu**x**	**nom** la pai**x** un choi**x** le pri**x**	**adjectif** sérieu**x** délicieu**x** rou**x**	**mot invariable** mieu**x**

Dans le cahier de l'élève, à la rubrique « Ce que je dois retenir », lire le paragraphe sur la lettre *x* :

En début de mot, **x** est rare et se prononce [gz] → ***x**érès, **x**ylophone, **x**énophobe.*
À l'intérieur d'un mot :
– x se prononce [ks] → *e**x**pédier.*
– x se prononce [ks] → *e**x**emple.*
– x se prononce [s] → *soi**x**ante.*
– x se prononce [z] → *deu**x**ième.*
À la fin d'un mot :
– Si x se prononce, c'est [s] → *di**x**.*
– Souvent x ne se prononce pas (sauf s'il y a une liaison → *deu**x**_enfants*).
– x est la marque du pluriel de certains noms et adjectifs → *des milieu**x**, beau**x**.*
– x est la terminaison de certains verbes → *je veu**x**, tu peu**x***, etc.
– x est toujours là → *la pai**x** (paisible), délicieu**x** (délicieuse), mieu**x**.*

Exercices

1. Écris chaque mot dans la colonne du tableau qui convient :

dixième – un exercice – l'index – une noix – exister – l'extérieur – dix – gazeux – soixante – un texte – une croix – sixième – le choix – examiner – six – une expérience – deuxième – l'exil

La lettre x se prononce [x]	La lettre x se prononce [z]	La lettre x se prononce [ks]	La lettre x se prononce [gz]	La lettre x ne se prononce pas
....	....	....	....	....
....	....	....	....	....
....	....	....	....	....
....	....	....	....	....
....	....	....	....	....

2. Recopie uniquement les mots dans lesquels la lettre *x* se prononce :

un fax – vieux – la toux – le sphinx – l'inox – du houx – du latex – doux – un lynx

....

....

3. Écris un mot appartenant à la même famille contenant la lettre *x* :

creuser → .... *une dizaine* → ....

une laryngite → .... *poser* → ....

un nuage → .... *imprimer* → ....

4. Écris le contraire de chaque mot ; il doit contenir la lettre x. Pour chaque mot, écris si on entend ou non la lettre x :

C'est vrai → *c'est*.................................... ; on .... la lettre x.

La guerre → *la*.................................... ; on .... la lettre x.

Le minimum → *le*.................................... ; on .... la lettre x.

L'intérieur → *l'*.................................... ; on .... la lettre x.

5. Barre l'intrus de chaque série :

exposer – expliquer – exemple – extrême
exotique – extrémité – examen – exagérer
dix – affreux – joyeux – furieux

6. Écris l'adjectif dérivé de chaque nom :

le silence → .... *le nombre* → ....

un orage → .... *le danger* → ....

le souci → .... *du savon* → ....

la pâte → .... *la honte* → ....

un délice → .... *la rousseur* → ....

7. Récris ces noms au singulier :

des perdrix – des châteaux – des époux – des peureux – des tuyaux – des journaux – des voix – des prix – des genoux – des milieux – des choix

....

....

8. Complète chaque phrase avec un mot contenant la lettre x qui se prononce [ks] ou [gz] comme indiqué :

Le mois prochain, Abel passera un .... *médical.* → [gz]

En sortant de la gare, on appellera un.................................... *pour aller à l'hôtel.* → [ks]

Dans l'univers, il y a des milliards de .... → [ks]

Ton problème est bon, tes calculs sont.................................... → [gz]

9. Écris l'adjectif de la famille de chaque nom :

la curiosité → .... *la générosité* → ....

la luminosité → .... *la joie* → ....

la nervosité → .... *la soie* → ....

10. Écris plusieurs phrases pour parler d'un exercice que tu as trouvé un jour très difficile. Dis de quel exercice il s'agissait, si tu as fait appel à l'enseignant(e), quelle aide tu as reçue et si tu as fini par le réussir. Utilise des mots contenant la lettre *x* comme *anxieux, complexe, explications, exemple, exaspérer, six, dix* ou d'autres encore. Conjugue les verbes à l'imparfait.

Jours 2 et 3

Mémorisation de mots

Mémorisation avec l'enseignant(e)

PLAT (adjectif et nom)
un plat creux, des plats (de légumes), poser à plat – un terrain plat, une assiette plate – un plateau, aplatir

PRÉPARER (verbe)
Nous avons préparé (un dessert). – Elle préparait ses valises. – Ils prépareront (le repas). – se préparer, la préparation comme fabrication, des préparatifs

DOUX (adjectif)
un climat doux, des hivers doux, une fourrure douce, des eaux douces – doux ou frais – Hier, il faisait doux. – doucement comme seulement, la douceur comme la hauteur – adoucir

ÉTÉ (nom)
l'été – C'est un été chaud. – en été, pendant l'été

CARTABLE (nom)
Pierre aura un nouveau cartable pour la rentrée. – son cartable, des cartables neufs

IMAGE (nom)
les images – voir son image dans un miroir – un livre imagé – imaginer, l'imagination comme préparation, imaginable comme habitable

CHAISE (nom)
une chaise ou un fauteuil – une chaise longue, des chaises de jardin

FOOTBALL (nom)
(Les enfants aimaient jouer) au football. – un(e) footballeur(euse) comme un skieur(euse)

Mémorisation en autonomie

participer

1. Je lis le mot et j'indique sa classe grammaticale. ....

2. J'écris le mot à mémoriser et j'entoure la ou les lettres qui traduisent chaque son.

....

3. J'écris les lettres qui montrent que le verbe est à l'infinitif et que c'est un verbe du premier groupe.

....

4. Je complète la série.

informer : l'information

occuper : l'..

participer : l'..

déclarer : la ....

5. J'écris une phrase avec le mot à mémoriser conjugué au passé composé avec *nous* :

....

éclairer

1. Je lis le mot et j'indique sa classe grammaticale. ....

2. J'écris le mot à mémoriser et j'entoure la ou les lettres qui traduisent chaque son.

....

3. J'écris les lettres qui montrent que le verbe est à l'infinitif et que c'est un verbe du premier groupe.

....

4. J'écris le mot à mémoriser au futur avec *les lampes* : ....

5. Lis ces mots de la même famille : *clair, éclairer, clarté.*

Quelle voyelle de *clarté* retrouves-tu dans le *ai* de *clair* et *éclairer* ? ....

Entoure la lettre que l'on retrouve dans le *ai* des mots suivants :

pair, parité

chair, charnu

6. Je complète la série.

laver : le lavage

éclairer : l'..

colorier : le ....

découper : le ....

hurler

1. Je lis le mot et j'indique sa classe grammaticale. ....

2. J'écris le mot à mémoriser et j'entoure la ou les lettres qui traduisent chaque son.

....

J'entoure la consonne muette au début du mot.

3. J'écris les lettres qui montrent que le verbe est à l'infinitif et que c'est un verbe du premier groupe.

....

4. J'écris une phrase avec le mot à mémoriser conjugué à l'imparfait :

....

5. Je cherche le mot dans le dictionnaire et j'écris le mot de la même famille.

....

6. Je complète la série.

craquer : un craquement

hurler : un ....

siffler : un ....

gronder : un ....

manuel

1. Je lis le mot. Ce mot est soit un nom, soit un adjectif.

2. J'écris le mot à mémoriser, j'entoure la ou les lettres qui traduisent chaque son.

....

3. Je cherche le nom et l'adjectif dans le dictionnaire.

J'écris un mot de la famille de l'adjectif : ....

4. J'écris le nom au pluriel : *des* ....

5. Je complète les groupes nominaux avec l'adjectif :

un travail .... ; *une activité* ....

des travaux .... ; *des activités* ....

6. J'entoure la voyelle que je retrouve dans le *ain/aim* du mot de la même famille.

main → manuel

bain → balnéaire

grain → granulé

pain → pané

faim → famine

7. J'écris les adjectifs au féminin :

manuel, manuelle

traditionnel : ....

naturel : ....

réel : ....

construire

1. Je lis le mot et j'indique sa classe grammaticale. ....

2. J'écris le mot à mémoriser et j'entoure la ou les lettres qui traduisent chaque son.

....

3. J'écris les lettres qui montrent que le verbe est à l'infinitif : c'est un verbe du troisième groupe.

....

4. J'écris une phrase avec le mot à mémoriser conjugué au présent :

....

5. Je complète la série.

détruire : la destruction

construire : la ....

instruire : l' ....

terroriser

1. Je lis le mot et j'indique sa classe grammaticale. ....

2. J'écris le mot à mémoriser et j'entoure la ou les lettres qui traduisent chaque son.

....

3. J'écris les lettres qui montrent que le verbe est à l'infinitif et que c'est un verbe du premier groupe.

....

4. J'écris une phrase avec le mot à mémoriser conjugué au futur :

....

habitude

1. Je lis le mot, j'indique sa classe grammaticale et son genre. ....

2. J'écris le mot à mémoriser et j'entoure la ou les lettres qui traduisent chaque son.

....

3. Je recopie le groupe nominal avec *le*, *la* ou *l'*.

.... *odeur :* ....

.... *construction :* ....

.... *habitude :* ....

4. J'écris une phrase avec *d'habitude*.

....

parmi

1. Je lis le mot : c'est un mot invariable.

2. J'écris le mot à mémoriser, j'entoure la ou les lettres qui traduisent chaque son.

....

3. Je recopie les phrases en remplaçant les mots en gras par le mot à mémoriser.

Tu es debout ***au milieu de*** *tes invités.*

....

Dans *les participants au jeu, il y a des gens que je connais.*

....

Jour 4

Dictées de groupes de mots et de texte

Dictée de l'enseignant(e)

Les élèves écrivent entièrement la dernière phrase.

Debout sur une chaise, Margot *prépare un plat avec sa maman.*

Julien *gardera les images de footballeurs dans son cartable* pendant longtemps.

Cet été, ma famille *a eu la bonne idée* d'adopter *ce chat au(x) poil(s) doux. Depuis ce jour, il est très heureux.*

Dictée de l'élève

...., Margot ....

....

Julien ....

.... pendant longtemps.

........................, ma famille .... d'adopter

....

....................................., ...

Dictée de texte

UNE BELLE EXPOSITION

Aujourd'hui, comme **d'habitude**, Paul a bien travaillé. Il a utilisé son **manuel** d'histoire pour faire un devoir.

Maintenant, il va voir une exposition avec son père. Ils quittent la maison.

Dans la rue, ils admirent **l'éclairage** des vitrines et **la construction** d'une tour près du cinéma.

Puis, ils entrent dans la salle d'exposition. Ils voient des images de la Première Guerre mondiale.

Une vidéo montre les combats et les blessés **terrorisés hurler** de douleur.

Parmi les visiteurs, son père retrouve un ami qui a **participé** à l'exposition.

SEMAINE 32

Jour 1

Mémorisation de mots

Mémorisation avec l'enseignant(e)

LAINE (nom)
de la laine à tricoter, des laines (très douces) – (prendre) une petite laine (pour sortir) – un lainage comme paysage, laineux(euse)

CELA (pronom)
Où avez-vous trouvé cela ? – Cela n'est pas grave. – ceci – là

COLÈRE (nom)
(avoir un mouvement) de colère – (être rouge) de colère – (Ces enfants faisaient souvent) des colères. – coléreux(euse)

VIVANT (adjectif et nom)
Il est vivant. – un être vivant – un enfant très vivant – un quartier vivant – une langue vivante

Mémorisation en autonomie

pierre

1. Je lis le mot et j'indique sa classe grammaticale et son genre. ....

2. J'écris le mot à mémoriser et j'entoure la ou les lettres qui traduisent chaque son.

....

3. J'écris le mot au pluriel : ....

4. Je complète chaque mot avec **erre** et je récris le mot :

la pi...... : ....

la t...... : ....

la gu..... : ....

le li...... : ....

le v...... : ....

le tonn .... : ....

une équ...... : ....

5. J'écris une phrase avec le mot à mémoriser et *cette* :

....

blessure

1. Je lis le mot et j'indique sa classe grammaticale et son genre. ....

2. J'écris le mot à mémoriser et j'entoure la ou les lettres qui traduisent chaque son.

....

3. J'écris le mot au pluriel: ....

4. J'écris le verbe du premier groupe à partir duquel chaque mot en gras est formé:

piquer: **une piqure**

....: ***une blessure***

....: ***une bordure***

....: ***une chaussure***

....: ***une gravure***

J'entoure le suffixe utilisé.

humide

1. Je lis le mot et j'indique sa classe grammaticale.

2. J'écris le mot à mémoriser, j'entoure la ou les lettres qui traduisent chaque son.

....

J'écris la lettre muette qui est au début du mot: ....

3. Je cherche le mot dans le dictionnaire et j'écris des mots de la même famille:

....

4. Je complète les groupes nominaux avec le mot à mémoriser.

un sol .... ; *une serviette* ....;

des sols ....; *des serviettes* ....

5. Je complète la série et j'entoure le suffixe utilisé dans chaque mot.

humide: l'humidité

divers: la ....

célèbre: la ....

immobile: l'...........................

rapide: la ....

brusque

1. Je lis le mot et j'indique sa classe grammaticale.

2. J'écris le mot à mémoriser, j'entoure la ou les lettres qui traduisent chaque son.

....

3. Je complète les groupes nominaux avec le mot à mémoriser.

un mouvement ....; *des personnes* ....

4. Je complète la série et j'entoure le suffixe utilisé dans chaque mot.

rapide: rapidement

brusque: ....

grande: ....

large: ....

étroit: ....

5. Je complète la série et j'entoure le suffixe utilisé dans chaque mot.

brusque: la brusquerie

drôle: la ....

sauvage: la ....

Jours 2 et 3

Mémorisation de mots

Mémorisation en autonomie

accident (nom)

1. Je lis le mot, j'entoure sa classe grammaticale.

adjectif – nom – verbe

2. J'entoure son genre : masculin – féminin

3. J'écris le mot à mémoriser, j'entoure la ou les lettres qui traduisent chaque son.

. . . .

J'entoure la voyelle finale muette.

4. J'écris le mot avec un article défini (*le, la, l'*) : . . . .

5. J'écris le mot au pluriel : . . . .

6. Les mots *accident, accidenté, accidentel* sont de la même famille.

J'entoure leur partie commune.

Recopie les mots dans lesquels la lettre *t* n'est pas muette :

. . . .

chance (nom)

1. Je lis le mot, j'entoure sa classe grammaticale.

adjectif – nom – verbe

2. J'entoure son genre : masculin – féminin

3. J'écris le mot à mémoriser, j'entoure la ou les lettres qui traduisent chaque son.

. . . .

4. Les mots *chance, chanceux, malchance* sont de la même famille.

J'entoure leur partie commune.

5. Je complète la série.

peur, peureux

chance, ...

danger, ...

douleur, ...

6. Je complète la série.

chance, malchance

propre, ...

adroit, ...

honnête, ...

aile

1. Je lis le mot, j'entoure sa classe grammaticale.

adjectif – nom – verbe

2. J'entoure son genre : masculin – féminin

3. J'écris le mot à mémoriser, j'entoure la ou les lettres qui traduisent chaque son.

....

4. J'écris le mot avec un article défini (*le, la, l'*) : ....

5. J'écris le mot au pluriel : *des* ....

6. Je complète les phrases avec le mot à mémoriser. Attention ! Le mot à mémoriser peut être au pluriel.

Le pigeon a battu des .... et il s'est envolé.

Le paillon déploie ses ....

L'avion a une .... abimée.

7. Je ne confonds pas ***aile*** et ***elle***. Je complète avec le mot qui convient.

Ce soir, ... va au cinéma.

L'oiseau a une .... cassée.

chemin

1. Je lis le mot, j'entoure sa classe grammaticale.

adjectif – nom – verbe

2. J'entoure son genre : masculin – féminin

3. J'écris le mot à mémoriser, j'entoure la ou les lettres qui traduisent chaque son.

....

4. J'écris le mot au pluriel : *des* ....

5. Je complète avec le mot à mémoriser.

Ce petit .... mène à la ferme.

Un touriste a demandé son .... à Zoé.

utile

1. Je lis le mot, j'entoure sa classe grammaticale.

adjectif – nom – verbe

2. J'écris le mot à mémoriser, j'entoure la ou les lettres qui traduisent chaque son.

....

3. Je complète les groupes nominaux avec le mot à mémoriser. Attention, il peut être au pluriel.

des choses ....; *un objet* ....

4. Les mots *utile*, *utilement* sont de la même famille. J'entoure leur partie commune. Je complète la série.

utile, utilement

rapide, ...

simple, ...

propre, ...

5. J'écris le contraire en utilisant le préfixe *in-* ou *im-* :

utile : ....

connu : ....

possible : ....

attentif : ....

complet : ....

ventre

1. Je lis le mot, j'entoure sa classe grammaticale.

adjectif – nom – verbe

2. J'entoure son genre : masculin – féminin

3. J'écris le mot à mémoriser, j'entoure la ou les lettres qui traduisent chaque son.

....

4. J'écris une phrase avec le mot *ventre*.

....

ensemble

1. Je lis le mot, c'est un mot invariable.

2. J'écris le mot à mémoriser, j'entoure la ou les lettres qui traduisent chaque son.

....

3. Je remplace le mot en gras par son contraire à mémoriser.

Louis, Emma et Simon jouent ***séparément****.* ....

4. Je remplace le groupe de mots en gras par le mot de même sens à mémoriser.

Ne parlez pas tous ***en même temps****.* ....

vilain

1. Je lis le mot, j'entoure sa classe grammaticale.

adjectif – nom – verbe

2. J'écris le mot à mémoriser, j'entoure la ou les lettres qui traduisent chaque son.

....

3. Je complète les groupes nominaux avec le mot à mémoriser. Attention, il peut être au féminin et/ou au pluriel.

un .... *garçon, une* .... *fille ;*

des .... *garçons, des* .... *filles*

4. Je complète les mots avec *ain* et je les récris.

vil. . . . , ...

hum. . . . , ...

souterr. . . . , ...

proch. . . . , ...

afric. . . . , ...

Mémorisation avec l'enseignant(e)

DÈS QUE (locution conjonctive)
Dès que (le réveil sonne, on se lève). – (Ils viennent) dès qu'ils peuvent. – dès (le matin…)

POUSSIÈRE (nom)
La poussière (a recouvert le chemin). – faire les poussières (essuyer les meubles) – tomber en poussière – Ce manteau coute quatre-vingts euros et des poussières. – poussiéreux(euse) comme aventureux(euse)

SERRER (verbe et adjectif)
Vous serrerez (les boulons de la roue à fond). – serrer la main – se serrer (les uns contre les autres) – avoir la gorge serrée, les pieds serrés, (avancer en rangs) serrés – un serrement, des serres (griffes), un serre-tête – desserrer, resserrer

RÊVER (verbe)
Autrefois, je rêvais en couleurs ! – Mélanie rêvait (qu'elle était chanteuse). – Alice rêve (en classe au lieu d'écouter le maitre). – un rêve, rêveur(euse), une rêverie comme sauvagerie

DÉLICAT (adjectif)
un parfum délicat – une santé délicate – des situations délicates – des personnages délicats – délicatement comme directement – la délicatesse comme la tendresse

RECEVOIR (verbe)
Nos parents recevaient (souvent des amis). – Nous recevions (les colis le matin). – Il a reçu (un caillou sur la tête). - recevable comme acceptable, irrecevable comme irremplaçable

PALAIS (nom)
– un palais royal, des palais de justice – Cette maison est un véritable palais ! (Ici, *palais* vient du latin *palatium*)
– (Lisa s'est brûlé) le palais (avec de la soupe trop chaude). (Ici, *palais* vient du latin *palatum*)
– Pour jouer au hockey sur glace, on utilise un palet.

RACE (nom)
une race de chiens – les races humaines – un animal racé, une voiture racée – racial(e) comme végétal(e), le racisme, un(e) raciste, un(e) antiraciste

Jour 4

Dictées de texte et de groupes de mots

Dictée de texte

UN ACCIDENT

Un jour de **vilain** temps, Simon a eu un **accident** à cause de deux animaux qui ont traversé **ensemble** un **chemin**. Il a été blessé au **ventre**, **l'aile** de sa voiture était enfoncée et son beau pull de **laine** était abimé. Cela l'a mis en **colère** car ce n'était pas de sa faute. Son téléphone neuf a été bien **utile** pour appeler le dépanneur. Les animaux ont eu de la **chance**, ils sont sortis **vivants** de l'accident.

Dictée de l'enseignant(e)

Les élèves écrivent entièrement la première phrase.

Dès que Tom s'est endormi, il a rêvé qu'il était dans un palais poussiéreux et qu'il serrait délicatement un dragon dans ses bras.

En ramassant *des pierres humides, j'ai eu une blessure* à un doigt.

Au concours de chats *de race, le chat de Zoé a reçu* le premier prix.

Dictée de l'élève

....

....

En ramassant ...., ...

.... à un doigt.

Au concours de chats ...., ...

le premier prix.

SEMAINE 33

Jour 1

Synthèse sur les préfixes et les suffixes, exercices et mémorisation de mots

Synthèse sur les préfixes et les suffixes

Il s'agit à travers cette synthèse de faire comprendre aux élèves la construction des mots par dérivation avec des affixes (préfixes, suffixes) et qu'ils sachent les écrire :

- Un mot peut n'avoir ni suffixe ni préfixe : *calme, content, mobile.*
- Il peut être formé :
  - D'un radical (un mot ou une partie de mots) et d'un préfixe qui a un certain sens : *mécontent, immobile.*
  - D'un radical (un mot ou une partie de mots) et d'un suffixe qui a un certain sens : *calmement, mobilité.*
  - D'un radical (un mot ou une partie de mots), d'un préfixe et d'un suffixe qui ont chacun un sens : *mécontentement, immobilité.*

Les différents rôles de chaque affixe définis ci-dessous dans les informations pour l'enseignant(e) n'ont pas tous été vus lors de la mémorisation de mots. Ils pourront, selon les classes, être abordés ou non lors de la synthèse en cherchant des mots contenant ces affixes.

Faire observer la construction des mots, identifier le radical, le préfixe, le suffixe.
Faire trouver le rôle des suffixes et préfixes, l'écrire avec les mots des enfants (« Le préfixe X ou le suffixe Y *signifie* ou *indique…* »). Ajouter éventuellement des mots dans les listes.
Constater que les suffixes changent souvent la nature du mot.

Dans le cahier de l'élève, à la rubrique « Ce que je dois retenir », lire la synthèse sur les préfixes et les suffixes.

En reprenant quelques exemples dans les nombreuses listes, faire formuler les remarques suivantes :
1. Les suffixes changent parfois la nature grammaticale des mots de base, mais pas toujours :
- *un val* (nom) → *une vallée* (nom) ; *cruel* (adjectif) → *la cruauté* (nom).
- *accepter* (verbe) → *acceptable* (adjectif) ; *un délice* (nom) → *délicieux* (adjectif).

2. Un mot peut être formé de plusieurs affixes :
- *un bout* → *aboutir, emboutir, l'aboutissement.*
- *pli* → *pliable, un pliage, une pliure.*

Exercices

1. Entoure le préfixe de chaque mot quand il y en a un :

encercler – imaginer – abaisser – emprunter – dérégler – encore – surélever – imperméable – un refrain – reconstruire – empierrer – un décor – emplir – incomplet

2. Entoure le suffixe de chaque mot quand il y en a un :

lavable – un vendeur – une raquette – une largesse – une fleur – inquiétant – musical – un aliment – l'odeur – une invention – pensif – une image – une mangeoire

3. Récris chaque mot en ajoutant un préfixe, afin d'obtenir un mot de la même famille (tous les préfixes utilisés devront être différents) :

. . . . *dormir* → . . . . *coudre* → . . . .
. . . . *juste* → . . . . *adroit* → . . . .
. . . . *partir* → . . . . *mètre* → . . . .

4. Récris chaque mot en ajoutant un suffixe, afin d'obtenir un mot de la même famille (tous les suffixes utilisés devront être différents) :

argent. . . . → . . . . *calme*. . . . → . . . .
fleur. . . . → . . . . *trésor*. . . . → . . . .
ski. . . . → . . . . *jardin*. . . . → . . . .

5. Barre l'intrus de chaque série :

vérifiable, détestable, fable, acceptable, comparable
grosseur, grimpeur, viseur, profondeur, peur
image, vitrage, balayage, bruitage, moulage
barrette, grimpette, roulette, couette, planchette
serrement, remplacement, moment, avancement, bâillement

6. Écris un mot appartenant à la famille de chacun de ces mots, en ajoutant un préfixe ou un suffixe :

lourd → . . . . *mettre* → . . . .
pays → . . . . *couper* → . . . .
fier → . . . . *utile* → . . . .

7. Récris chaque phrase en remplaçant le groupe nominal en gras par un adverbe terminé par *-ment* :

Le sportif a gagné la course ***avec facilité****.*

. . . .

La vendeuse reçoit les clients ***de manière aimable****.*

. . . .

Les marcheurs avancent ***d'un pas régulier****.*

. . . .

8. Entoure le préfixe de chaque mot. Cherche la définition de ces mots dans le dictionnaire et écris ce que veut dire le préfixe :

transcrire, transférer, transformer, transplanter

. . . .

Écris d'autres verbes avec ce préfixe, en t'aidant du dictionnaire.

. . . .

Exercices

9. Entoure le suffixe de chaque mot, écris le mot de base puis un mot de la même famille mais avec un autre suffixe :

Exemple : laitage → laitage, lait, une laiterie

pliure → ....

inventif → ....

alimentaire → ....

charmeur → ....

10. Décompose les mots suivants en *préfixe/base/suffixe* en séparant ces différentes parties par un trait vertical :

Exemple : in/support/able

revendeur	*impuissance*	*malchanceux*	*alourdissement*
irréparable	*renforcement*	*décoloration*	*insensibilité*

11. Écris plusieurs phrases pour raconter l'histoire d'une personne qui prévoit de créer un objet. Utilise des mots contenant des préfixes et des suffixes comme *invention, fabrication, poterie, (dé)montage, tiroir, baguette, déplier, replier, dérouler, reconstruire, beauté, fierté, inhabituel, durable*... et d'autres mots que tu peux trouver. Conjugue les verbes au futur.

Informations pour l'enseignant(e) – Préfixes et suffixes

LE SENS DES PRÉFIXES

in-
Indique la négation, la privation, le contraire : ***in**guérissable*, ***im**prudent*. Indique aussi « en », « dedans » : ***in**filtrer*, ***in**corporer*. – Le préfixe s'écrit **im-** quand le radical commence par *m, b, p*. – Le préfixe se prononce [in] quand le radical commence par une voyelle. – Le préfixe prend la forme **il-** devant *l* (***il**lisible*), et **ir-** devant *r* (***ir**responsable*).
re-
Indique le fait de ramener en arrière : ***re**tirer*, ***res**sortir*. Indique aussi un retour à un état antérieur : ***r**amener*, ***re**fermer*, ***r**habiller*, ***re**construire*, ***re**peupler*. ou la répétition de l'action (encore, à nouveau) : ***re**dire*, ***re**faire*, ***re**jouer*. Sert aussi à renforcer l'action, achever : ***ré**unir*, ***r**amasser*, ***re**lier*, ***re**couvrir*. – **re-** s'élide devant une voyelle : ***r**attacher*, ***rem**porter*. Parfois on emploie **ré-** au lieu de **re-** : ***ré**apprendre*. – Devant les radicaux commençant par un s, le s est généralement doublé mais pas toujours : *re**ss**ortir*, *re**s**aler*.
dé-
Indique l'éloignement, la séparation : ***dé**camper*. Indique l'inverse de l'action ou de l'état exprimé par le mot de base : ***dé**couvrir*, ***dé**raciner*. Va souvent de pair avec un verbe dont le préfixe est **en-** : ***dé**terrer*, ***en**terrer*. – Le préfixe s'écrit **dés-** devant un radical qui commence par une voyelle ou un *h* muet : ***dés**ordre*, ***dés**habiller*. – Devant les radicaux commençant par un « s + voyelle », le s est doublé (valeur de position de la lettre s) et il n'y a pas d'accent sur le *e* : ***des**serrer*, ***des**saler*.
en-
Indique « mettre dans » : ***en**terrer*, ***en**granger* ou au contraire « éloigner » : ***en**lever*, *s'**en**fuir*. Indique aussi « mettre en état de » : ***en**laidir*, ***en**flammer*. Va souvent de pair avec un verbe dont le préfixe est **dé-** : ***en**raciner*, ***dé**raciner*. – Le préfixe s'écrit **em-** quand le radical commence par *m, b, p*.
sur-
Indique « au-dessus » ou un excès : ***sur**voler*, ***sur**chauffer*.

a-
Marque le but à atteindre ou la négation : ***a**baisser, **a**grandir, **a**méliorer, **a**paiser, **a**normal.* – Quand le mot de base commence par *c, f, l, r, s, t*, la consonne est doublée : ***acc**limater, **acc**élérer* (remarquer la différence de prononciation), ***aff**aiblir, **all**éger, **att**endrir, **arr**ondir, **ass**ombrir.* – Quand le radical commence par *qu*, on ajoute un *c* après le *a* : ***acqu**itter.*

LE SENS DES SUFFIXES

-ment
Suffixe d'adverbes qui signifie « de manière » : *calme**ment**, sérieuse**ment**.* Pour former les adverbes : – On ajoute ***-ment*** à l'adjectif au féminin : *intérieure → intérieure**ment**, attentive → attentive**ment**, délicieuse → délicieuse**ment**.* – Si l'adjectif se termine par *ai, i, u*, on ajoute ***-ment*** → l'adjectif au masculin : *poli → poli**ment**, vrai → vrai**ment**, absolu → absolu**ment*** sauf *gai**ment**.* – D'autres irrégularités : *gentil → genti**ment**, profond → profond**ément**.* – Les adjectifs qui se terminent par ***-ent*** forment leur adverbe en ***-emment*** : *prudent → prud**emment**.* – Les adjectifs qui se terminent par ***-ant*** forment leur adverbe en ***-amment*** : *bruyant → bruy**amment**.*
-ement
Suffixe de noms à partir de verbes indiquant une action, un résultat : *un trembl**ement**.* – Quand le verbe est du deuxième groupe, le suffixe s'ajoute au radical terminé par *en* → ***-iss*** : un *ralent**issement**.*
-tion/-ation/-ition
Suffixe de noms féminins à partir de verbes qui indique une action, un résultat : *diminuer → la diminu**tion**, améliorer → une amélior**ation**, nourrir → la nutr**ition**.* – Quand le verbe se termine par ***-quer***, le nom se termine par ***-cation*** : *fabriquer → la fabric**ation**.*
-ade
Suffixe de noms féminins à partir de verbes qui indique une action, un produit, parfois une collection : *griller → une grill**ade**.*
-age
Suffixe de noms masculins ajouté à partir de verbes ou de noms, qui indique une action, un résultat, un collectif ou un état : *une feuille → le feuill**age**, une veuve → le veuv**age**, arroser → l'arros**age**.* – Quand le verbe se termine par ***-quer***, le nom se termine par ***-cage*** ou ***-quage*** : *plaquer → le pla**cage**, piquer → le pi**quage**.*
-ée
Suffixe de noms féminins à partir de verbes ou de noms, qui indique une action ou son résultat ou le lieu où elle se produit, un collectif, un contenu… : *monter → la mont**ée**, trancher → la tranch**ée**, soir → la soir**ée**.*
-té/-eté/-ité
Suffixes de noms féminins à partir d'adjectifs qui indiquent une qualité : *pur → la pure**té**, aimable → l'amabil**ité***; ne pas confondre avec le suffixe précédent. – Dans certains mots, il ne suffit pas d'ajouter le suffixe, d'autres éléments changent : *sourd → la surdité.*
-erie
Suffixe de noms à partir d'adjectifs, de noms ou de verbes et qui indique une collection, un ensemble, une qualité, une action, le résultat de cette action, le lieu où elle s'exerce, une industrie : *conserver → une conserv**erie**, étourdi → une étourd**erie**, une image → une imag**erie**, fourbe → la fourb**erie**, tuer → une tu**erie**.* – ***-erie*** est l'élargissement du suffixe de noms ***-ie*** : *malade → malad**ie**.*
-ure
Suffixe de noms féminins à partir de noms ou de verbes et qui indique un collectif, un ensemble, une action subie ou son résultat concret : *une voile → la voil**ure**, fermer → une ferme**ture**.* – Dans certains mots, il ne suffit pas d'ajouter le suffixe, d'autres éléments changent : *salir → sali**ssure**.* – Une autre forme du suffixe ***-ure*** est ***-ature*** : *filer → fil**ature**, signer → sign**ature**.*
-oir/-oire
Suffixe de noms à partir de verbes ou de noms (plus rarement), qui indique un instrument, un objet « qui sert à », un endroit, un local : *mirer → un mir**oir**, une bougie → un bouge**oir**, bouillir → une bouill**oire**, sauter → un saut**oir**, patiner → une patin**oire**.* – Tous les noms féminins s'écrivent avec le suffixe ***-oire***.
-et/-ette
Suffixe diminutif de noms ou d'adjectifs à partir de noms, d'adjectifs ou de verbes ; il diminue l'idée exprimée par le mot, indique la petitesse ou « un instrument servant à » : *une cloche → une cloch**ette**, simple → simpl**et**, sonner → sonn**ette**.* – Dans certains mots, il ne suffit pas d'ajouter le suffixe, d'autres éléments changent : *noi**x** → noi**sette**.*

-ance/-ence

Suffixes de noms à partir d'adjectifs ou de verbes, qui indiquent une action, un résultat : *vaillant → la vaillance, insolent → l'insolence, assurer → une assurance, exister → l'existence.*
– Si l'adjectif se termine par **-ant**, le suffixe est **-ance**, s'il se termine par **-ent**, le suffixe est **-ence**.
– Dans certains mots, il ne suffit pas d'ajouter le suffixe, d'autres éléments changent : *pouvoir → puissance.*

-ier/-ière

Suffixe de noms ou d'adjectifs à partir de noms qui indique un métier, un nom d'arbre, un récipient, un objet, ou qui signifie « relatif à » : *le trésor → un trésorier, la pomme → un pommier, le sucre → un sucrier, lever → un levier, glisser → une glissière, un bonbon → une bonbonnière, le pétrole → pétrolier.*
– Dans certains mots, il ne suffit pas d'ajouter le suffixe, d'autres éléments changent : *la noix → le noisetier.*
– Les noms terminés par **-on** doublent la consonne avec le suffixe **-ier** : *la prison → un prisonnier.*

-iste

Suffixe de noms ou d'adjectifs à partir de noms, d'adjectifs ou de verbes qui indique un métier ou un agent, un caractère, une qualité ou « partisan de » : *une trompette → un trompettiste, arriver → un arriviste, fatal → fataliste, social → (un) socialiste, humain → (un) humaniste.*
– Dans certains mots, il ne suffit pas d'ajouter le suffixe, d'autres éléments changent : *la paix → pacifiste.*

-eur/-euse/-teur/-ateur

Suffixe de noms ou d'adjectifs à partir d'adjectifs ou de verbes et qui indique un agent, un objet « qui sert à », une qualité, un caractère : *gouverner → un gouverneur, viser → un viseur, tronçonner → une tronçonneuse, ralentir → un ralentisseur, mince → la minceur, mentir → (un) menteur, adorer → un adorateur.*
– Quand le verbe est en **-ir**, le suffixe s'ajoute à la base en **-iss.**
– Quand le verbe se termine par **-quer**, le nom se termine par **-cateur** : *indiquer → indicateur.*

-able

Suffixe d'adjectifs à partir de noms ou de verbes, qui indique « propre à », « qui peut être » :
comparer → comparable, respirer → respirable, charité → charitable.
– Quand le verbe se termine par **-quer**, le mot se termine par **-cable** ou **-quable** : *remarquer → remarquable, expliquer → explicable.*

-ible

Suffixe d'adjectifs à partir de noms ou de verbes, qui indique « propre à » ou « qui peut être » : *la paix → paisible, corriger → corrigible.*
– Dans certains mots, il ne suffit pas d'ajouter le suffixe, d'autres éléments changent : *peine → pénible.*

-ique

Suffixe d'adjectifs à partir de noms ou de verbes qui indique « relatif à », « qui se rapporte à » :
la géographie → géographique.
– Dans certains mots, il ne suffit pas d'ajouter le suffixe, d'autres éléments changent : *un métal → métallique.*

-eux/-euse

Suffixe d'adjectifs à partir de noms qui indique une humeur, un sentiment, qui signifie « a le caractère de », qui renferme l'idée de « qui a, qui possède » : *la joie → joyeux, la peur → peureux, la grâce → gracieux, la poussière → poussiéreux.*
– Dans certains mots, il ne suffit pas d'ajouter le suffixe, d'autres éléments changent : *la vapeur → vaporeux.*
– Quand le mot se termine par *l, r, n*, la consonne est parfois doublée : *le fer → ferreux*, mais *la peur → peureux.*

-ant

C'est la terminaison des participes présents employés comme adjectif ; **-ant** est maintenant considéré comme un suffixe d'adjectifs ou de noms à partir de verbes, qui indique une qualité ou un agent : *charmer → charmant, nourrir → nourrissant, participer → un participant, étudier → un étudiant.*

-al

Suffixe d'adjectifs à partir de noms qui signifie « relatif à » : *la commune → communal.*
– Dans certains mots, il ne suffit pas d'ajouter le suffixe, d'autres éléments changent : *la musique → musical.*

-if

Suffixe d'adjectifs à partir d'adjectifs, de noms ou de verbes, qui indique une qualité : *imaginer → imaginatif, malade → maladif, l'attention → attentif.*

Mémorisation en autonomie

terminer

1. Je lis le mot, j'entoure sa classe grammaticale.
adjectif – nom – verbe
2. J'écris le mot à mémoriser, j'entoure la ou les lettres qui traduisent chaque son.
....
3. J'écris les lettres qui montrent que le verbe est à l'infinitif et que c'est un verbe du premier groupe.
....
4. Je conjugue le verbe au futur.
Tu .... *Vous* .... *Ils* ....
5. Je complète la liste.
terminer : la terminaison
conjuguer : la conjugaison
comparer : la ....
livrer : la ....
crever : la ....

simple

1. Je lis le mot, j'entoure sa classe grammaticale.
adjectif – nom – verbe
2. J'écris le mot à mémoriser, j'entoure la ou les lettres qui traduisent chaque son.
....
3. Je complète les groupes nominaux avec le mot à mémoriser. Attention, il peut être au pluriel.
un jeu ...., *des gens* ...., *des robes* ....
4. Je cherche le mot dans le dictionnaire et je recopie les mots de la même famille. Dans tous ces mots, j'entoure la partie commune :
....
....

prochain

1. Je lis les phrases suivantes et j'entoure la classe grammaticale du mot à mémoriser.

Il descend au prochain arrêt du train. Nous ferons du sport, vendredi prochain.

adjectif – nom – verbe

2. J'écris le mot à mémoriser, j'entoure la ou les lettres qui traduisent chaque son.

. . . .

3. Je complète les groupes nominaux avec le mot à mémoriser. Attention, il peut être au féminin et/ou au pluriel.

la . . . . occasion, des robes . . . .,

les jours . . . ., les . . . . fois

4. Je recopie les mots en les complétant pour constituer une série :

le gr. . . . : le grain

dem. . . . : demain

la m. . . . : . . . .

proch. . . . : . . . .

le tr. . . . : . . . .

le lendem. . . . : . . . .

5. Je remplace le mot en gras par un mot invariable formé à partir de *prochain*.

Nous irons à la piscine ***bientôt****.* . . . .

viande

1. Je lis le mot, j'entoure sa classe grammaticale.

adjectif – nom – verbe

2. J'entoure son genre : masculin – féminin

3. J'écris le mot à mémoriser, j'entoure la ou les lettres qui traduisent chaque son.

. . . .

4. J'écris une phrase avec le mot à mémoriser.

. . . .

Jours 2 et 3

Mémorisation de mots

Mémorisation avec l'enseignant(e)

PRESQUE (mot invariable)
J'ai presque terminé. – Il est presque sourd. – une presqu'île

QUELQU'UN (pronom)
J'ai rencontré quelqu'un (qui vous connait). – Il y a quelqu'un ? – quelques-uns, quelques-unes, quelque, quelquefois, quelque chose, quelque part

SENTIR (verbe)
sentir une piste – Cette rose sent bon. – On sent (que l'orage approche). – se sentir mieux – un sentiment comme glissement, sentimental(e) comme musical(e), ressentir

MILIEU (nom)
le milieu de la cour, en plein milieu de la nuit, au beau milieu de la journée, au milieu de nulle part – le milieu familial – des milieux humides – un lieu

CHAMP (nom)
(L'agriculteur laboure) son champ. - des champs (de bataille) – un champ de courses – à tout bout de champ – champêtre – sur le champ
un chant

LONGTEMPS (mot invariable)
(Chez le médecin, nous avons attendu) longtemps. – depuis longtemps – long temps

ANCIEN (adjectif)
un château très ancien – son ancienne voiture – d'anciens élèves – des poupées anciennes – l'ancienneté, anciennement

PROMENER (SE) (verbe)
Elle promène son petit frère. – Nous promenions le chien tous les jours. – se promener ou jouer à la maison,
une promenade, un(e) promeneur(euse) comme footballeur(euse)

Mémorisation en autonomie

dedans

1. Je lis le mot. C'est un mot adverbe ou un nom.
2. J'écris la nature du mot à mémoriser dans chaque phrase.

*Le **dedans** du panier est bleu* . . . .

*Il a ouvert la penderie et il range ses vêtements **dedans**.* . . . .

3. J'écris le mot à mémoriser, j'entoure la ou les lettres qui traduisent chaque son.

. . . .

J'entoure la lettre finale muette.

4. J'écris une phrase avec le mot à mémoriser.

. . . .

bureau

1. Je lis le mot, j'indique sa classe grammaticale et son genre. . . . .
2. J'écris le mot à mémoriser, j'entoure la ou les lettres qui traduisent chaque son.

. . . .

3. J'écris les mots terminés par *eau* au pluriel.

un bureau : . . . .

un chapiteau : . . . .

un anneau : . . . .

un pinceau : . . . .

un marteau : . . . .

un poireau : . . . .

calendrier

1. Je lis le mot, j'indique sa classe grammaticale et son genre. . . . .
2. J'écris le mot à mémoriser, j'entoure la ou les lettres qui traduisent chaque son.

. . . .

3. J'écris le mot au pluriel. . . . .
4. J'écris une phrase contenant le mot à mémoriser.

. . . .

joie

1. Je lis le mot, j'indique sa classe grammaticale et son genre. . . . .
2. J'écris le mot à mémoriser, j'entoure la ou les lettres qui traduisent chaque son.

. . . .

J'entoure d'une autre couleur la lettre finale muette.

3. Je cherche le mot dans le dictionnaire et j'écris les mots de la même famille :

. . . .

4. Je complète chaque mot avec *oie* et je le récris.

la j . . . . , ...

la s . . . . , ...

la v . . . . *de chemin de fer,* . . . .

la courr . . . . , ...

terrifier

1. Je lis le mot et j'indique sa classe grammaticale. ....

2. J'écris le mot à mémoriser et j'entoure la ou les lettres qui traduisent chaque son.

....

3. J'écris les lettres qui montrent que le verbe est à l'infinitif et que c'est un verbe du premier groupe.

....

4. J'écris une phrase avec le mot à mémoriser conjugué à l'imparfait :

....

5. Je cherche le mot dans le dictionnaire et j'écris le mot de la même famille.

....

6. Je complète la série.

amuser : amusant

terrifier : ....

trembler : ....

gagner : ....

étonner : ....

cruel

1. Je lis le mot et j'indique sa classe grammaticale.

2. J'écris le mot à mémoriser, j'entoure la ou les lettres qui traduisent chaque son.

....

3. Je complète les groupes nominaux avec le mot à mémoriser.

un animal .... *; des lions*................. *;*

une perte ....*; des histoires* ....

4. Je complète la série et j'entoure le suffixe utilisé pour former les adverbes.

accidentel, accidentelle : accidentellement

cruel, ... *:* ....

actuel .... *:* ....

officiel, ... *:* ....

naturel : la ....

couloir

1. Je lis le mot et j'indique sa classe grammaticale et son genre. ....

2. J'écris le mot à mémoriser et j'entoure la ou les lettres qui traduisent chaque son.

....

3. J'écris le mot au pluriel : ....

4. Je récris chaque nom complété avec *oir* ou *oire* :

un coul.... : ....

un tir.... : ....

une p.... : ....

un arros.... : ....

une hist.... : ....

contraire

1. Je lis le mot à mémoriser, c'est un nom ou un adjectif.

2. J'écris la nature du mot à mémoriser dans chaque phrase.

Ces mots sont de sens ***contraire****.* . . . .

Elle fait toujours le ***contraire*** *de ce que je fais.* . . . .

3. J'écris le mot à mémoriser, j'entoure la ou les lettres qui traduisent chaque son.

. . . .

4. J'écris un adverbe terminé par *-ment* à partir du mot à mémoriser :

. . . .

Jour 4

Dictées de groupes de mots

Dictée de l'enseignant(e)

Au milieu du champ, nous voyions souvent *quelqu'un se promener* tout seul.

L'enfant ne terminait presque jamais *sa viande. Il disait simplement* qu'il n'avait plus faim.

Mon ancienne maison était près de la forêt, *je sentais* les bonnes odeurs de la nature.

Depuis longtemps, je vais en vacances à la campagne. *L'année prochaine, j'irai* à la montagne.

Dictée de l'élève

...., ... souvent

.... tout seul.

.... jamais ....

.... qu'il n'avait plus faim.

.... près de la forêt, ... les bonnes odeurs de la nature.

...., ... en vacances à la campagne.

...., ... à la montagne.

Dictée de l'enseignant(e)

Les élèves écrivent entièrement la dernière phrase.

L'animal cruel terrifie les autres animaux.

Le mot *dedans est le contraire du mot dehors.*

Le bureau de Louise est au fond *du couloir, elle a accroché un calendrier sur la porte.*

Le skieur éprouve une immense joie devant la beauté du paysage.

Dictée de l'élève

.... les autres animaux.

Le mot ....

.... au fond ...., ...

....

....

■ CE2 ■ CM1

SEMAINE 34

Jour 1

Synthèse sur *ce*, *cet*, *cette*, *ces*, exercices et mémorisation de mots

Synthèse sur *ce*, *cet*, *cette*, *ces*

Lire les listes de groupes nominaux suivants.

ce billet	cet objet	cette récompense	ces nouvelles inventions
ce peuple	cet horizon	cette information	ces enveloppes
ce carnet	cet animal	cette chaleur	ces récompenses
ce hibou	cet élève	cette odeur	ces calendriers
ce palais	cet incendie	cette élève	ces couloirs

Rappeler la nature de *ce*, *cet*, *cette*, *ces* devant des noms : des déterminants démonstratifs.

Faire expliciter l'orthographe de ces différents déterminants :

- Colonnes 1 et 2 : tous les noms sont au masculin singulier. Faire colorier la première lettre des noms qui suivent *ce* et *cet* et faire dire :
  - Que l'on écrit *ce* devant un nom qui commence par une consonne ou un *h* aspiré : *ce banc, ce hibou.*
  - Que l'on écrit *cet* devant un nom qui commence par une voyelle ou un *h* muet : *cet accord, cet horizon.*
- Colonne 3 : on écrit toujours *cette* devant un nom féminin singulier.
- Colonne 4 : faire dire que le déterminant *ces* se trouve toujours devant un nom au pluriel et qu'il est le pluriel des trois autres déterminants *ce, cet, cette* : *ces billets, ces objets, ces récompenses.*

À partir des mots mémorisés depuis le début de l'année, faire écrire d'autres groupes nominaux contenant ces déterminants et compléter les listes.

Exercices

1. Récris chaque nom accompagné du déterminant *ce*, *cet*, *cette* ou *ces* :

fleur → ....

bruit → ....

appareil → ....

dessin → ....

manteaux → ....

train → ....

éléphant → ....

maisons → ....

famille → ....

éclairage → ....

chevaux → ....

article → ....

exposition → ....

lampes → ....

Exercices

2. Récris chaque nom accompagné du déterminant *ce* ou *cet* :

chat → ....
escargot → ....
cahier → ....
humoriste → ....
jardin → ....
hindou → ....
bureau → ....
aspirateur → ....
iglou → ....
serpent → ....

3. Récris chaque nom accompagné du déterminant *cet* ou *cette* :

ascenseur → ....
assiette → ....
hiver → ....
usine → ....
appareil → ....
agent → ....
bêtise → ....
humain → ....
étudiant → ....
personne → ....

4. Récris chaque nom accompagné du déterminant *ce*, *cet*, *cette* ou *ces*. Il y a parfois plusieurs possibilités :

prix → ....
valise → ....
abri → ....
refus → ....
hypermarché → ....
fleur → ....
papier → ....
souris → ....
rosier → ....
matelas → ....

5. Récris chaque nom accompagné du déterminant *ce* ou *cet* :

habit → ....
hamster → ....
hasard → ....
héritier → ....
hareng → ....
hindou → ....
horaire → ....
hérisson → ....
héros → ....
homonyme → ....

6. Récris ces groupes nominaux au singulier :

ces spectateurs → ....
ces surprises → ....
ces héros → ....
ces hommes → ....
ces chambres → ....
ces métaux → ....
ces effaceurs → ....
ces hortensias → ....
ces haches → ....
ces réveils → ....

Exercices

7. Récris ces phrases en changeant le nombre du groupe nominal en gras :

Vous avez vu ***ces jolis bocaux****?*

. . . .

Dans ***cette nouvelle revue****, on trouve de nombreux renseignements.*

. . . .

J'offrirai ***ces hortensias*** *à ma voisine.*

. . . .

Nous accrocherons ***ces affiches*** *au mur du salon.*

. . . .

Dans ***cet immense magasin****, il y a beaucoup de choix.*

. . . .

8. Écris plusieurs phrases pour raconter ce que peut dire un guide qui fait visiter un endroit particulier à des touristes : *musée, château, usine...* Tu utiliseras des groupes nominaux contenant *ce, cet, cette* et *ces* pour nommer ce que le guide montre. Conjugue les verbes au présent.

Mémorisation en autonomie

toilette

1 - Je lis le mot, j'entoure sa classe grammaticale.

adjectif – nom – verbe

2 - J'entoure son genre : masculin – féminin

3 - J'écris le mot à mémoriser, j'entoure la ou les lettres qui traduisent chaque son.

. . . .

4 - Je recopie les phrases en les complétant avec le mot à mémoriser.

Tu fais ta . . . . avant d'aller déjeuner.

. . . .

Ses affaires de . . . . sont au-dessus du lavabo.

. . . .

Aujourd'hui, elle porte une . . . . élégante.

. . . .

énorme

1 - Je lis le mot, j'entoure sa classe grammaticale.

adjectif – nom – verbe

2 - J'écris le mot à mémoriser, j'entoure la ou les lettres qui traduisent chaque son.

. . . .

3 - Je complète les groupes nominaux avec le mot à mémoriser. Attention, il peut être au pluriel.

une fortune . . . . ; des difficultés . . . .

4 - Les mots *énorme, énormément, une énormité* sont de la même famille.

J'entoure leur partie commune.

5 - J'écris le mot à mémoriser dans une phrase.

. . . .

souffler

1 - Je lis le mot, j'entoure sa classe grammaticale.

adjectif – nom – verbe

2 - J'écris le mot à mémoriser, j'entoure la ou les lettres qui traduisent chaque son.

....

3 - J'écris les lettres qui montrent que le verbe est à l'infinitif et que c'est un verbe du premier groupe.

....

4 - Je complète avec le verbe au présent.

Un vent glacial ....

Tu .... *en montant l'escalier.*

Vous .... *les bougies.*

Nous .... *la réponse à Julia.*

5 - Je complète la série.

souffler, un soufflement

siffler, un ....

hurler, un ....

gronder, un ....

verser

1 - Je lis le mot, j'entoure sa classe grammaticale.

adjectif – nom – verbe

2 - J'écris le mot à mémoriser, j'entoure la ou les lettres qui traduisent chaque son.

....

3 - J'écris les lettres qui montrent que le verbe est à l'infinitif et que c'est un verbe du premier groupe.

....

4 - Je complète avec le verbe au passé composé. Attention le participe passé se termine par *é*.

Vous avez .... *du lait dans un bol.*

Tu as .... *une larme à la fin du film.*

Son salaire est .... *sur son compte en banque.*

La voiture a .... *dans le fossé.*

5 - Les mots *averse*, *renverser*, sont de la famille de *verser*.

J'entoure leur partie commune.

Jours 2 et 3

Mémorisation de mots

Mémorisation avec l'enseignant(e)

VÊTEMENT (nom)
un vêtement d'hiver ou d'été, une armoire à vêtements – vêtir, dévêtir, se vêtir, se dévêtir – un sous-vêtement, un survêtement

VERRE (nom)
un verre (de jus de fruit), un verre à eau, des verres (de lunettes), un plat en verre – la verrerie comme imprimerie, un verrier, une verrière (toit en verre)
le feu vert ; un ver de terre ; marcher vers l'arrêt de bus

SALLE (nom)
une salle à manger, la salle de bains, des salles de spectacle – un salon
un pantalon sale

CHACUN (pronom)
(Tout le monde était là), chacun à sa place. – Sarah et Chloé, vous avez un livre chacune.

BOUTEILLE (nom)
boire à la bouteille - (Ils ont bu) deux bouteilles de jus de pomme. – embouteiller, un embouteillage comme lavage, un ouvre-bouteille – une bouteille comme abeille, groseille, oreille

TOIT (nom)
un toit pentu, trouver un toit, habiter sous les toits – le toit ouvrant d'une voiture – une toiture
On m'a parlé de toi

LENT (adjectif)
un geste lent, des véhicules lents, une personne lente – lentement comme étroitement, la lenteur comme la grandeur
l'an dernier

PRINTEMPS (nom)
Le printemps est une saison. – Des printemps humides – printanier, printanière

CE2 CM1

Mémorisation en autonomie

vallée

1. Je lis le mot, j'indique sa classe grammaticale et son genre. ....
2. J'écris le mot à mémoriser et j'entoure la ou les lettres qui traduisent chaque son. J'entoure la lettre finale muette. ....
3. J'écris le mot au pluriel : ....
4. J'écris une phrase contenant le mot à mémoriser.

....

là

1. Je lis le mot, je le cherche dans le dictionnaire. J'indique sa classe grammaticale.

....

2. Je recopie les mots de la même famille. ....
3. Je ne confonds pas ***là*** et ***la***. Je complète avec le mot qui convient.

Reste .... avec moi.

Nous avons regardé la télévision. Nous .... regardons souvent.

Le chat est blotti, ... tout contre toi.

bonheur

1. Je lis le mot, j'indique sa classe grammaticale et son genre. ....
2. J'écris le mot à mémoriser et j'entoure la ou les lettres qui traduisent chaque son.

....

3. J'écris le contraire de ce mot. ....
4. J'écris une phrase contenant le mot à mémoriser.

....

sommeil

1. Je lis le mot, j'indique sa classe grammaticale et son genre. ....
2. J'écris le mot à mémoriser et j'entoure la ou les lettres qui traduisent chaque son.

....

3. J'écris le verbe du premier groupe formé à partir de ce nom. ....
4. J'écris une phrase contenant le mot à mémoriser.

....

siècle

1. Je lis le mot, j'indique sa classe grammaticale et son genre. ....
2. J'écris le mot à mémoriser et j'entoure la ou les lettres qui traduisent chaque son.

....

3. J'écris le mot au pluriel : ....
4. J'écris une phrase contenant le mot à mémoriser.

....

fer (le)

1. Je lis le mot, j'indique sa classe grammaticale et son genre. ....

2. J'écris le mot à mémoriser et j'entoure la ou les lettres qui traduisent chaque son.

....

3. Je complète les groupes de mots avec le mot à mémoriser.

du fil de .... ; un .... à cheval ; du .... forgé ;

un .... à repasser ; le chemin de ....

4. J'écris le verbe qui se prononce de la même manière que *fer* mais qui ne s'écrit pas pareil.

....

5. Entoure la partie commune de ces mots : *ferrer, la ferraille.*

science

1. Je lis le mot, j'indique sa classe grammaticale et son genre. ....

2. J'écris le mot à mémoriser et j'entoure la ou les lettres qui traduisent chaque son.

....

3. J'écris le mot au pluriel : *les* ....

4. Je complète les mots avec *sc* et je les récris.

les .... iences : ....

de .... endre : ....

la pi. . . .ine : ....

une . . . .ie : ....

royaume

1. Je lis le mot, j'indique sa classe grammaticale et son genre. ....

2. J'écris le mot à mémoriser. J'entoure la lettre qui sert à faire deux sons.

....

3. J'écris le mot au pluriel : *des* ....

4. Je cherche le mot *royaume* dans le dictionnaire et j'écris à quelle famille il appartient :

....

5. Je cherche le mot *roi* et je recopie tous les mots de sa famille.

....

....

Jour 4

Dictées de groupes de mots et de texte

Dictée de l'enseignant(e)

Le souffleur de verre travaille *lentement. Il fabrique des bouteilles* et toutes sortes *d'autres objets.*

Mourad oubliait souvent *ses vêtements dans les salles* de sport.

Léa a acheté une belle toilette pour le mariage de sa sœur.

Au printemps, une *énorme* tempête a emporté *le toit* du garage.

Chacun versera 2 euros *pour le gouter à l'école.*

Dictée de l'élève

.... travaille ....

.... et toutes sortes ....

....

.... souvent ....

.... de sport.

.... pour le mariage de sa sœur.

................................., une .... tempête a emporté ....

du garage.

.... 2 euros ....

Dictée de texte

UNE BELLE AVENTURE

Dans son sommeil, Lucie rêve : elle est dans un engin volant en fer comme dans un film de science-fiction. Elle est étonnée de se trouver là. Quel bonheur de voler ainsi ! Elle admire une superbe vallée puis elle se pose dans un endroit inconnu. Elle est entourée d'objets étranges et de personnages immenses. Est-ce un royaume de géants ? A-t-elle changé de siècle ?

CE2 CM1

SEMAINE 35

Jours 1 et 2

Exercices pour réviser les mots appris

Donner aux élèves la liste des mots mémorisés dans la période et les exercices suivants :

Exercices

1. Lis les mots suivants puis réalise les exercices.

escalier, découper, préparer, fermier, fabriquer, prochain, chemin, sentir, parc, promener, terminer, ancien, inviter, verser, besoin, souffler, courir, vilain, graine, laine

a. Recopie les 10 verbes mémorisés.

....

....

....

b. Observe la fin des mots et termine chaque liste avec un ou deux mots appris :

un arc, un bec, un choc, un ....

un coin, loin, du foin, ...

un panier, un collier, du courrier, un .... *un* ....

du pain, demain, le grain, ..., ...

bien, le sien, rien, ...

une chaine, certaine, un capitaine, une ...., *la* ....

la fin, le moulin, le lapin, le ....

2. Lis les mots suivants puis réalise les exercices.

là-bas, pays, genou, verre, boisson, longtemps, colère, toilette, roue, poil, doux, debout, nouveau, milieu, ensemble, griffe, presque, simple, lent, depuis

a. Écris un mot à mémoriser à partir des mots suivants :

boire : la .... *; griffer : une* ....

lentement : .... *; simplement :* ....

un paysage : un .... *; poilu : un* ....

rouler : une .... *; doucement :* ....

 CE2 CM1

Exercices

b. Recopie les six mots invariables.

....

....

c. Observe la fin des mots et termine chaque liste avec un mot appris.

le feu, un jeu, un cheveu, ...

un bijou, un chou, un clou, ...

la terre, une serre, la guerre, ...

beau, un bateau, un manteau, ...

la rivière, la mère, le père, ...

la chaussette, la marionnette, la ....

3. Lis les mots suivants puis réalise les exercices.

salle, chance, ventre, fraise, toit, été, chacun, football, cartable, panne, printemps, chaise, cela, quelqu'un

a. Complète chaque phrase avec un mot de la liste.

Le couvreur remplace les tuiles du ....

On décore la .... *des fêtes pour Noël.*

Pour leur anniversaire, les jumeaux ont eu .... *un vélo.*

La .... *est un fruit rouge.*

J'ai entendu .... *crier.*

Le .... *et l'*................................ *sont des saisons.*

Aziz range ses affaires dans son ....

Tout .... *est à moi.*

b. Change la première lettre du mot pour trouver un mot de la liste.

le centre : le .... *; une vanne : une* .... ;

une lance : la ....

c. Recopie le nom qui désigne :

un siège : .... *; un jeu collectif : le* ....

4. Écris au singulier :

des prix : un .... *; plusieurs fois : une* ....

des bouteilles : .... *; des idées :* ....

5. Recopie chaque nom en ajoutant un déterminant : le, la, l'

aile : .... *; bouquet :* ....

vêtement : .... *; accident :* ....

champ : .... *; huile :* ....

image : .... *; viande :* ....

6. Écris chaque adjectif au pluriel.

plate : .... *; mauvaise :* .... *; agréable :* ....

vivante : .... *; utile :* .... *; énorme :* ....

Exercices

1. Écris le verbe mémorisé du premier groupe correspondant à chaque nom.

le cout : .... ; *l'escalade :* ....
l'expédition : .... ; *le remplacement :* ....
l'éclairage : .... ; *l'existence :* ....
la participation : .... ; *un hurlement :* ....
un serrement : .... ; *un rêve :* ....
l'échappement : ....

2. Écris l'adjectif masculin correspondant à chaque adverbe.

sévèrement : .... ; *manuellement :* ....
brusquement : .... ; *délicatement :* ....
cruellement : .... ; *contrairement :* ....

3. Lis ces mots et recopie-les suivant leur nature.

royaume, imperméable, viser, humide, divers, mémoire, science, dedans, penser, recevoir, terroriser, brusque, terrifier, végétal, numérique, mourir, pierre, bonheur, liquide

Verbe : ....
Nom : ....
Adjectif : ....
Nom et adjectif : ....
Adverbe : ....

4. Écris au pluriel les noms suivants.

un palais : des .... ; *un siècle : des* .... ;
un bureau : des .... ; *une vallée : des* .... ;
une blessure : des .... ; *une habitude : des* .... ;
un couloir : des ....

5. Lis ces mots :

bout, commande, expérience, réussir, construire, parmi, dès que, poussière, palais, race, dedans, calendrier, joie, là, sommeil, fer

a. Recopie le mot le plus court : .... ;

les trois mots les plus longs : ....

b. Recopie les noms mémorisés de la famille des mots suivants :

aboutir : .... ; *joyeux :* ....
sommeiller : .... ; *poussiéreux :* ....
une construction : .... ; *la réussite :* ....
commander : .... ; *racial :* ....
la ferraille : ....

c. Recopie le mot qui commence par une lettre muette : ....

d. Écris les deux mots que tu n'as pas encore recopiés : ....

Jours 3 et 4

Évaluation CE2

Consignes pour l'enseignant(e)

1. Mots à dicter : ***une terminaison – le découpage – champêtre – une fabrication.***

6. Dictée :

UNE MÉSAVENTURE
Hier, Louise se promenait dans le parc de la ville avec ses frères. Elle courait après les pigeons. Elle regardait les canards, là-bas sur l'eau. Pour gouter, elle a mangé une poire.
Le fruit sucré a attiré des abeilles. L'une a piqué la petite fille à un doigt. Elle avait mal ! Elle voulait rentrer.
Alors Anaïs et ses frères ont pris le chemin du retour. À la maison, la mamie a soigné la fillette.

7. Expression écrite :

À l'oral, à partir du texte de la dictée, parler de piqures ou morsures d'animaux dont les enfants ou des personnes de leur entourage ont pu être victimes.
Faire écrire la mésaventure au passé composé et à l'imparfait.
Les enfants qui n'ont jamais été confrontés à ce genre de problème peuvent s'inspirer des récits des autres élèves.

Consignes pour l'élève

1. Écris les mots dictés, vérifie dans le dictionnaire et, si tu as fait des erreurs, récris-les après la flèche :

.... → ....
.... → ....
.... → ....
.... → ....

2. Recopie les mots en les complétant avec :

n ou nn → une pa. . . . e ; une grai. . . . e ; la lai. . . . e

....

r ou rr → te. . . . miner ; un ve. . . . e ; ve. . . . ser

....

3. Recopie chaque mot en le complétant avec la lettre finale muette qui convient.

debou. . . . ; mauvai. . . . ; dou. . . . ; depui. . . . ; un pri. . . . ; un pla. . . . ; vivan. . . . ; dedan. . . . ; un acciden. . . . ; lent. . . .

....
....

4. Écris un mot de la famille de chacun de ces mots (tu peux t'aider du dictionnaire) :

le pays → un .... ; *promener → un* ....
l'huile → .... ; *souffler → un* ....
préparer → une .... ; *courir → la* ....

5. Je recopie chaque groupe nominal en le complétant avec *son, sa, ses* :

. . . . *pays* : .... ; . . . . *champs* : ....
. . . . *toilette* : .... ; . . . . *genoux* : ....
. . . . *griffes* : .... ; . . . . *cartable* : ....

6. Dictée :

. . . .
. . . .
. . . .
. . . .
. . . .
. . . .
. . . .
. . . .

7. Expression écrite :

. . . .
. . . .
. . . .
. . . .
. . . .
. . . .
. . . .

Je fais le bilan de mes connaissances

☐ Je sais trouver un mot dans le dictionnaire.
☐ Je sais écrire *son, sa, ses*.
☐ Je sais trouver des mots de la même famille.
☐ Je sais écrire des mots avec une lettre finale muette.
☐ Je sais réviser ma dictée.
☐ Je sais corriger ma dictée en utilisant le codage.

☐ Je ne sais pas trouver un mot dans le dictionnaire.
☐ Je ne sais pas écrire *son, sa, ses*.
☐ Je ne sais pas trouver des mots de la même famille.
☐ Je ne sais pas écrire des mots avec une lettre finale muette.
☐ Je ne sais pas réviser ma dictée.
☐ Je ne sais pas corriger ma dictée en utilisant le codage.

Évaluation CM1

Consignes pour l'enseignant(e)

1. Mots à dicter : ***la diversité – une construction – habituellement.***

6. Dictée :

AU GARAGE

Clara ira demain au garage. Cette voiture est déjà ancienne, pense-t-elle. Elle fera réviser le moteur de sa voiture. Elle parlera aussi des défauts de l'éclairage et du pot d'échappement. Ce garagiste qu'elle connait bien, travaillera avec une commande numérique. Puis elle passera au bureau afin de régler la facture.
Elle pourra aussitôt rentrer chez elle avec une voiture en bon état. C'est important de rouler en sécurité.

7. Expression écrite :

À l'oral, à partir du texte de la dictée, parler du métier de garagiste. Pour des enfants qui n'en auraient jamais vu ou entendu parler, faire dire à ceux qui vont de temps en temps dans un garage avec leurs parents ce qui s'y passe.
Faire écrire plusieurs phrases pour raconter une future visite dans un garage, d'après un vécu ou imaginée.
Écrire le texte au futur.

Consignes pour l'élève

1. Écris les mots qui te sont dictés. Vérifie leur orthographe dans le dictionnaire et récris-les à côté si besoin :

.... – ....
.... – ....
.... – ....

2. Écris le nom avec une finale muette qui permet de former un mot de la même famille :

hasardeux → le ....
universel → l' ....
tricoter → un ....
comploter → un ....
l'outillage → un ....
une draperie → un ....

3. Écris un mot de la famille de chaque mot en utilisant la lettre finale muette ; tu peux t'aider du dictionnaire :

un rang → une ....
du sang → ....
un fort → une ....
bavard → le ....
un intrus → une ....
un champ → ....

4. Forme des mots de la même famille en ajoutant un préfixe aux mots suivants :

sauter → ....
geler → ....
une coque → une ....
obéir → ....
heureux → ....
accrocher → ....
rouler → ....
complet → ....

5. Écris des mots de la même famille contenant un suffixe à partir des mots suivants (attention : les suffixes devront être tous différents) :

gendarme → la ....
énergie → ....
facile → la ....
neige → ....
agrandir → un ....
respirer → la ....
piano → un ....
dessiner → un ....

6. Dictée :

. . . .

. . . .

. . . .

. . . .

. . . .

. . . .

7. Expression écrite :

. . . .

. . . .

. . . .

. . . .

. . . .

. . . .

Je fais le bilan de mes connaissances

- ☐ Je sais chercher un mot dans le dictionnaire.
- ☐ Je sais écrire des mots avec une lettre finale muette.
- ☐ Je sais écrire des dérivés à partir de lettres finales muettes.
- ☐ Je sais utiliser des préfixes.
- ☐ Je sais utiliser des suffixes.
- ☐ Je sais réviser ma dictée.
- ☐ Je sais corriger mon texte en utilisant le codage.

- ☐ Je ne sais pas chercher un mot dans le dictionnaire.
- ☐ Je ne sais pas écrire des mots avec une lettre finale muette.
- ☐ Je ne sais pas écrire des dérivés à partir de lettres finales muettes.
- ☐ Je ne sais pas utiliser des préfixes.
- ☐ Je ne sais pas utiliser des suffixes.
- ☐ Je ne sais pas réviser ma dictée.
- ☐ Je ne sais pas corriger mon texte en utilisant le codage.

SUR LA MÊME THÉMATIQUE AUX ÉDITIONS NATHAN

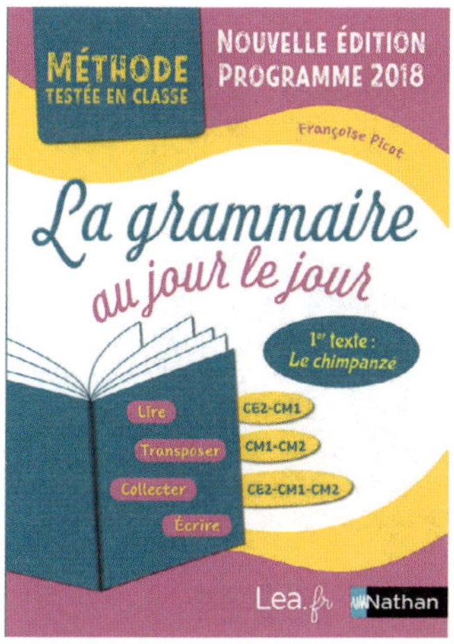

La Grammaire au jour le jour – Le chimpanzé, coll. « Méthode testée en classe »
Françoise Picot
ISBN : 9782091247861
ISSN : 2558-3905
39,90 €

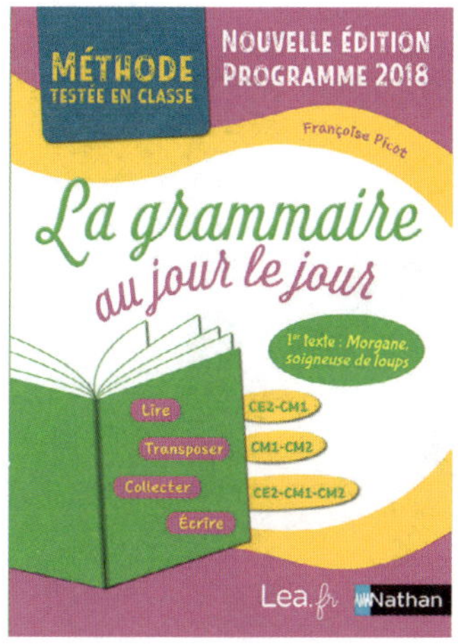

La Grammaire au jour le jour – Morgane, coll. « Méthode testée en classe »
Françoise Picot
ISBN : 9782091247267
ISSN : 2558-3905
39,90 €

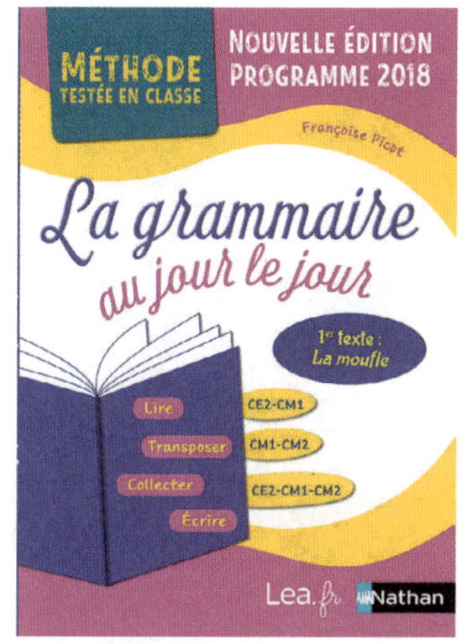

La Grammaire au jour le jour – La moufle, coll. « Méthode testée en classe »
Françoise Picot
ISBN : 9782091247274
ISSN : 2558-3905
39,90 €

Structurer le vocabulaire – Cycle 2, coll. « Méthode testée en classe »
Françoise Picot
ISBN : 978209 1247144
ISSN : 2558-3905
39,90 €

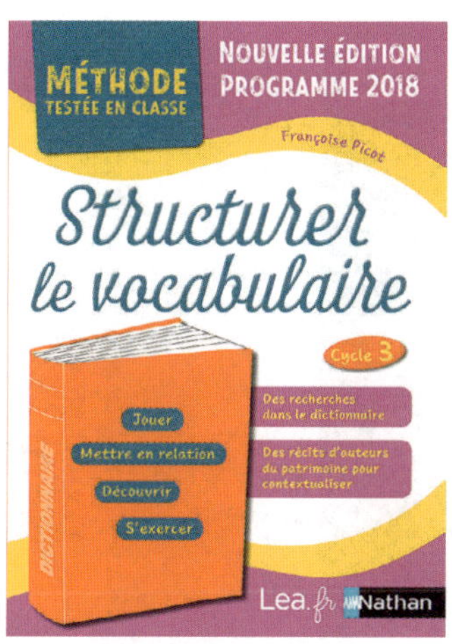

Structurer le vocabulaire – Cycle 3, coll. « Méthode testée en classe »
Françoise Picot
ISBN : 9782091246307
ISSN : 2558-3905
39,90 €

Apprendre à mieux écrire – Cycle 2, coll. « Méthode testée en classe »
Françoise Picot,
Anne Popet
ISBN : 9782091245522
ISSN : 2558-3905
39,90 €

Apprendre à mieux écrire – Cycle 3, coll. « Méthode testée en classe »
Françoise Picot
ISBN : 9782091246277
ISSN : 2558-3905
39,90 €

SUR LA MÊME THÉMATIQUE AUX ÉDITIONS RÉSEAU CANOPÉ

Les ouvrages de la collection
Je mémorise... et je sais écrire des mots [CE2 / CM1 / CM2 / CM1-CM2 année 1 / CM1-CM2 année 2]
Françoise Picot,
Marie-Louise Pignon
www.reseau-canope.fr/notice/je-memorise-et-je-sais-ecrire-des-mots_11561.html

Les ouvrages de la collection
Faire de la grammaire [au CP / CE1 / CE2 / CM1 / CM2]
Françoise Picot
www.reseau-canope.fr/notice/faire-de-la-grammaire-au-cp_8701.html

Rédiger en orthographiant du CP au CM2
Pascal Maillot
2015
Livre : Réf. 590B2978 – 22,90 €
PDF : Réf. 590N0003 – 9,99 €

J'entends, je vois, j'écris
Claude Picot
2017
Livre : Réf. W0001623 – 22,90 €
PDF : Réf. W0005424 – 8,90 €
Epub : Réf. W0001625 – 8,90 €

Apprendre à dire, lire et écrire au CP
Isabelle Peltier-Lécullée
2020
Livre : Réf. W0020466 – 26,90 €

Entrer dans l'écrit – De la maternelle au CP
Pascal Maillot
2017
Livre : Réf. W0001709 – 22,90 €
PDF : Réf. W0001708 – 8,90 €
Epub : Réf. W0007231 – 8,90 €

FSC www.fsc.org MIXTE Papier issu de sources responsables FSC® C022030

Nathan est un éditeur qui s'engage pour la préservation de son environnement et qui utilise du papier fabriqué à partir de bois provenant de forêts gérées de manière responsable.